CARLSEN MANGA

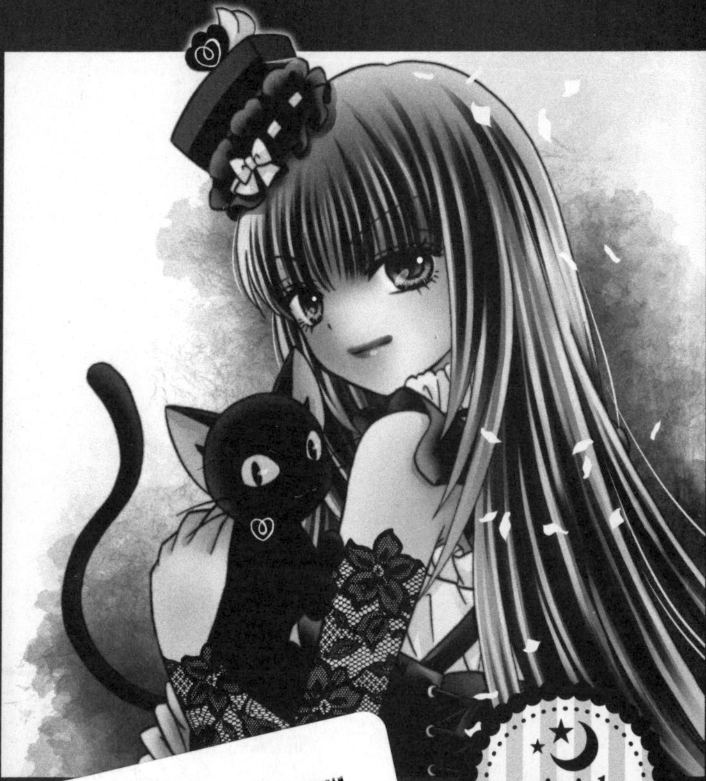

vivid berry

AF639311

Rino Mizuh

# Schokohexe

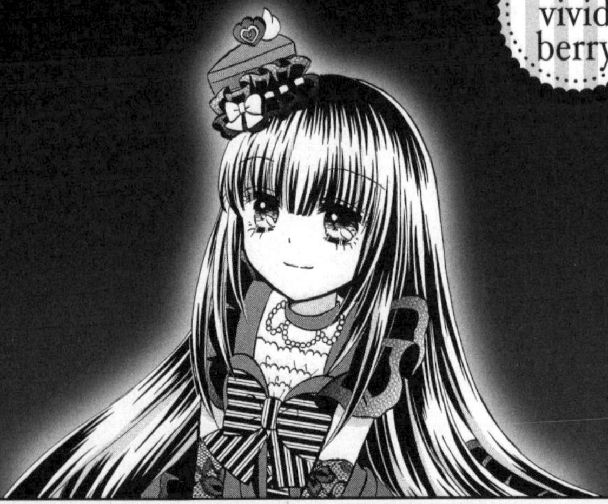

# ~ MENÜ ~



CARLSEN MANGA!

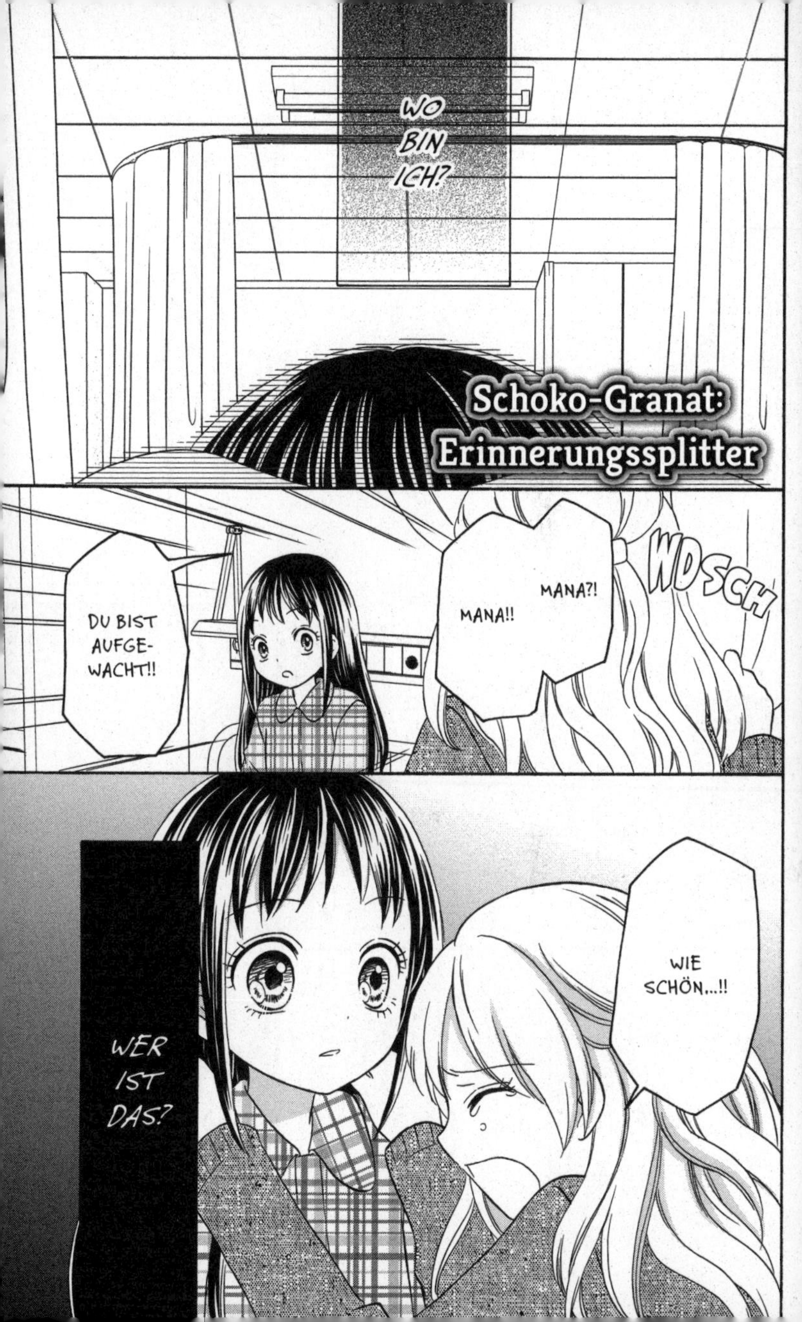
WO BIN ICH?
Schoko-Granat: Erinnerungssplitter
WDSCH
MANA?!
MANA!!
DU BIST AUFGE-WACHT!!
WIE SCHÖN...!!
WER IST DAS?

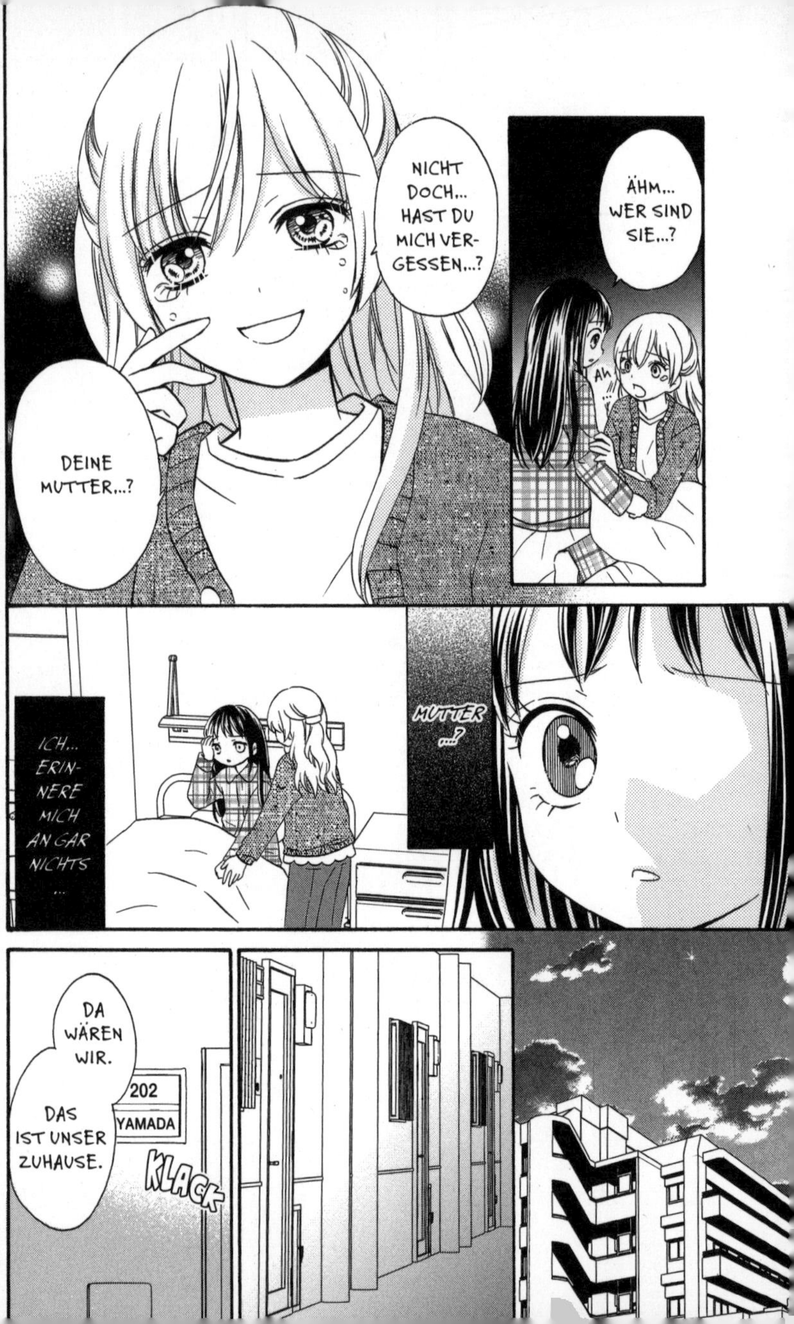
ÄHM... WER SIND SIE...?
AH
NICHT DOCH... HAST DU MICH VER-GESSEN...?
DEINE MUTTER...?
MUTTER ...?
ICH... ERIN-NERE MICH AN GAR NICHTS ...
DA WÄREN WIR.
DAS IST UNSER ZUHAUSE.
202
YAMADA
KLACK

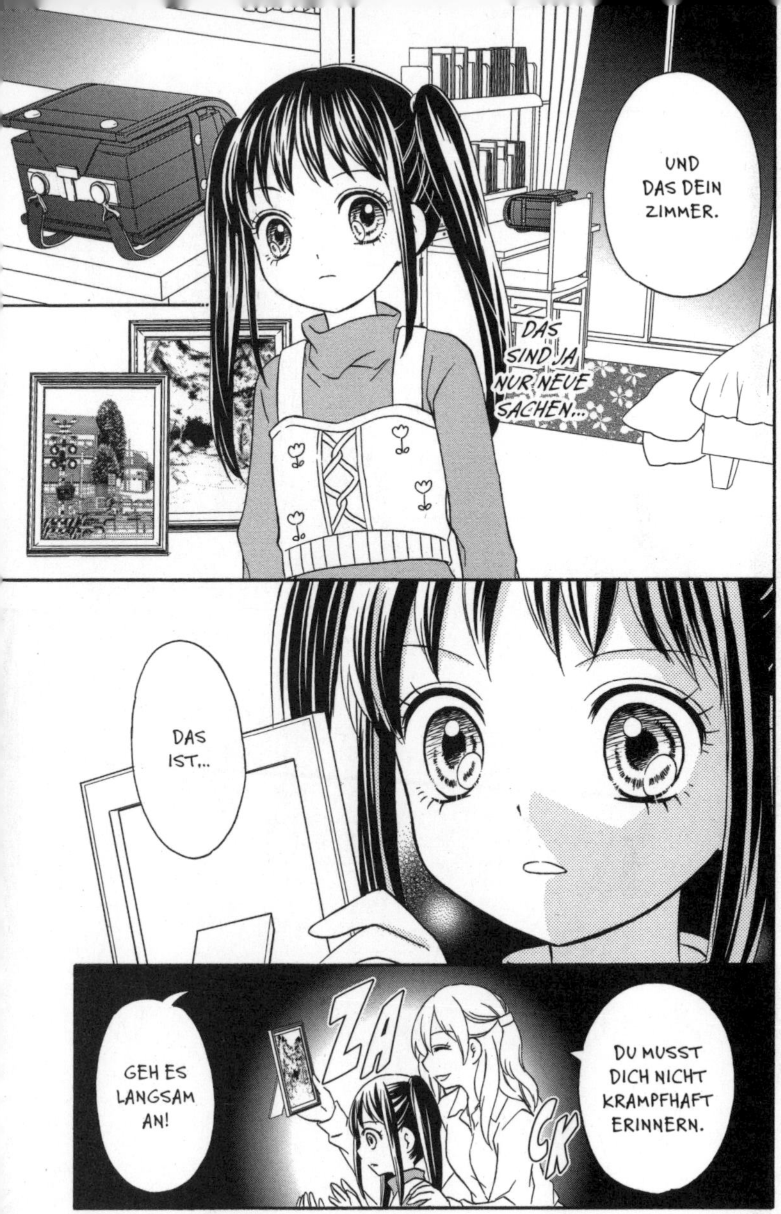
UND DAS DEIN ZIMMER.
DAS SIND JA NUR NEUE SACHEN...
DAS IST...
DU MUSST DICH NICHT KRAMPFHAFT ERINNERN.
ZACK
GEH ES LANGSAM AN!

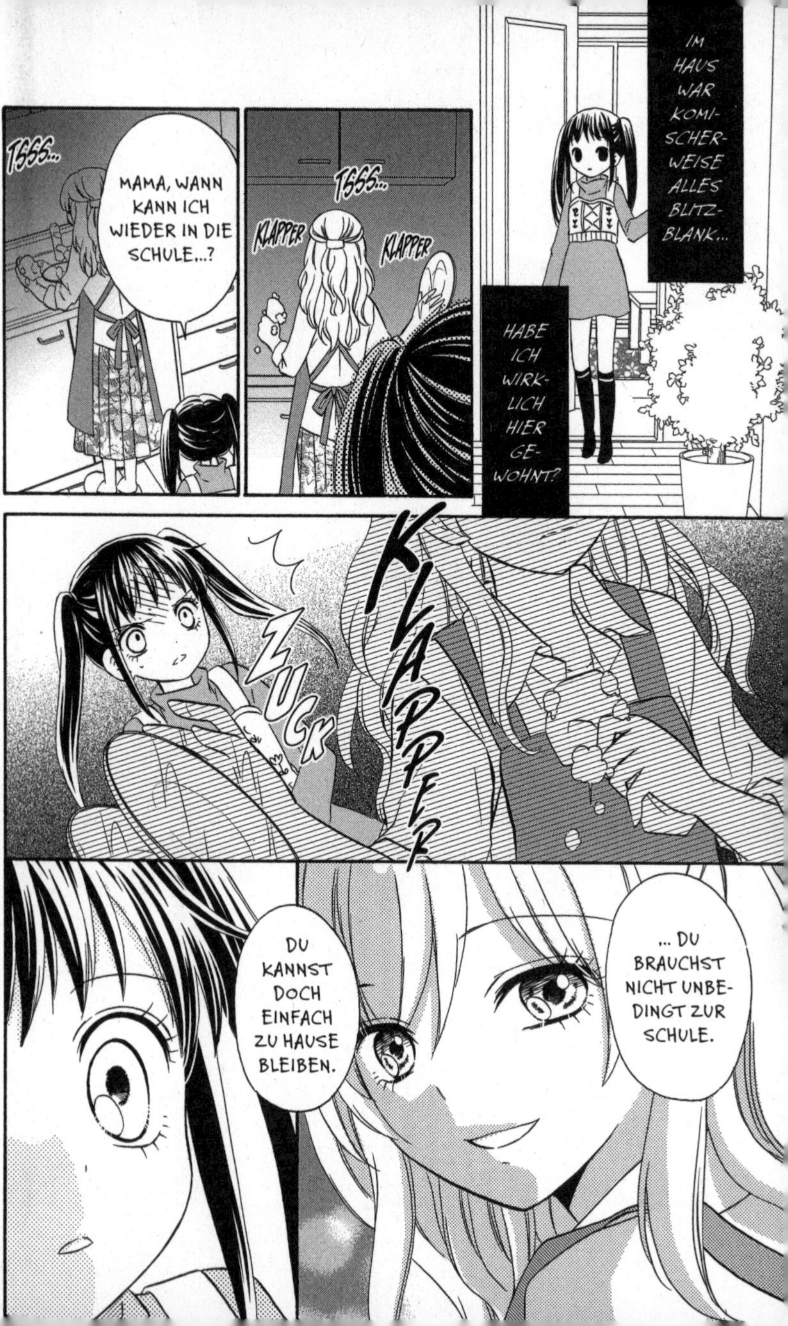
IM HAUS WAR KOMISCHERWEISE ALLES BLITZBLANK...
HABE ICH WIRKLICH HIER GEWOHNT?
TSSS...
KLAPPER
KLAPPER
TSSS...
MAMA, WANN KANN ICH WIEDER IN DIE SCHULE...?
KLAPPER
ZUCK
... DU BRAUCHST NICHT UNBEDINGT ZUR SCHULE.
DU KANNST DOCH EINFACH ZU HAUSE BLEIBEN.

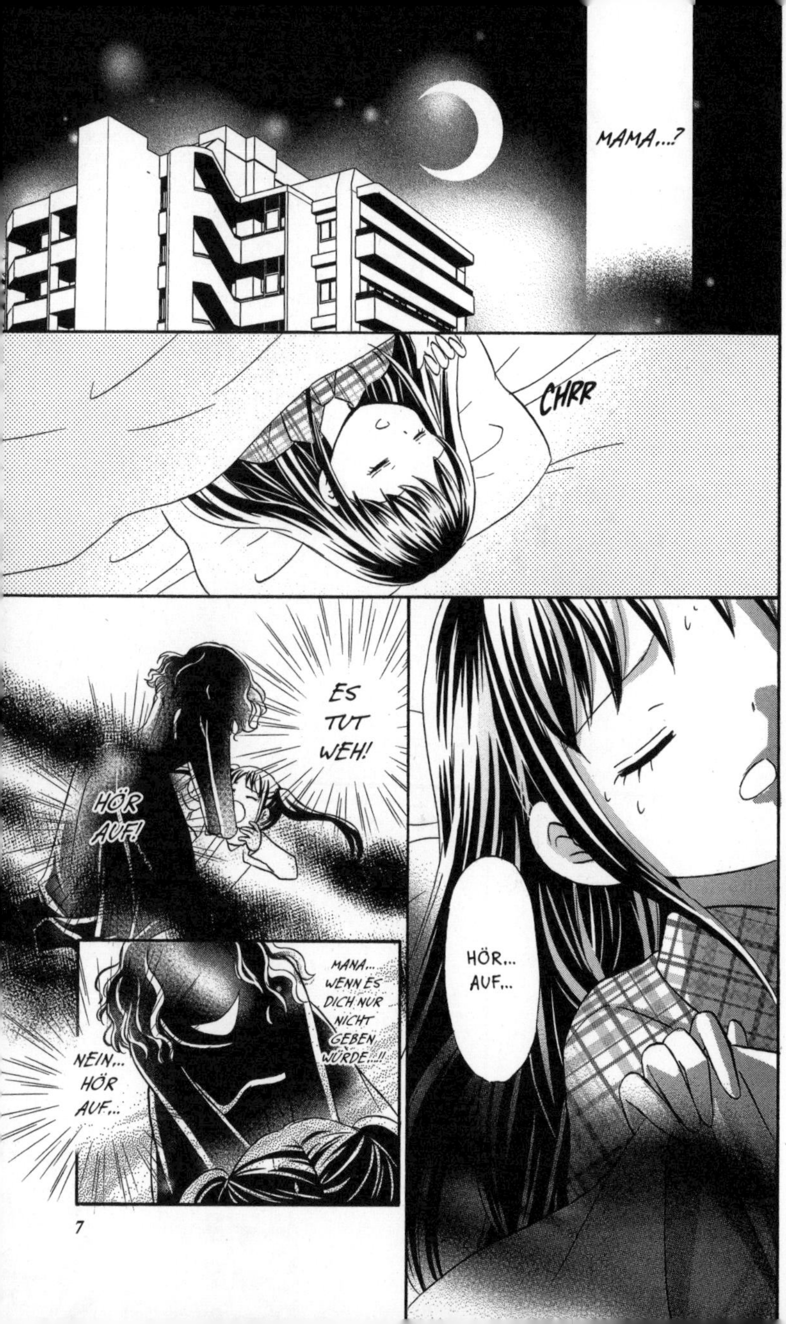
MAMA...?
CHRR
HÖR... AUF...
ES TUT WEH!
HÖR AUF!
MAMA... WENN ES DICH NUR NICHT GEBEN WÜRDE...!!
NEIN... HÖR AUF...

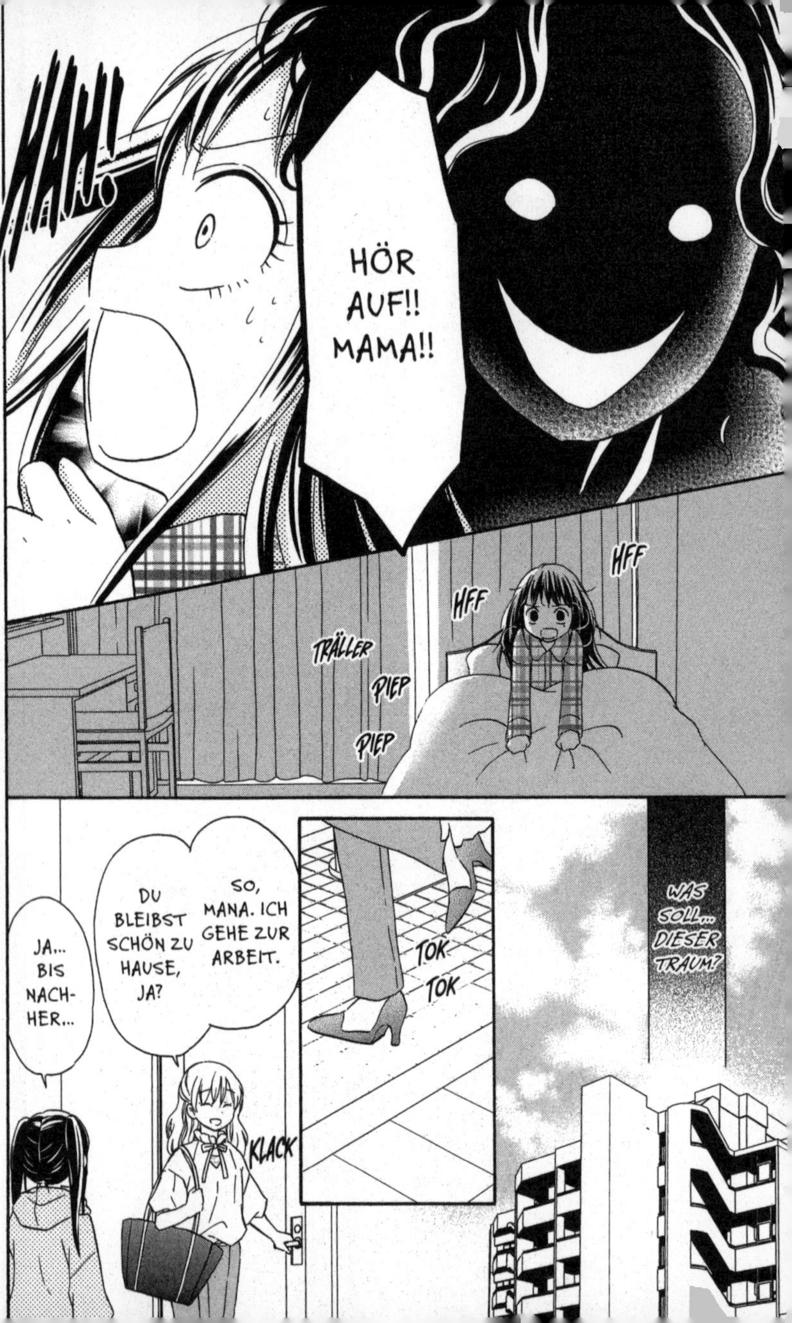
HÖR AUF!! MAMA!!
HAH!
HFF
HFF
TRÄLLER
PIEP
PIEP
WAS SOLL... DIESER TRAUM?
TOK
TOK
SO, MANA. ICH GEHE ZUR ARBEIT.
DU BLEIBST SCHÖN ZU HAUSE, JA?
JA... BIS NACH-HER...
KLACK

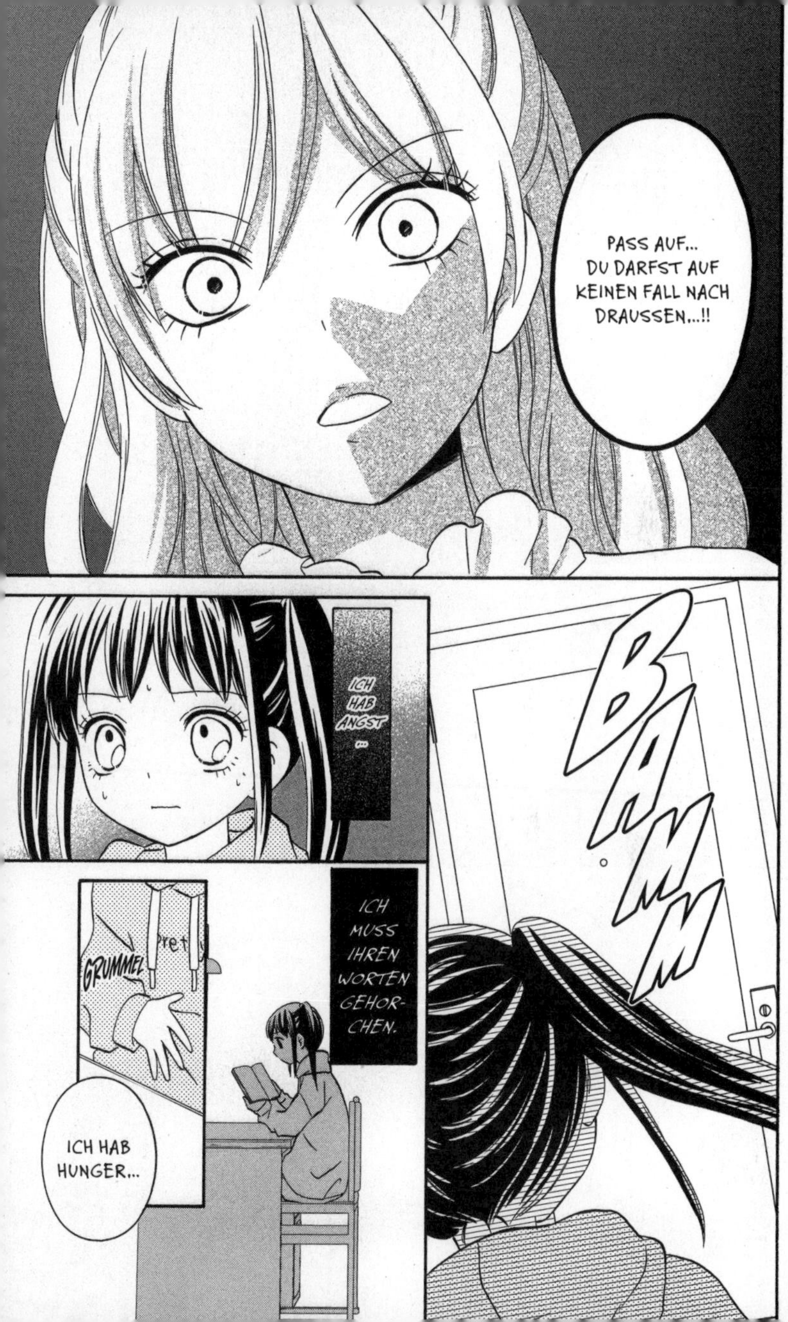
PASS AUF...
DU DARFST AUF KEINEN FALL NACH DRAUSSEN...!!
BAMMM
ICH HAB ANGST ...
ICH MUSS IHREN WORTEN GEHORCHEN.
GRUMMEL
ICH HAB HUNGER...

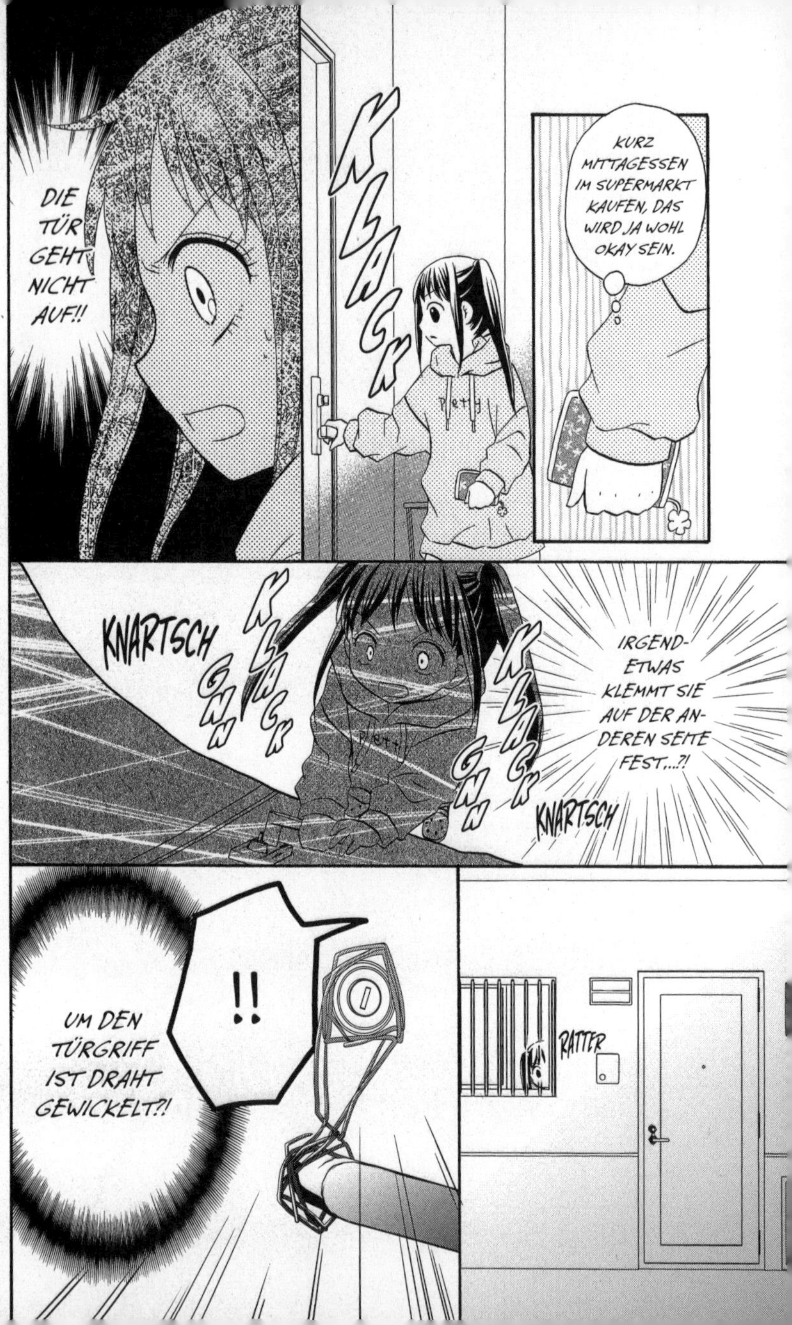
KURZ MITTAGESSEN IM SUPERMARKT KAUFEN, DAS WIRD JA WOHL OKAY SEIN.
KLACK
DIE TÜR GEHT NICHT AUF!!
IRGEND-ETWAS KLEMMT SIE AUF DER AN-DEREN SEITE FEST...?!
KNARTSCH
KLACK
GNN
KLACK
GNN
KNARTSCH
RATTER
!!
UM DEN TÜRGRIFF IST DRAHT GEWICKELT?!

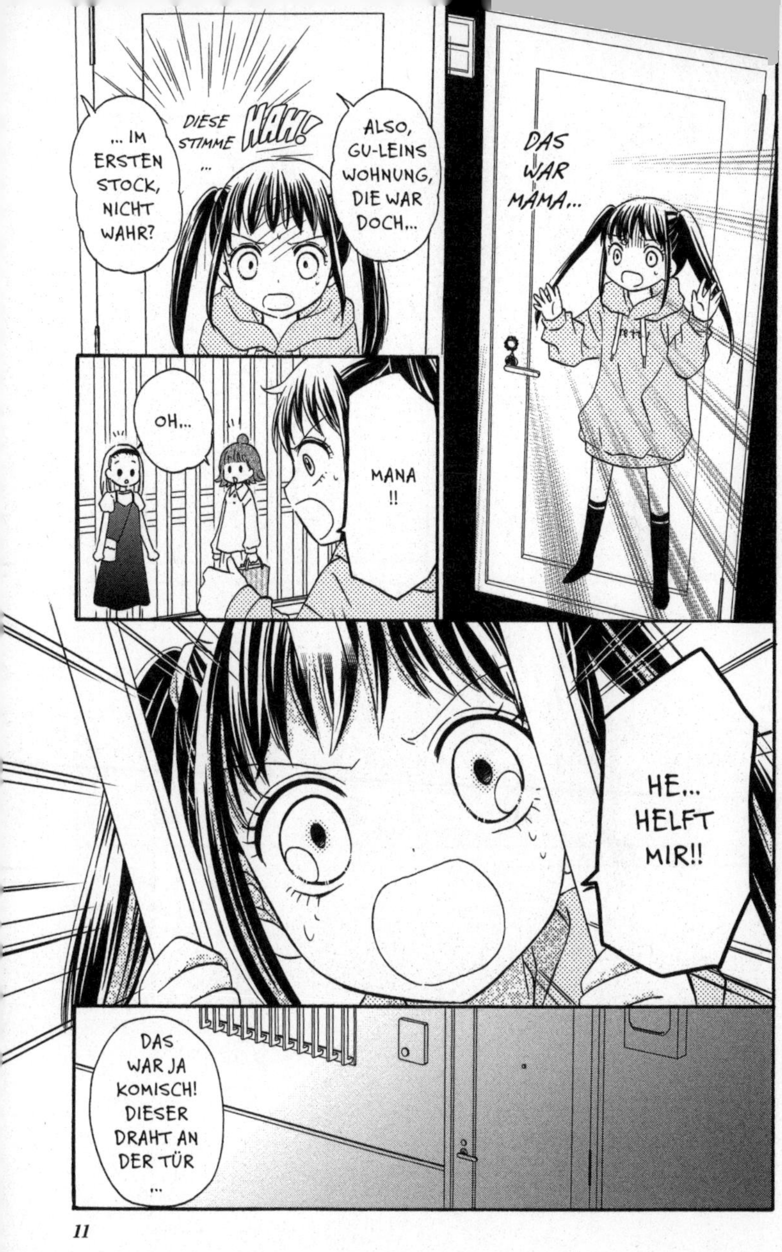
ALSO, GU-LEINS WOHNUNG, DIE WAR DOCH...
HAH!
DIESE STIMME ...
... IM ERSTEN STOCK, NICHT WAHR?
DAS WAR MAMA...
MANA !!
OH...
HE... HELFT MIR!!
DAS WAR JA KOMISCH! DIESER DRAHT AN DER TÜR ...

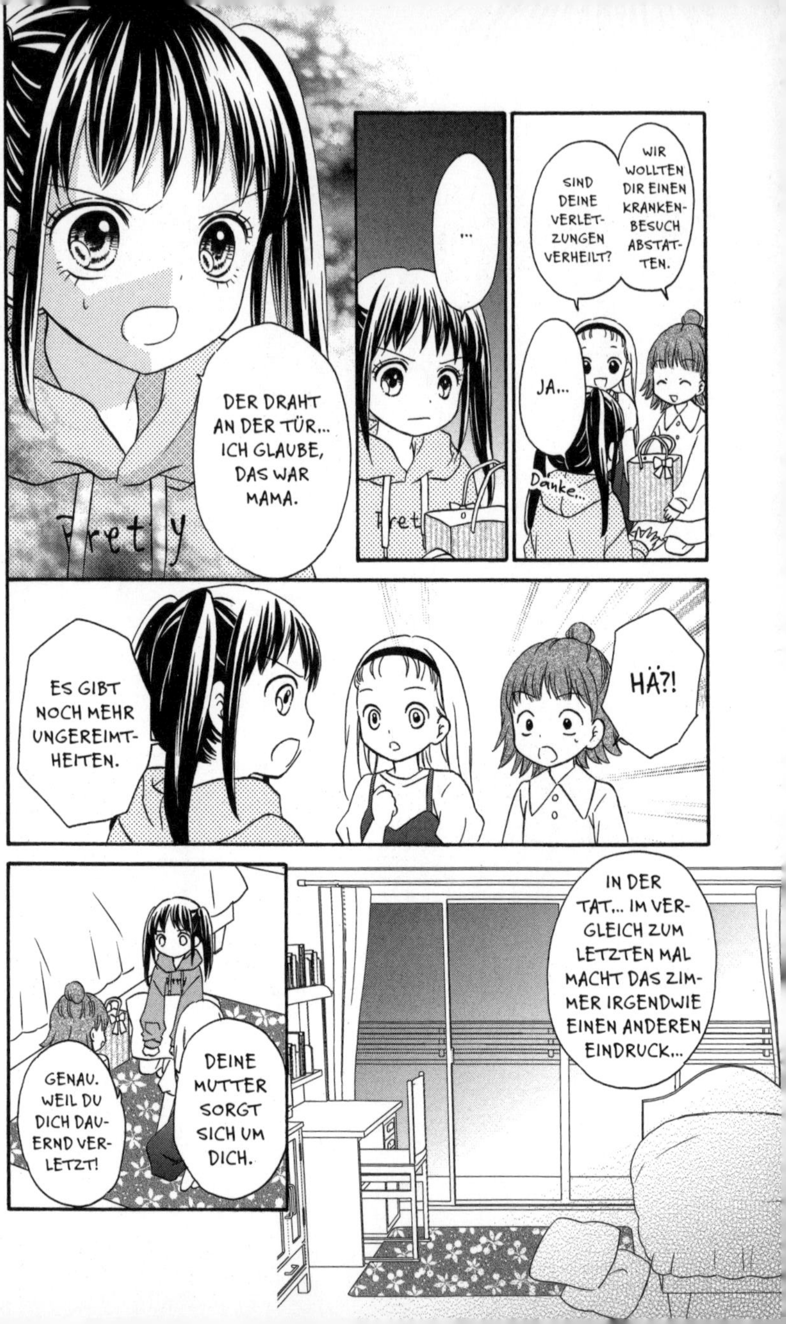
WIR WOLLTEN DIR EINEN KRANKENBESUCH ABSTATTEN.
SIND DEINE VERLETZUNGEN VERHEILT?
JA...
Danke...
...
DER DRAHT AN DER TÜR... ICH GLAUBE, DAS WAR MAMA.
HÄ?!
ES GIBT NOCH MEHR UNGEREIMTHEITEN.
IN DER TAT... IM VERGLEICH ZUM LETZTEN MAL MACHT DAS ZIMMER IRGENDWIE EINEN ANDEREN EINDRUCK...
DEINE MUTTER SORGT SICH UM DICH.
GENAU. WEIL DU DICH DAUERND VERLETZT!

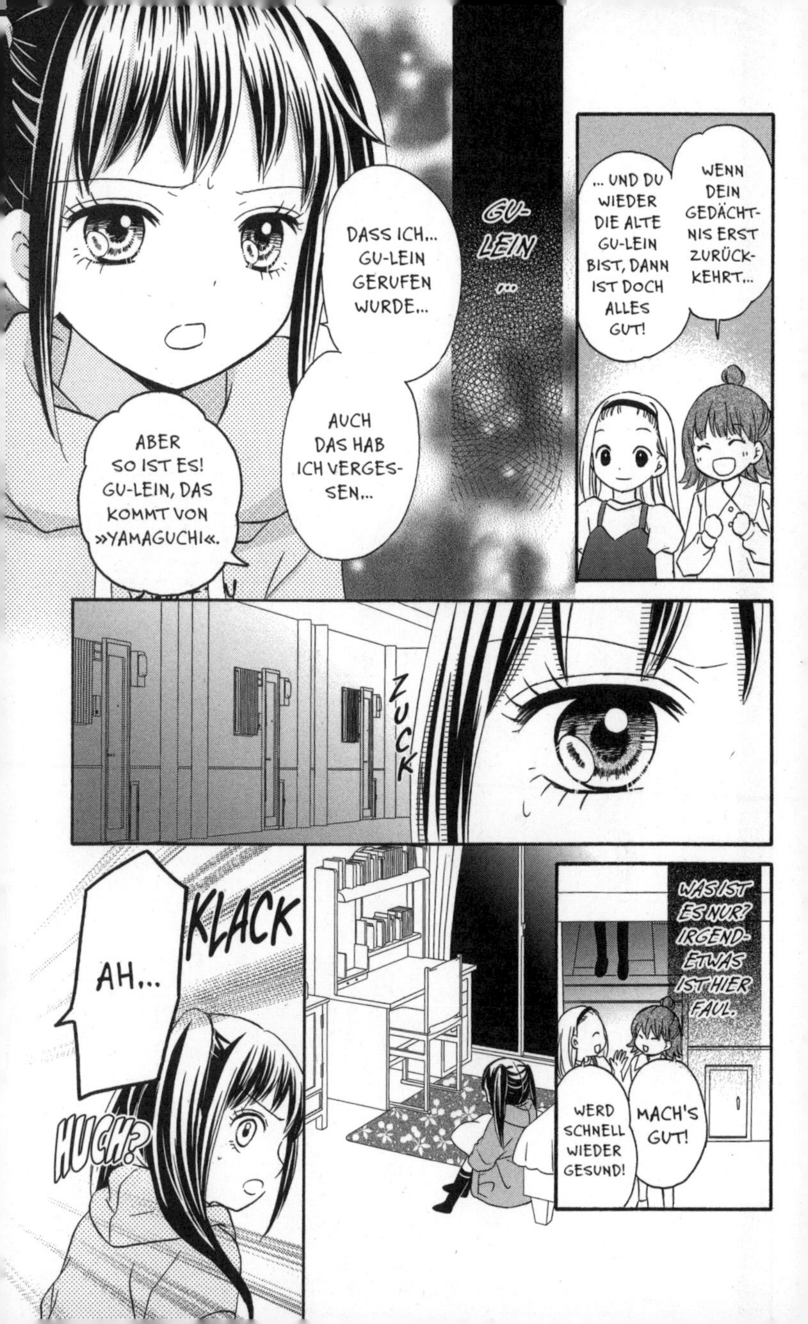
WENN DEIN GEDÄCHTNIS ERST ZURÜCKKEHRT...
... UND DU WIEDER DIE ALTE GU-LEIN BIST, DANN IST DOCH ALLES GUT!
GU-LEIN ...
DASS ICH... GU-LEIN GERUFEN WURDE...
AUCH DAS HAB ICH VERGESSEN...
ABER SO IST ES! GU-LEIN, DAS KOMMT VON »YAMAGUCHI«.
ZUCK
WAS IST ES NUR? IRGENDETWAS IST HIER FAUL.
MACH'S GUT!
WERD SCHNELL WIEDER GESUND!
KLACK
AH...
HUCH?

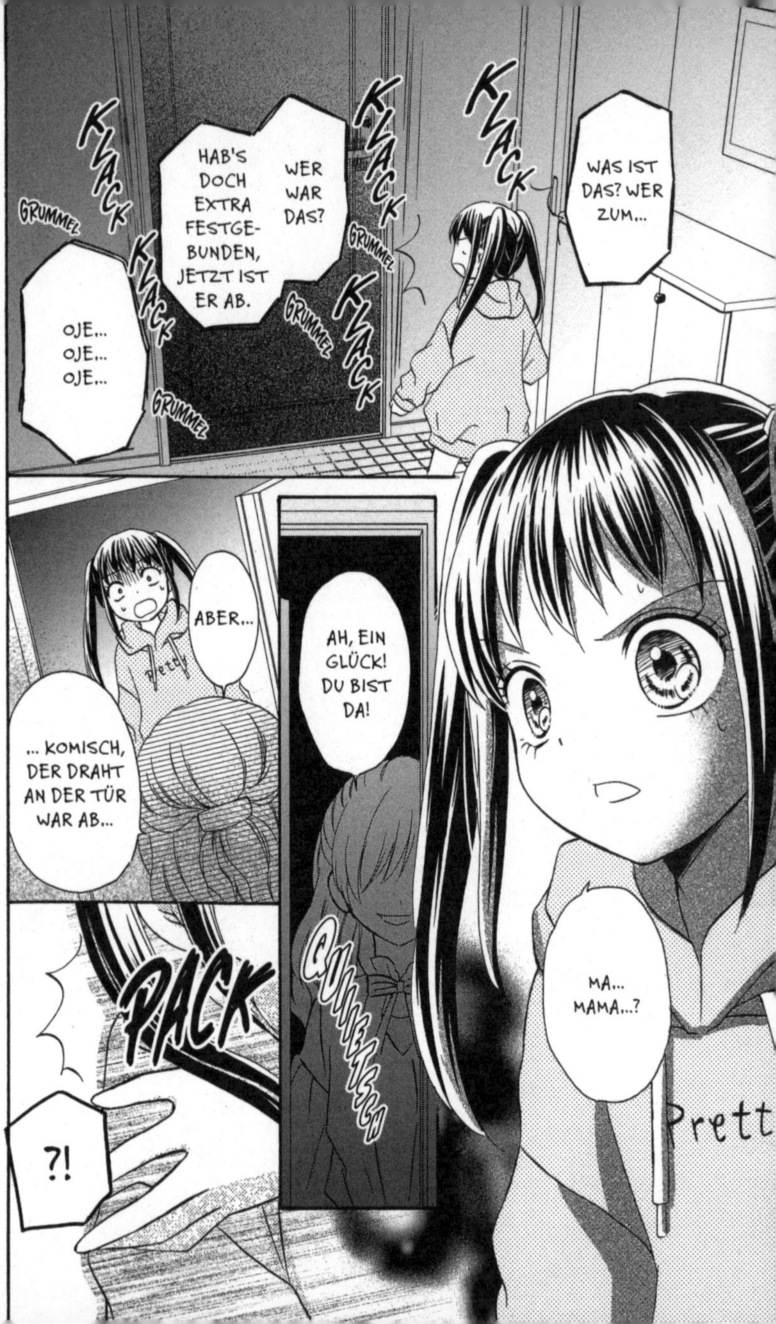
KLACK
WAS IST DAS? WER ZUM...
KLACK
WER WAR DAS?
HAB'S DOCH EXTRA FESTGE-BUNDEN, JETZT IST ER AB.
GRUMMEL
KLACK
GRUMMEL
KLACK
GRUMMEL
OJE... OJE... OJE...
GRUMMEL
KLACK
MA... MAMA...?
AH, EIN GLÜCK! DU BIST DA!
ABER...
... KOMISCH, DER DRAHT AN DER TÜR WAR AB...
QUIIIETSCH
PACK
?!

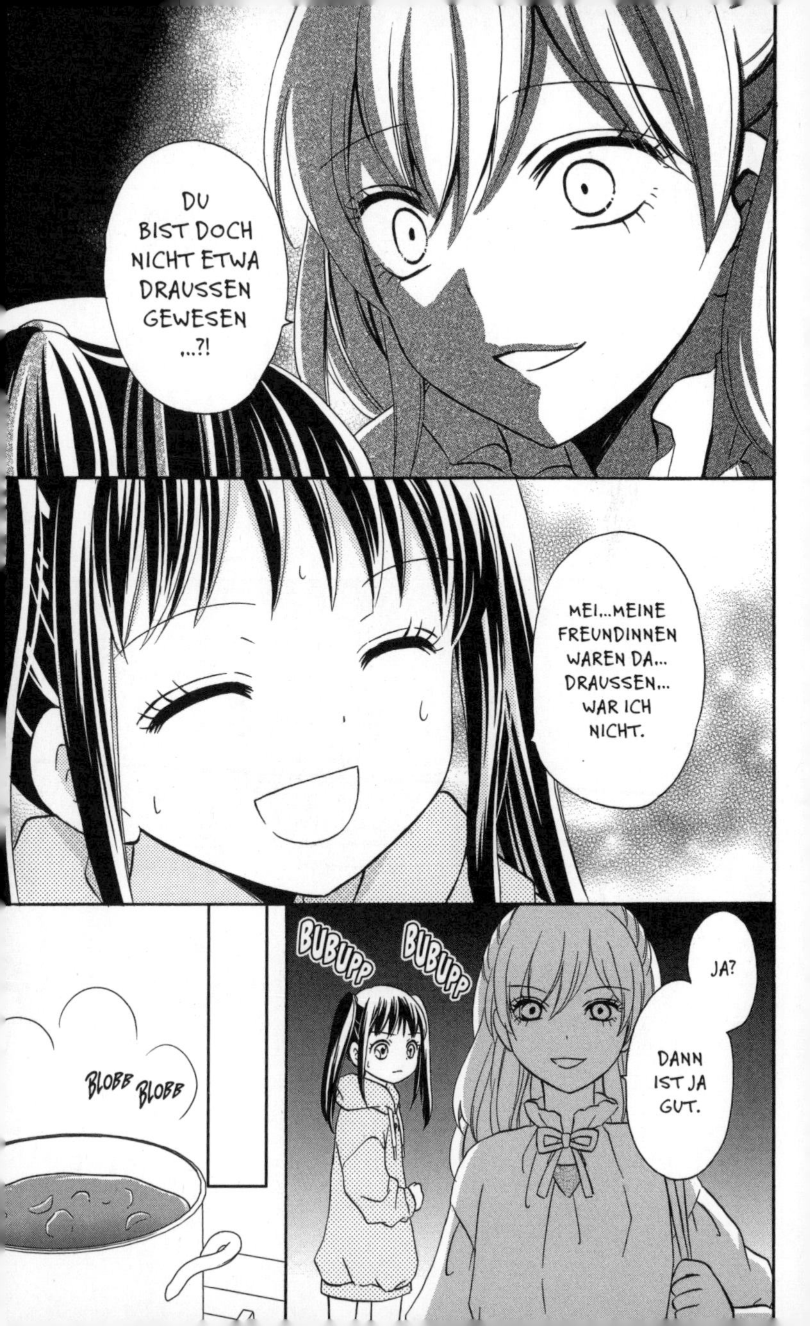
DU BIST DOCH NICHT ETWA DRAUSSEN GEWESEN ...?!
MEI...MEINE FREUNDINNEN WAREN DA... DRAUSSEN... WAR ICH NICHT.
JA?
DANN IST JA GUT.
BUBUPP
BUBUPP
BLOBB BLOBB

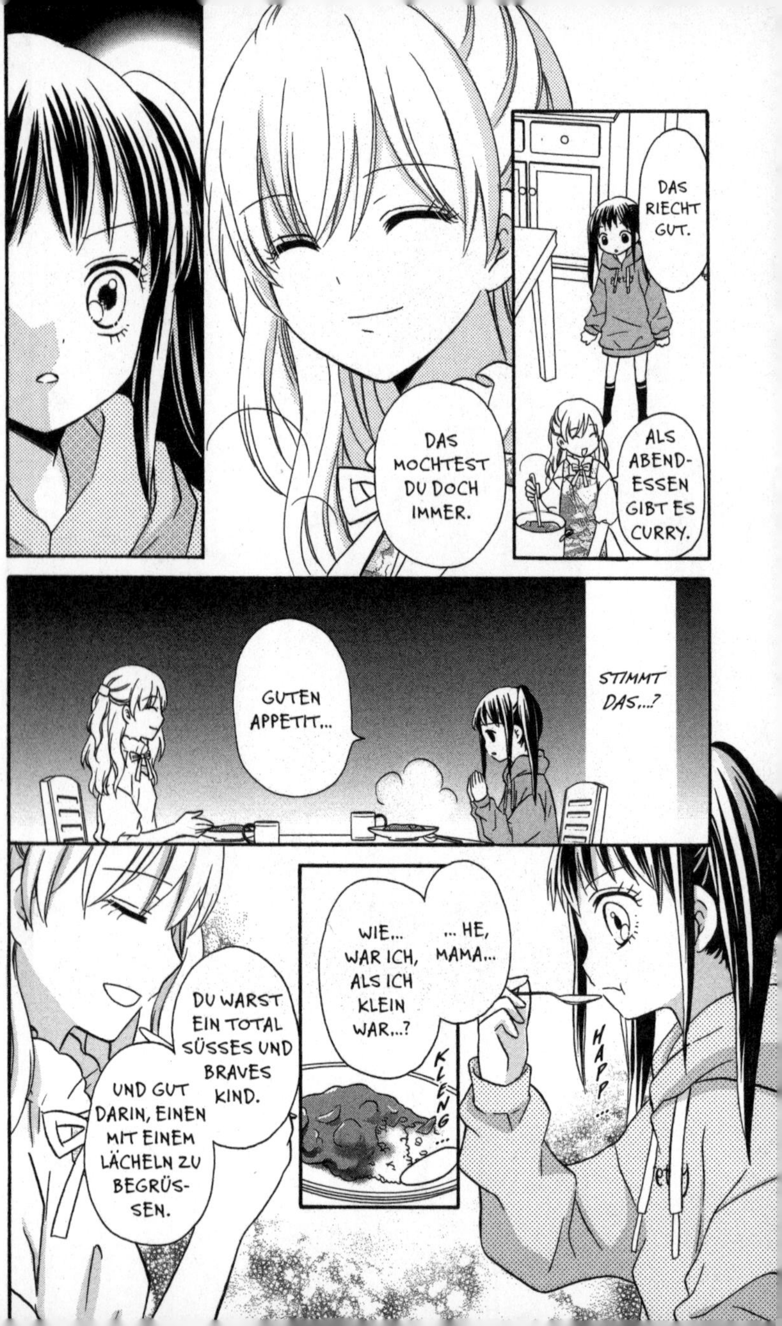
DAS RIECHT GUT.
ALS ABEND-ESSEN GIBT ES CURRY.
DAS MOCHTEST DU DOCH IMMER.
STIMMT DAS...?
GUTEN APPETIT...
... HE, MAMA...
WIE... WAR ICH, ALS ICH KLEIN WAR...?
HAPP...
KLENG...
DU WARST EIN TOTAL SÜSSES UND BRAVES KIND.
UND GUT DARIN, EINEN MIT EINEM LÄCHELN ZU BEGRÜS-SEN.

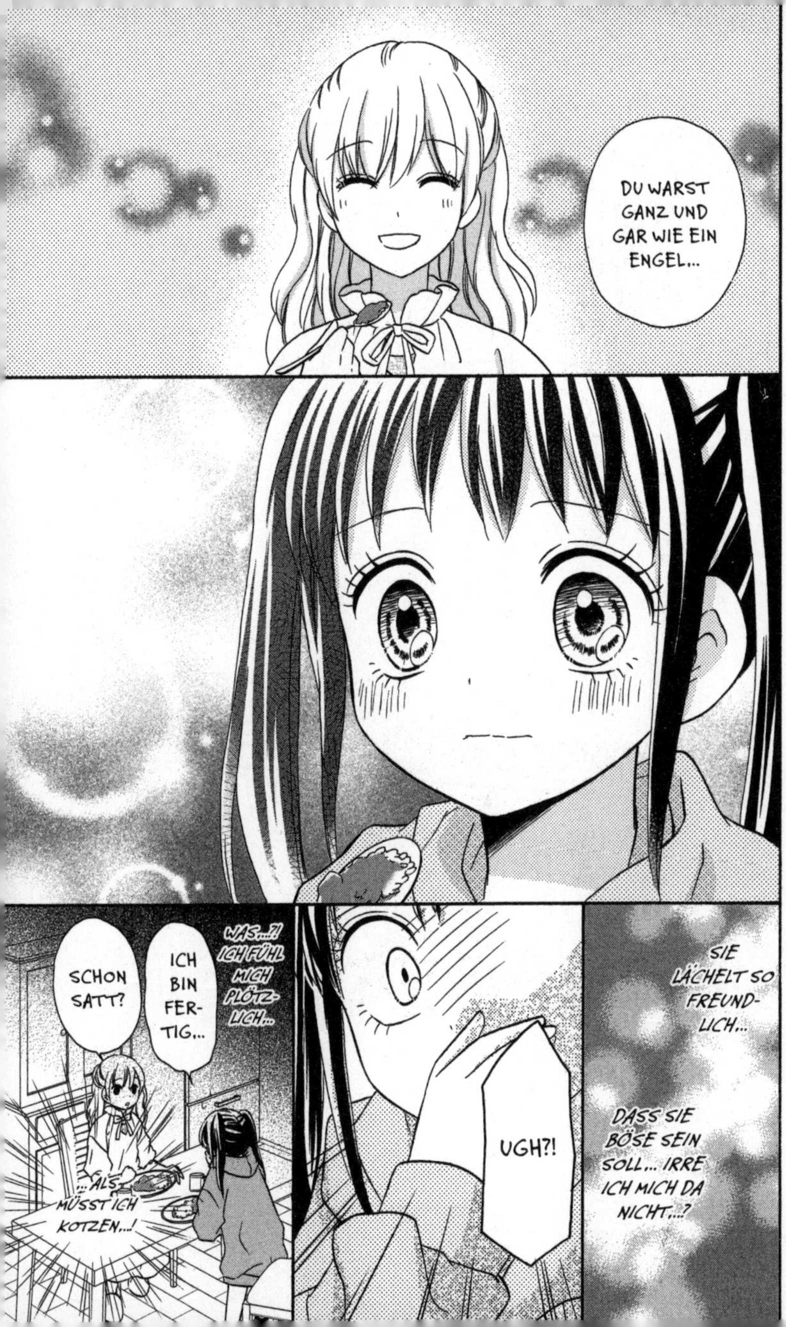
DU WARST GANZ UND GAR WIE EIN ENGEL...
SIE LÄCHELT SO FREUNDLICH...
DASS SIE BÖSE SEIN SOLL... IRRE ICH MICH DA NICHT...?
UGH?!
WAS...?! ICH FÜHL MICH PLÖTZLICH...
ICH BIN FERTIG...
SCHON SATT?
...ALS MÜSST ICH KOTZEN...!

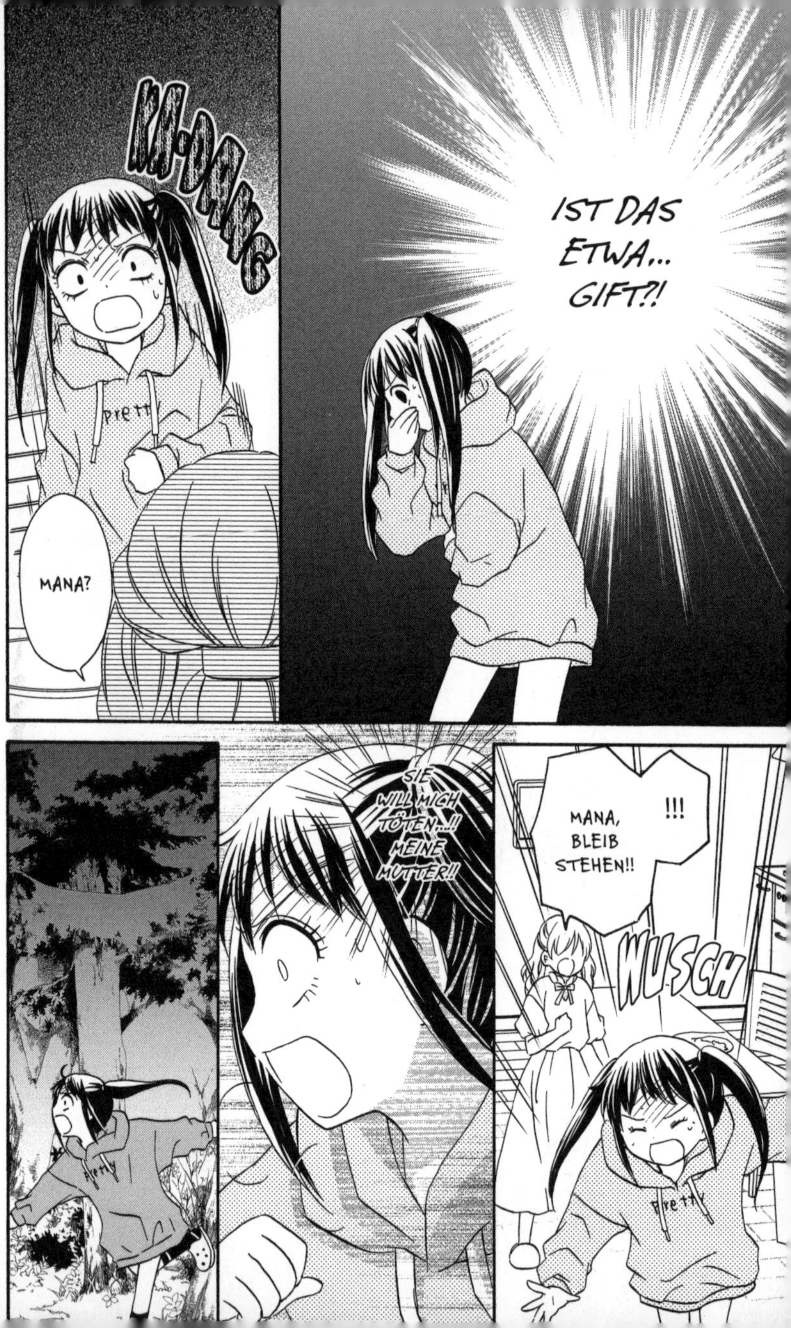
IST DAS ETWA... GIFT?!
KA-DANG
MANA?
MANA, BLEIB STEHEN!!
!!!
SIE WILL MICH TÖTEN...!! MEINE MUTTER!!
WUSCH

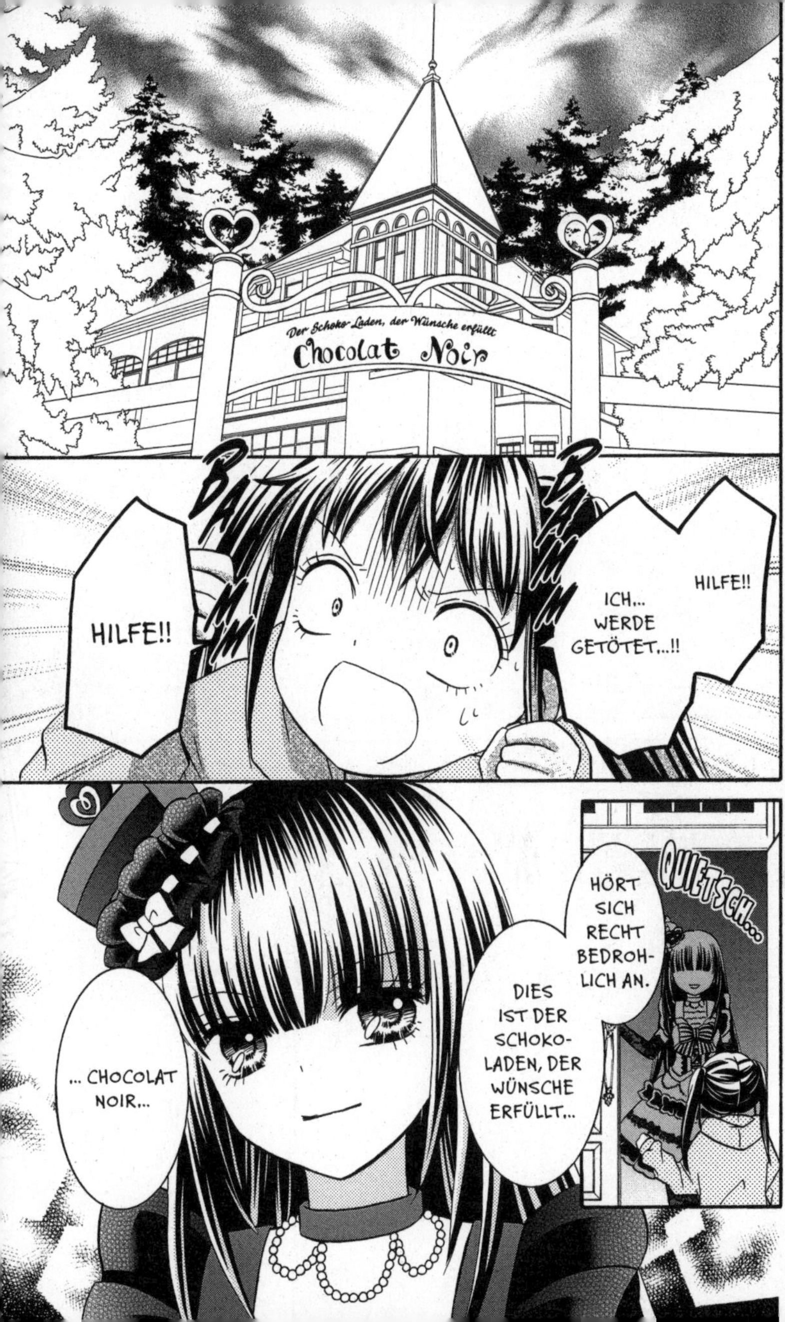
Der Schoko-Laden, der Wünsche erfüllt
Chocolat Noir
HILFE!!
ICH... WERDE GETÖTET...!!
HILFE!!
QUIETSCH...
HÖRT SICH RECHT BEDROH-LICH AN.
DIES IST DER SCHOKO-LADEN, DER WÜNSCHE ERFÜLLT...
... CHOCOLAT NOIR...

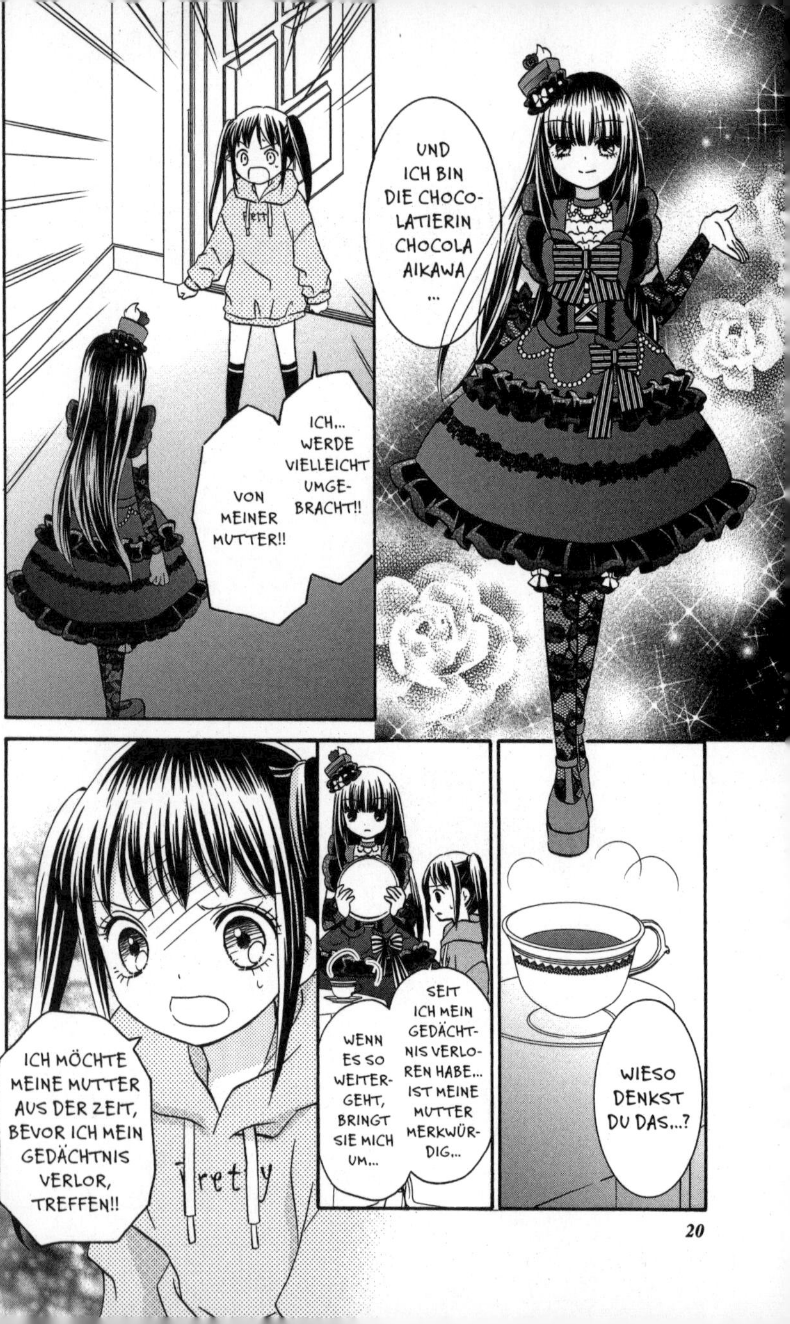
UND ICH BIN DIE CHOCOLATIERIN CHOCOLA AIKAWA ...
ICH... WERDE VIELLEICHT UMGEBRACHT!!
VON MEINER MUTTER!!
WIESO DENKST DU DAS...?
SEIT ICH MEIN GEDÄCHTNIS VERLOREN HABE... IST MEINE MUTTER MERKWÜRDIG...
WENN ES SO WEITERGEHT, BRINGT SIE MICH UM...
ICH MÖCHTE MEINE MUTTER AUS DER ZEIT, BEVOR ICH MEIN GEDÄCHTNIS VERLOR, TREFFEN!!

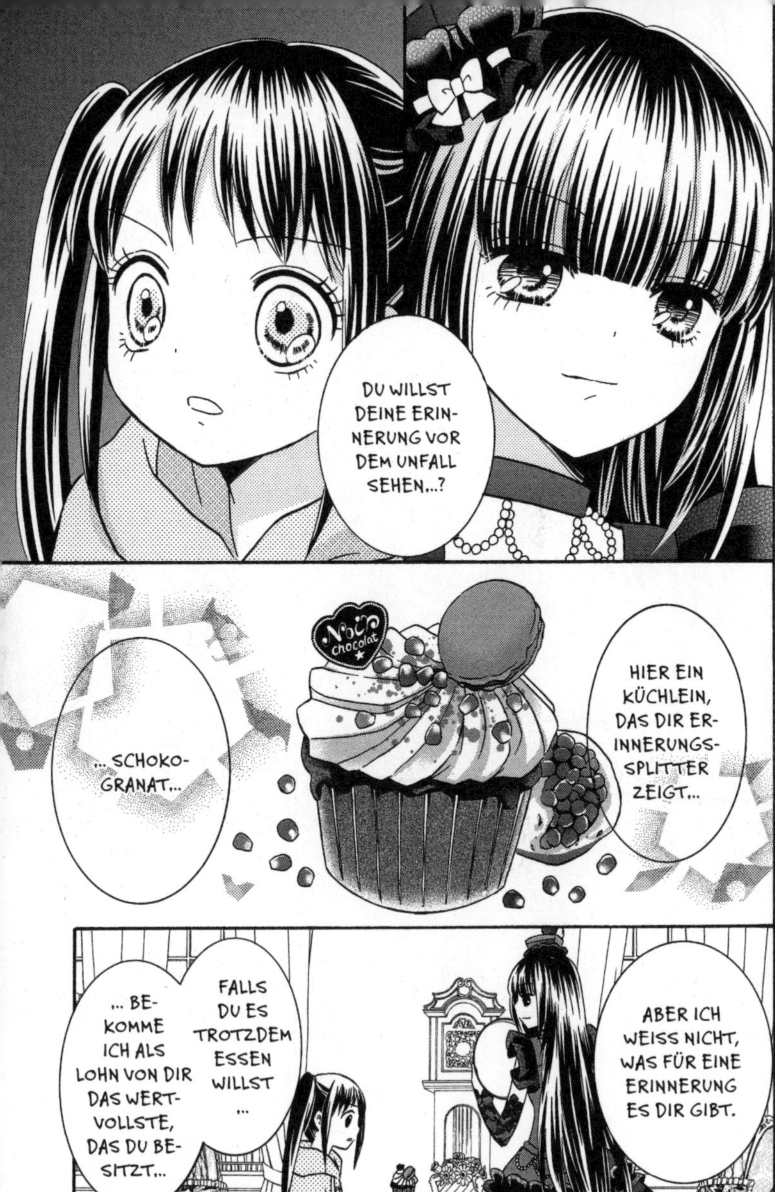
DU WILLST DEINE ERIN-NERUNG VOR DEM UNFALL SEHEN...?
Noir chocolat
HIER EIN KÜCHLEIN, DAS DIR ER-INNERUNGS-SPLITTER ZEIGT...
... SCHOKO-GRANAT...
ABER ICH WEISS NICHT, WAS FÜR EINE ERINNERUNG ES DIR GIBT.
FALLS DU ES TROTZDEM ESSEN WILLST ...
... BE-KOMME ICH ALS LOHN VON DIR DAS WERT-VOLLSTE, DAS DU BE-SITZT...

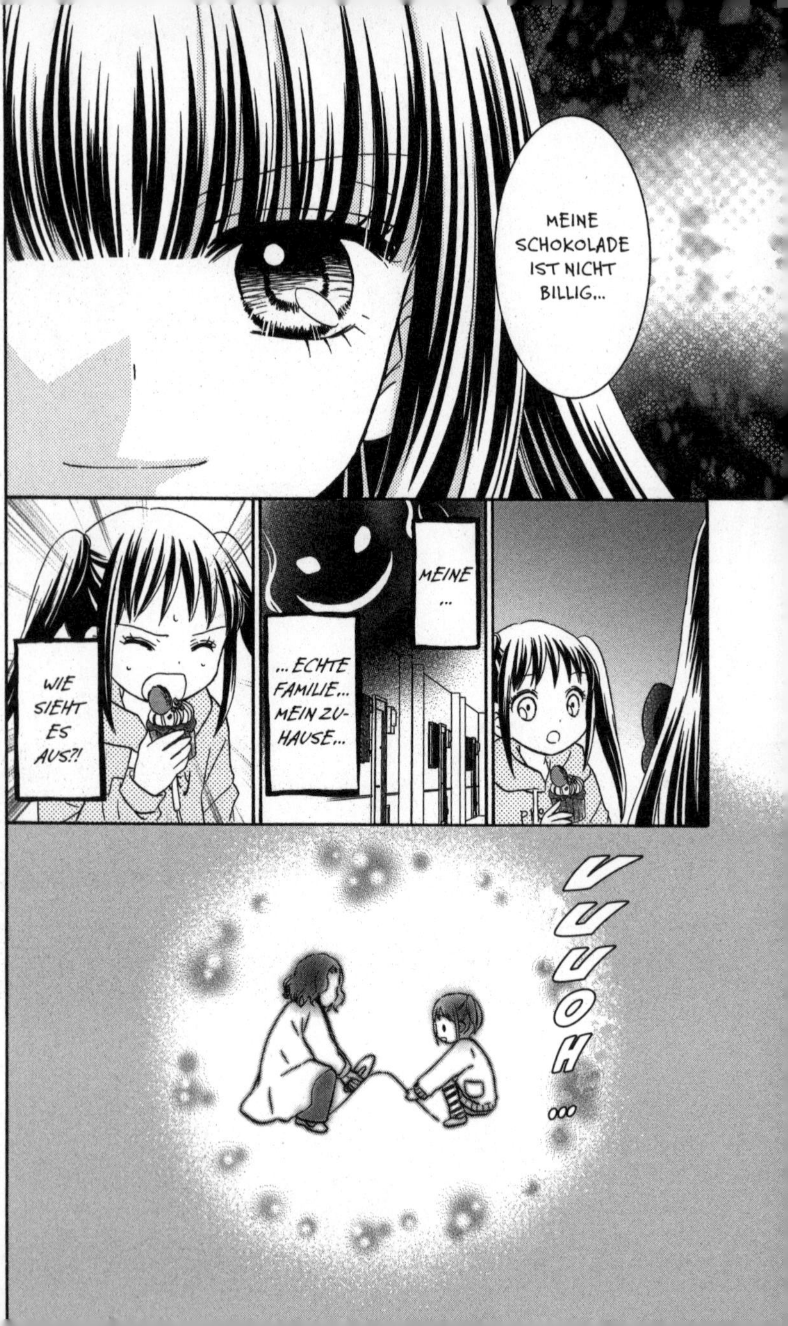
MEINE SCHOKOLADE IST NICHT BILLIG...
MEINE ...
... ECHTE FAMILIE... MEIN ZUHAUSE...
WIE SIEHT ES AUS?!
VUUOH...

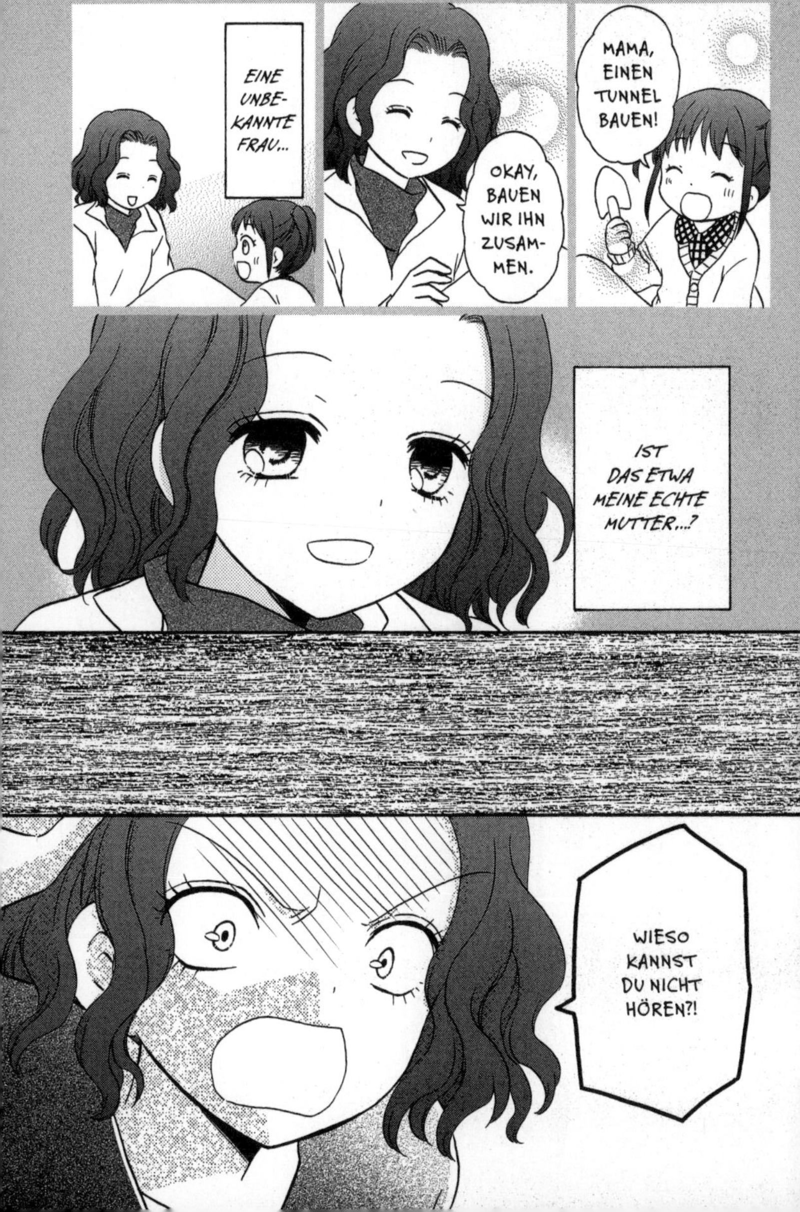
MAMA, EINEN TUNNEL BAUEN!
OKAY, BAUEN WIR IHN ZUSAM-MEN.
EINE UNBE-KANNTE FRAU...
IST DAS ETWA MEINE ECHTE MUTTER...?
WIESO KANNST DU NICHT HÖREN?!

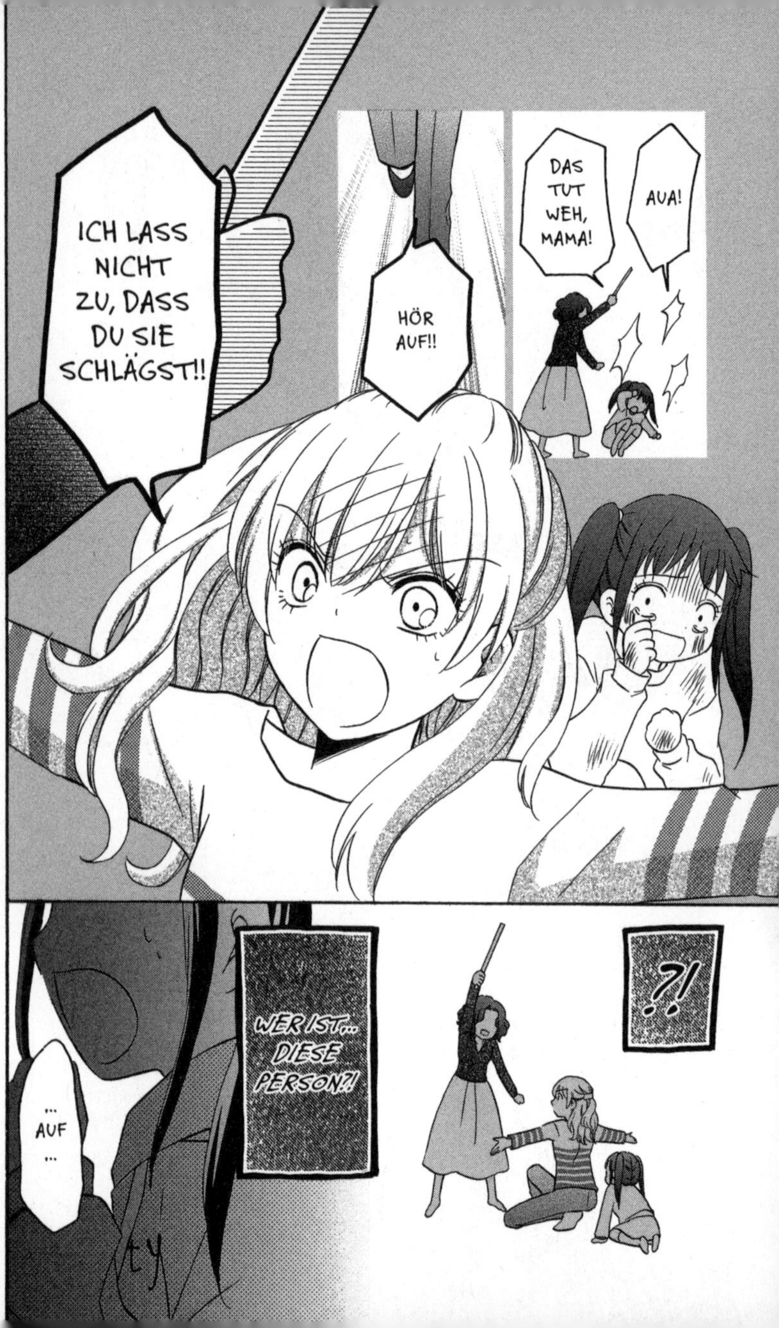
AUA!
DAS TUT WEH, MAMA!
HÖR AUF!!
ICH LASS NICHT ZU, DASS DU SIE SCHLÄGST!!
?!
WER IST... DIESE PERSON?!
... AUF ...

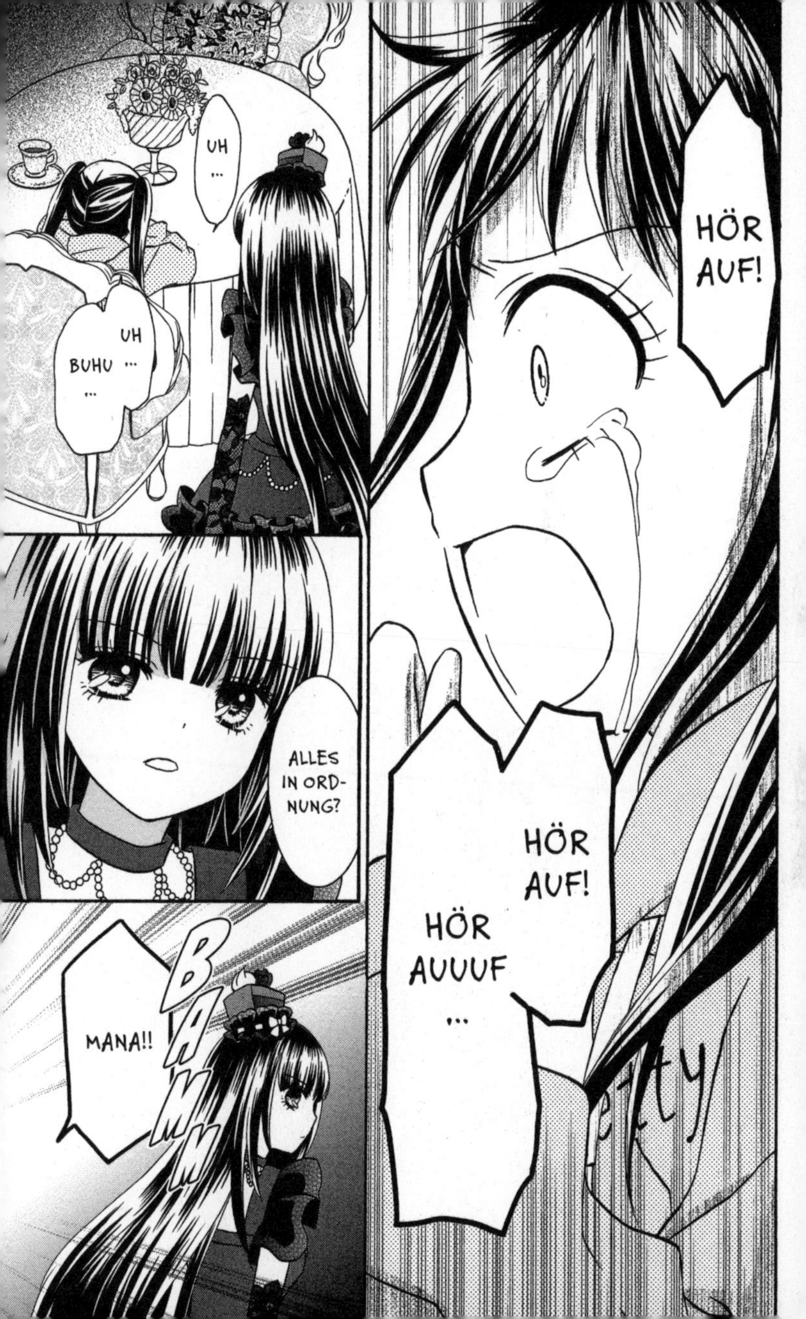
HÖR AUF!
HÖR AUF!
HÖR AUUUF ...
UH ...
UH BUHU ...
ALLES IN ORD-NUNG?
MANA!!
BAM

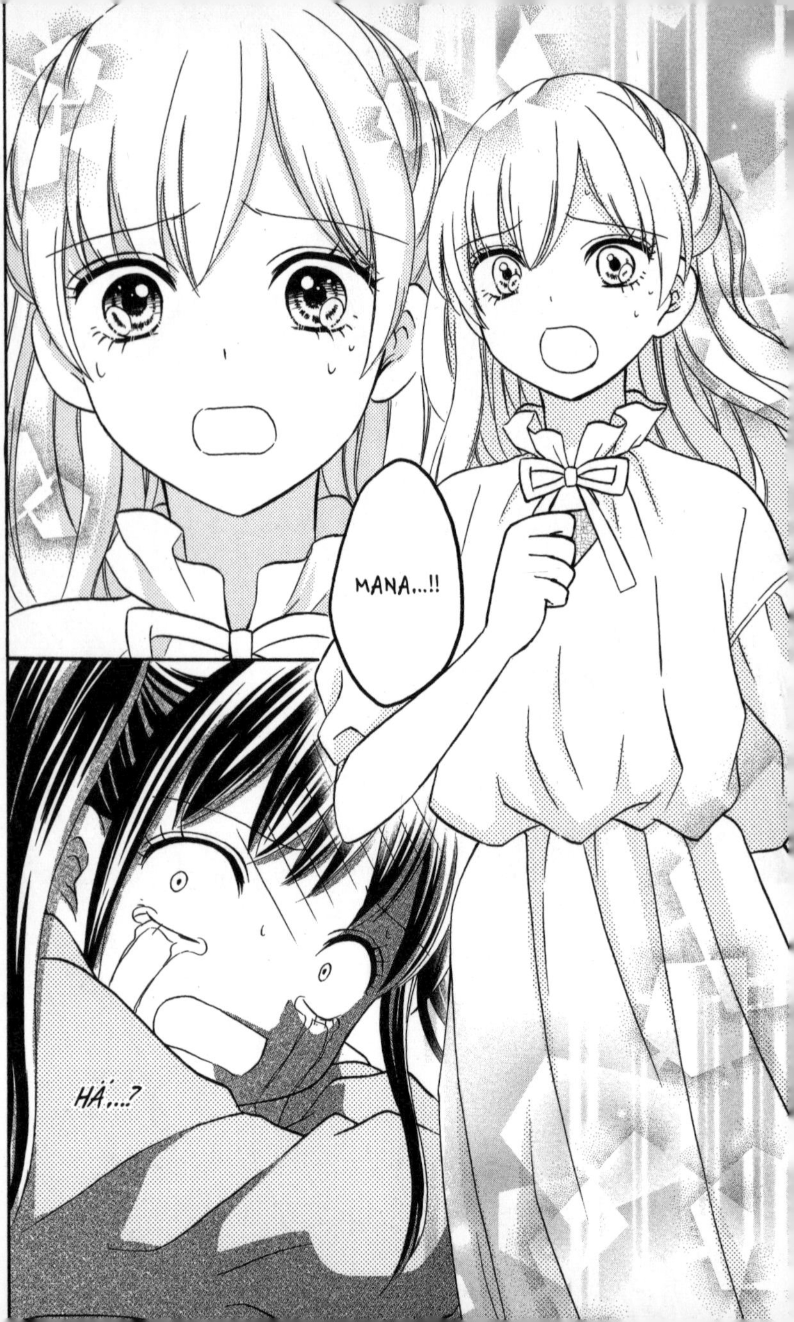
MANA...!!
HÄ...?

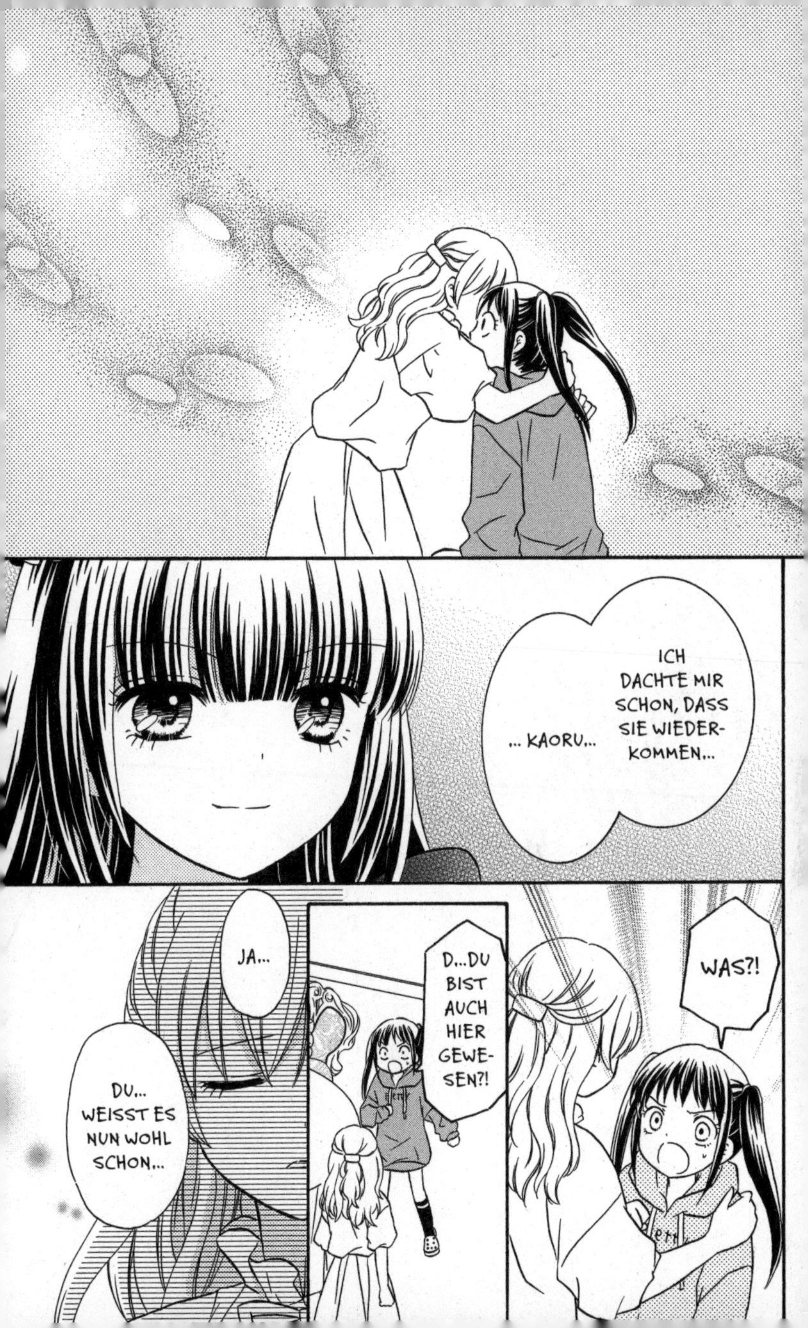
ICH DACHTE MIR SCHON, DASS SIE WIEDER-KOMMEN...
... KAORU...
WAS?!
D...DU BIST AUCH HIER GEWE-SEN?!
JA...
DU... WEISST ES NUN WOHL SCHON...

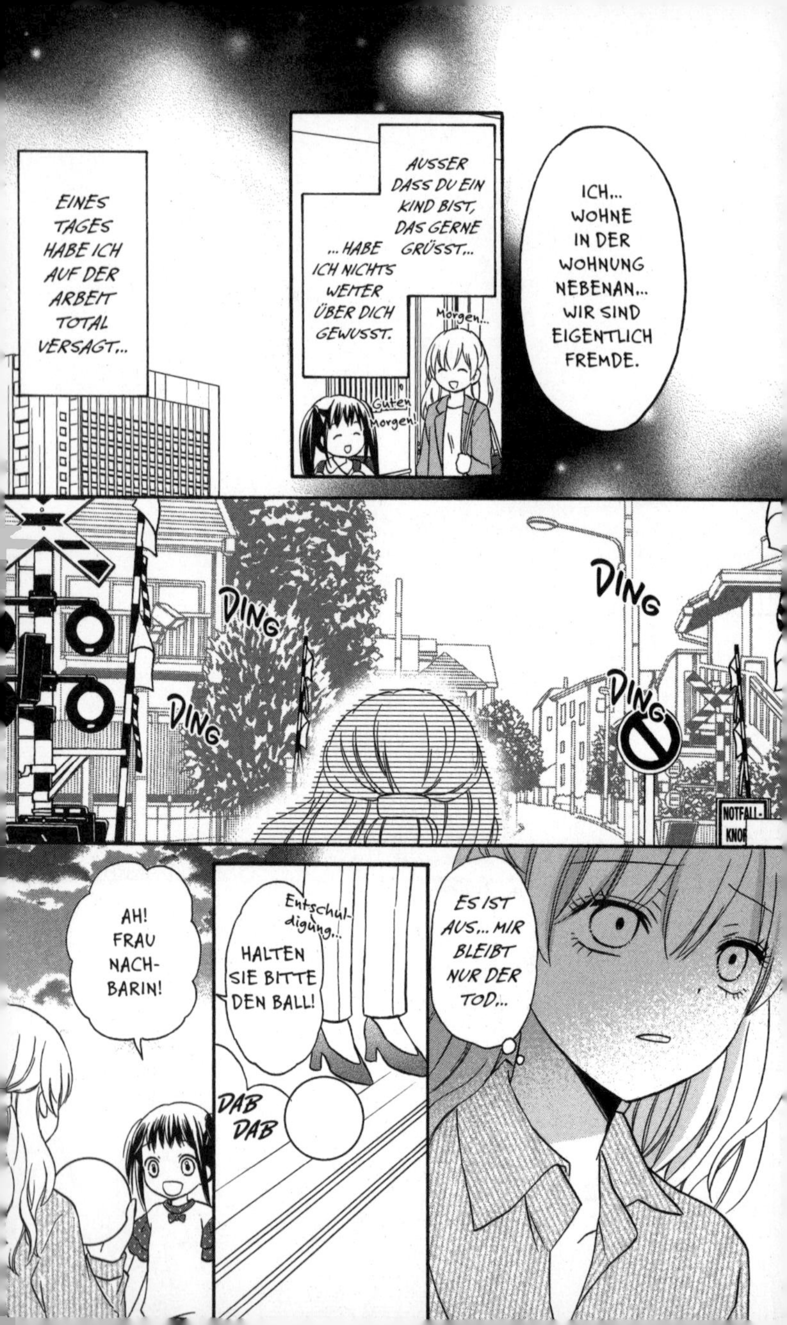
ICH... WOHNE IN DER WOHNUNG NEBENAN... WIR SIND EIGENTLICH FREMDE.
AUSSER DASS DU EIN KIND BIST, DAS GERNE GRÜSST...
... HABE ICH NICHTS WEITER ÜBER DICH GEWUSST.
Morgen...
Guten Morgen!
EINES TAGES HABE ICH AUF DER ARBEIT TOTAL VERSAGT...
DING
DING
DING
DING
NOTFALL-
KNOP
ES IST AUS... MIR BLEIBT NUR DER TOD...
Entschul-digung...
HALTEN SIE BITTE DEN BALL!
DAB DAB
AH! FRAU NACH-BARIN!

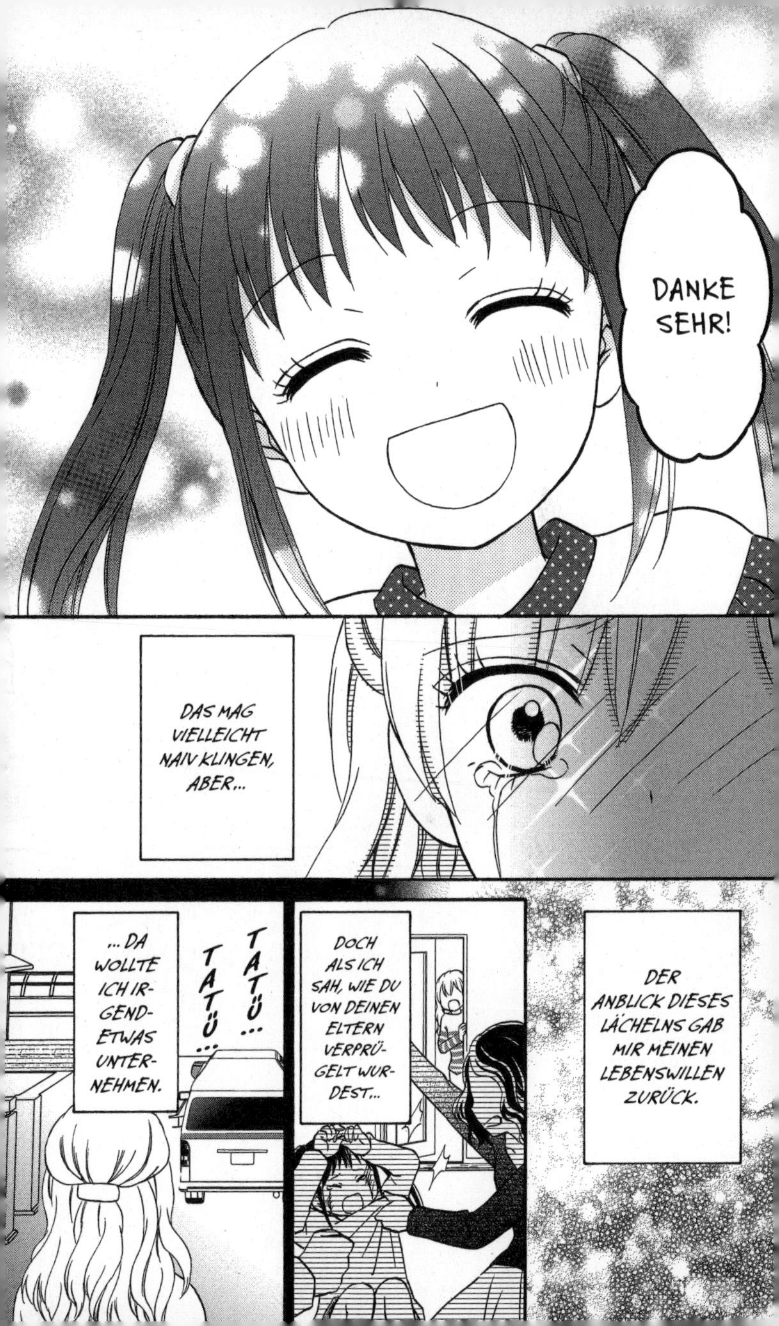
DANKE SEHR!
DAS MAG VIELLEICHT NAIV KLINGEN, ABER...
DER ANBLICK DIESES LÄCHELNS GAB MIR MEINEN LEBENSWILLEN ZURÜCK.
DOCH ALS ICH SAH, WIE DU VON DEINEN ELTERN VERPRÜGELT WURDEST...
TATÜ... TATÜ...
...DA WOLLTE ICH IRGENDETWAS UNTERNEHMEN.

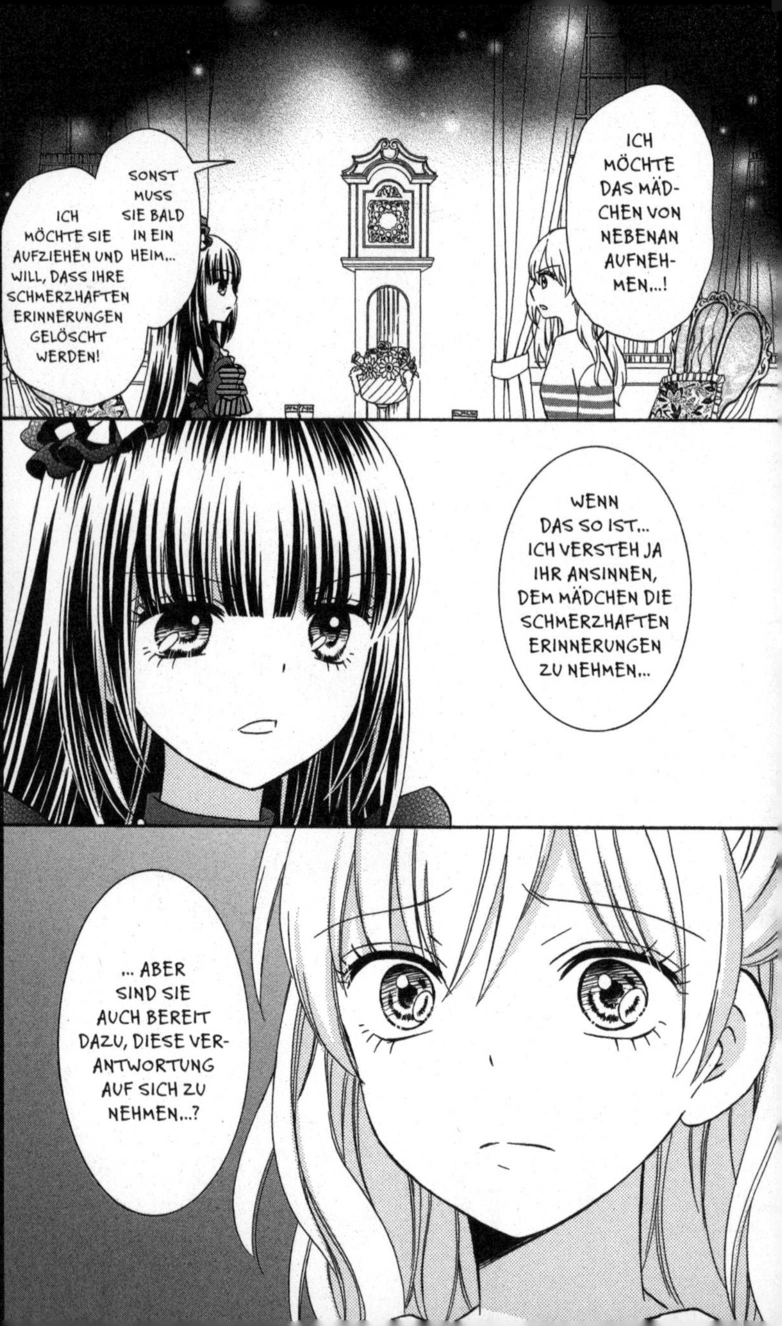
ICH MÖCHTE DAS MÄDCHEN VON NEBENAN AUFNEHMEN...!
SONST MUSS SIE BALD IN EIN HEIM...
ICH MÖCHTE SIE AUFZIEHEN UND WILL, DASS IHRE SCHMERZHAFTEN ERINNERUNGEN GELÖSCHT WERDEN!
WENN DAS SO IST... ICH VERSTEH JA IHR ANSINNEN, DEM MÄDCHEN DIE SCHMERZHAFTEN ERINNERUNGEN ZU NEHMEN...
... ABER SIND SIE AUCH BEREIT DAZU, DIESE VERANTWORTUNG AUF SICH ZU NEHMEN...?

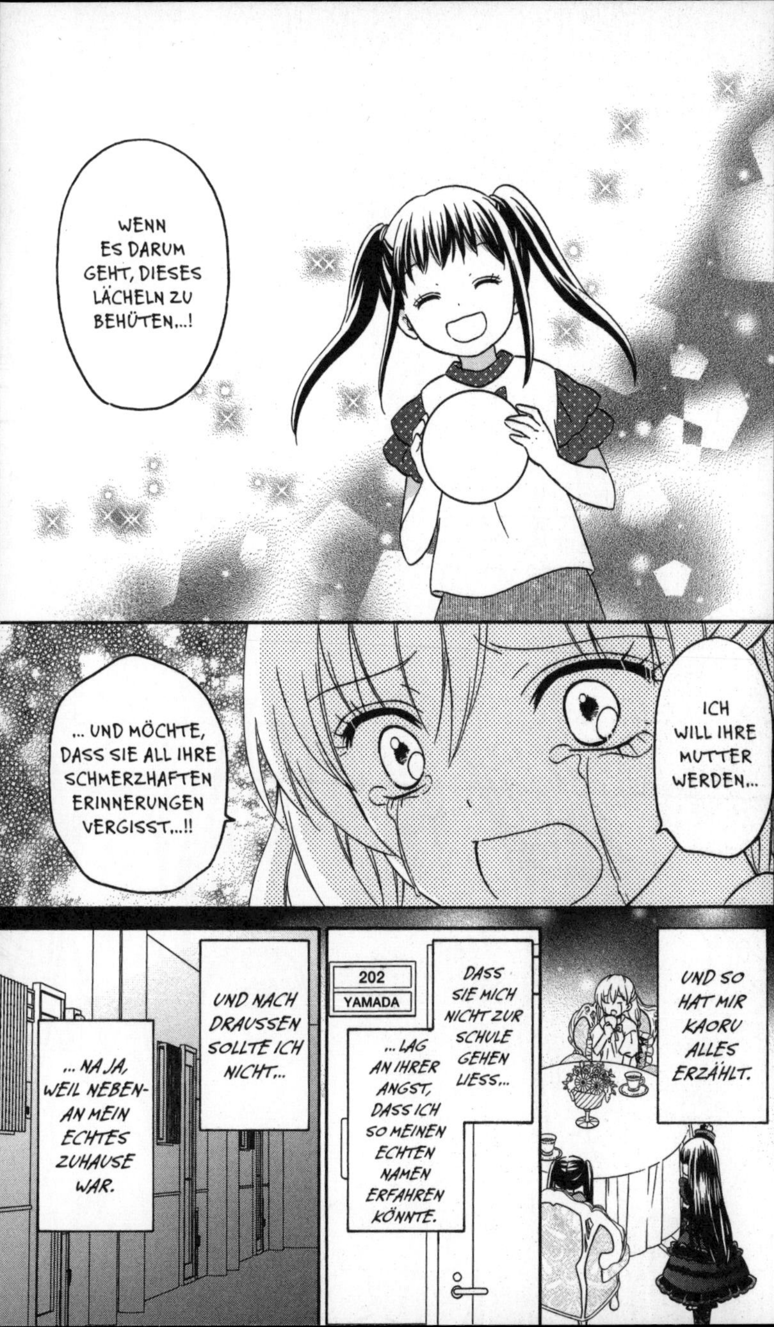
WENN ES DARUM GEHT, DIESES LÄCHELN ZU BEHÜTEN...!
ICH WILL IHRE MUTTER WERDEN...
... UND MÖCHTE, DASS SIE ALL IHRE SCHMERZHAFTEN ERINNERUNGEN VERGISST...!!
UND SO HAT MIR KAORU ALLES ERZÄHLT.
DASS SIE MICH NICHT ZUR SCHULE GEHEN LIESS...
... LAG AN IHRER ANGST, DASS ICH SO MEINEN ECHTEN NAMEN ERFAHREN KÖNNTE.
202
YAMADA
UND NACH DRAUSSEN SOLLTE ICH NICHT...
... NA JA, WEIL NEBEN-AN MEIN ECHTES ZUHAUSE WAR.

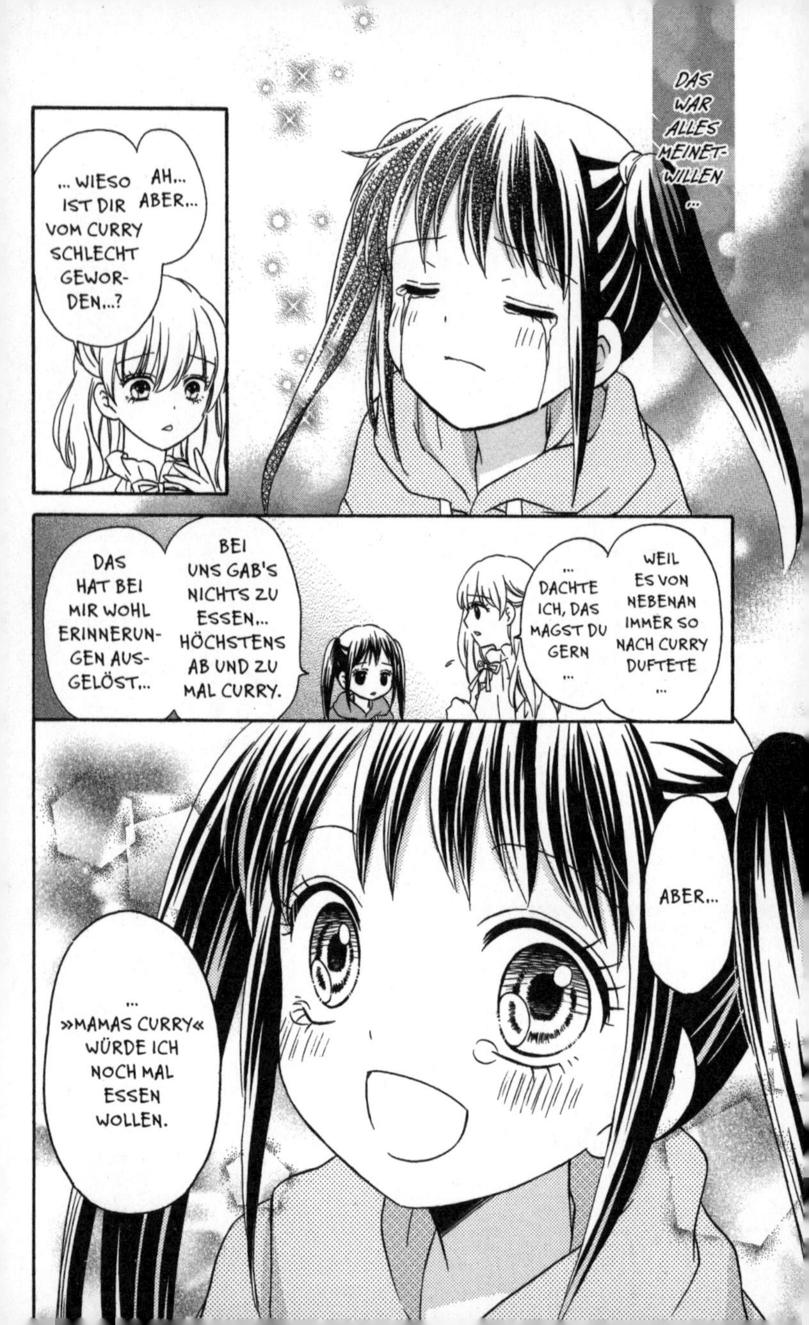
DAS WAR ALLES MEINETWILLEN ...
AH... ABER...
... WIESO IST DIR VOM CURRY SCHLECHT GEWORDEN...?
WEIL ES VON NEBENAN IMMER SO NACH CURRY DUFTETE ...
... DACHTE ICH, DAS MAGST DU GERN ...
BEI UNS GAB'S NICHTS ZU ESSEN... HÖCHSTENS AB UND ZU MAL CURRY.
DAS HAT BEI MIR WOHL ERINNERUNGEN AUSGELÖST...
ABER...
... »MAMAS CURRY« WÜRDE ICH NOCH MAL ESSEN WOLLEN.

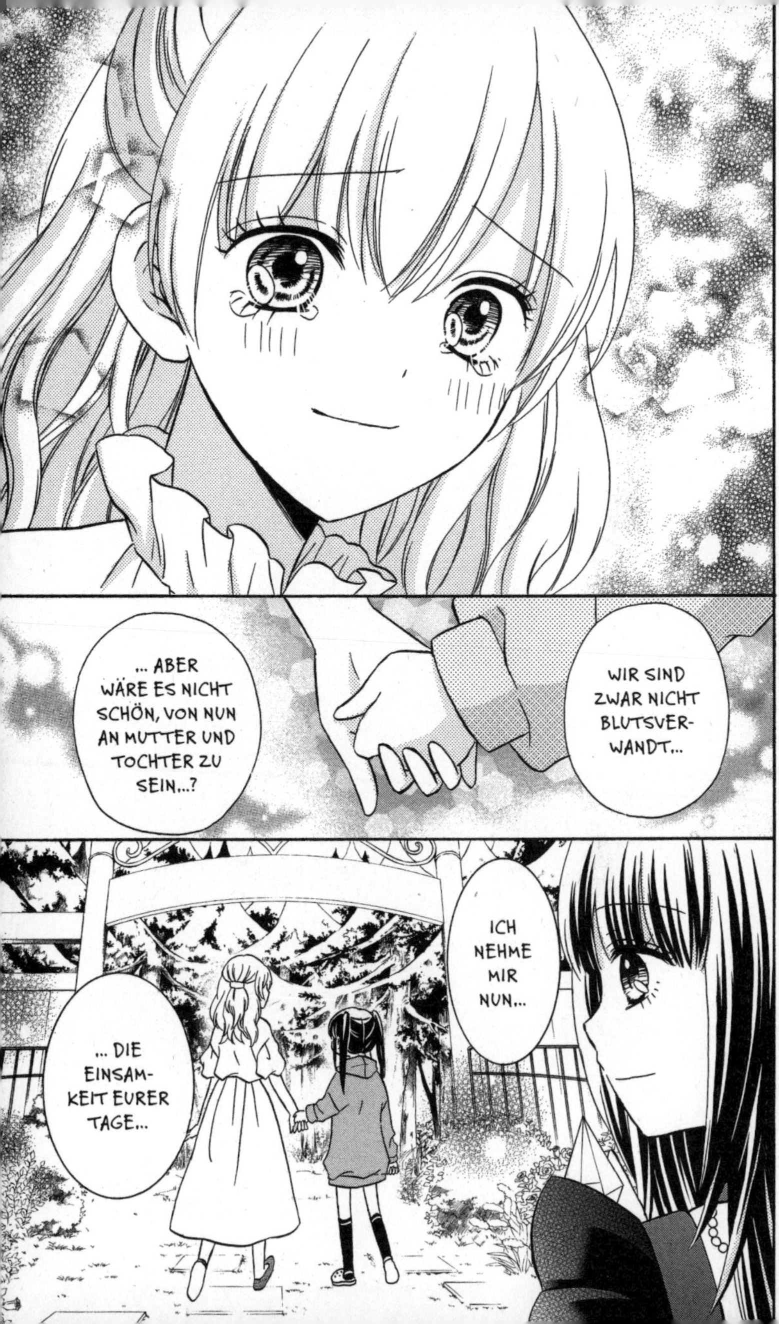
WIR SIND ZWAR NICHT BLUTSVER-WANDT...
... ABER WÄRE ES NICHT SCHÖN, VON NUN AN MUTTER UND TOCHTER ZU SEIN...?
ICH NEHME MIR NUN...
... DIE EINSAM-KEIT EURER TAGE...

# WILLKOMMEN BEI CHOCOLAT NOIR

## I

### ÜBER DIE SCHOKOLADE IN DER GESCHICHTE

◆ ◆ ◆

## SCHOKO-GRANAT

EIN SCHOKO-KÜCHLEIN AUS EINEM VOLLENDS ROT GEREIFTEN GRANATAPFEL. DER EINDRUCK DER SCHNITTFLÄCHE, WENN MAN EINEN GRANATAPFEL ZERTEILT, BRACHTE MICH AUF EINE GESCHICHTE ÜBER SCHLIMME ERINNERUNGEN.

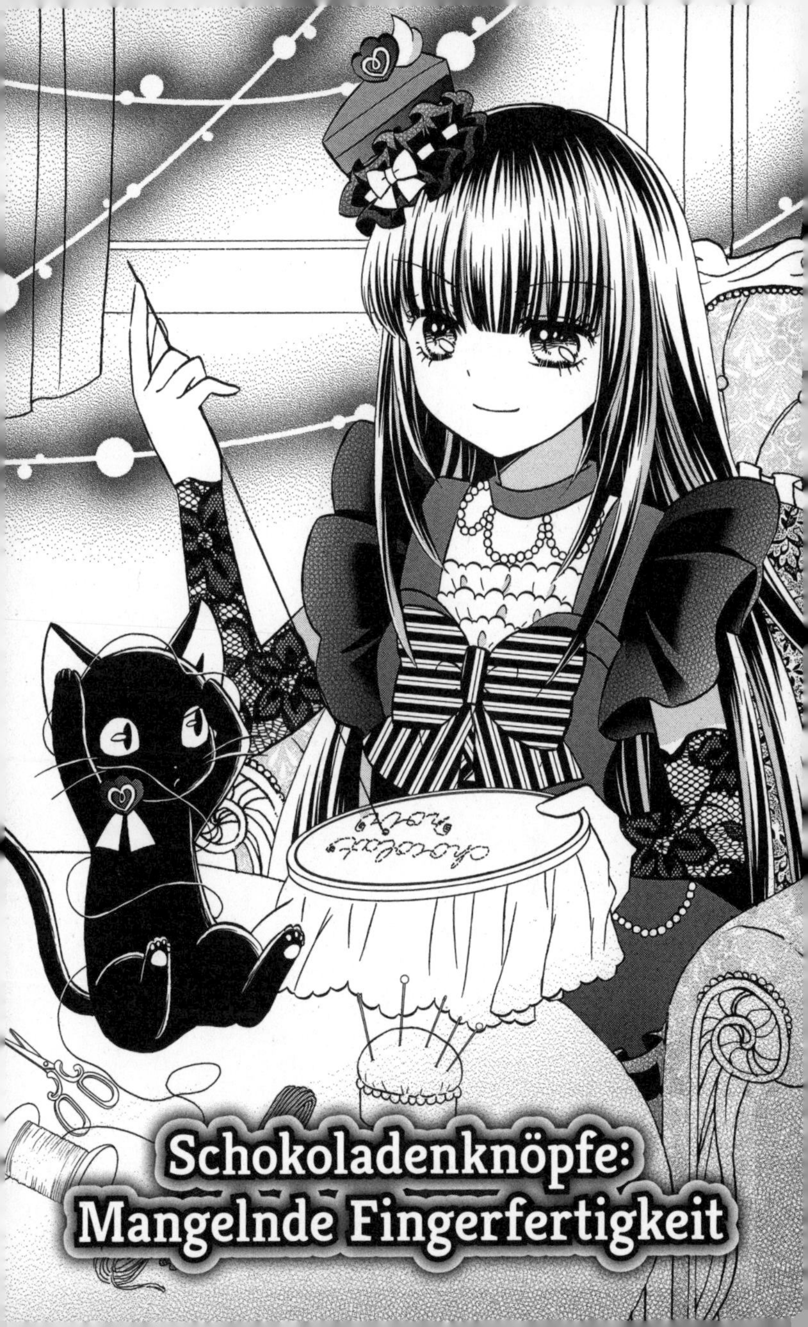
Schokoladenknöpfe:
Mangelnde Fingerfertigkeit

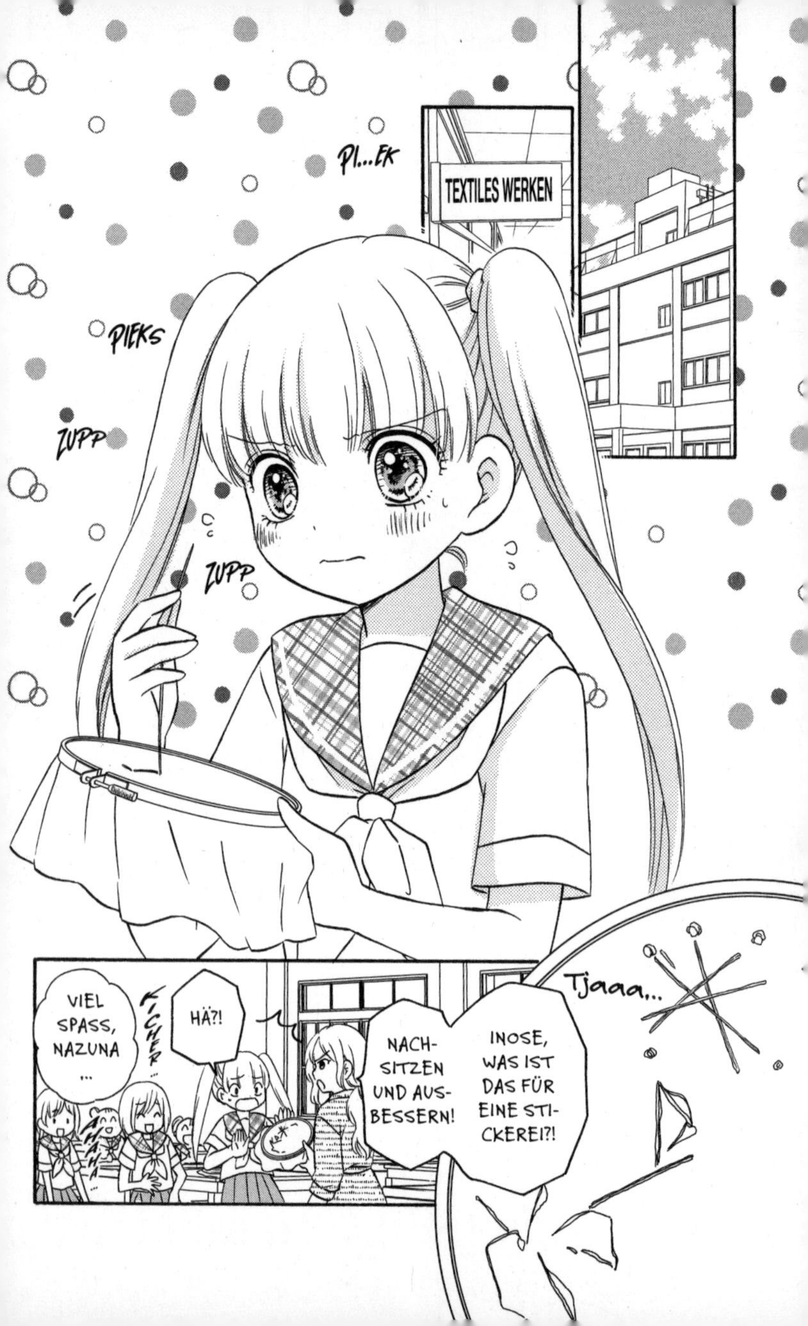
TEXTILES WERKEN
PI...EK
PIEKS
ZUPP
ZUPP
Tjaaa...
INOSE, WAS IST DAS FÜR EINE STICKEREI?!
NACHSITZEN UND AUSBESSERN!
HÄ?!
KICHER ...
VIEL SPASS, NAZUNA ...
AHAHAHA ...

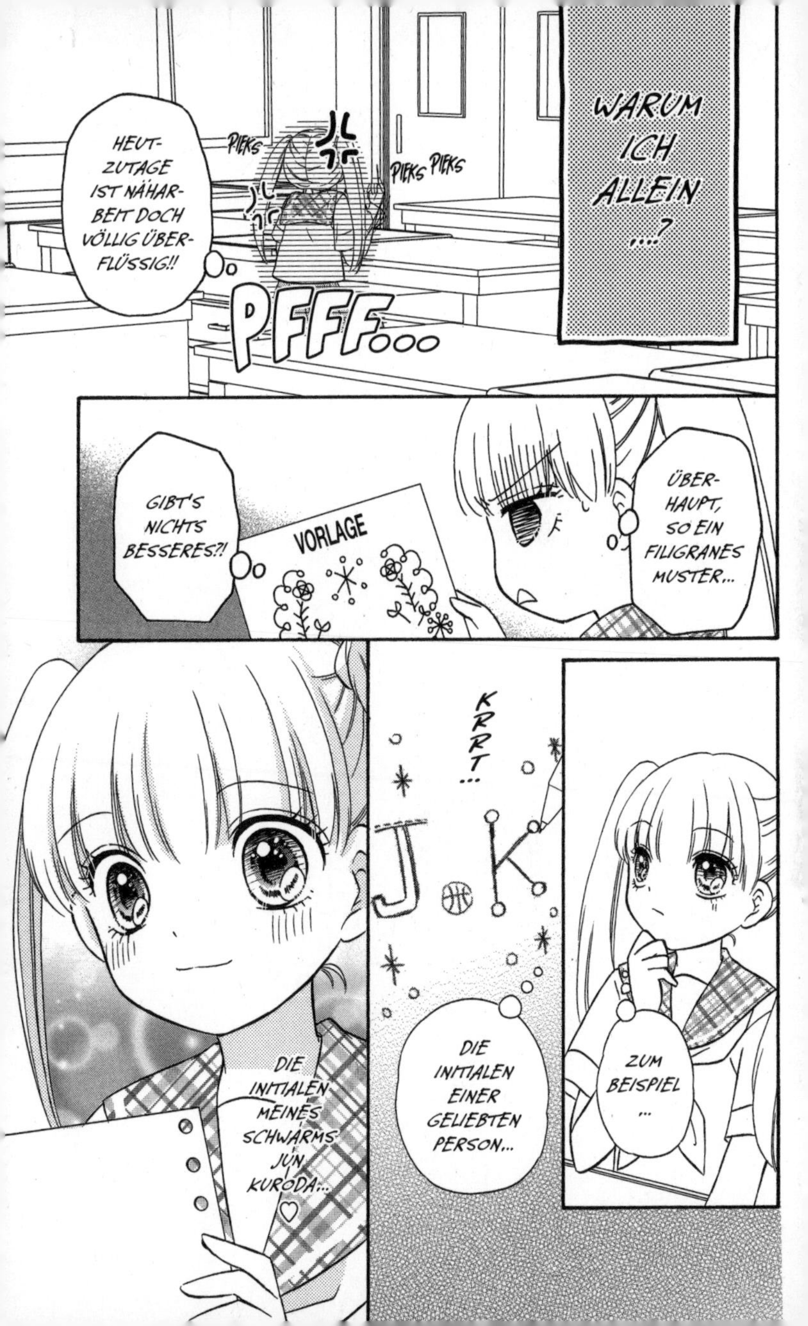
WARUM ICH ALLEIN ...?
PIEKS PIEKS
PIEKS
HEUTZUTAGE IST NÄHARBEIT DOCH VÖLLIG ÜBERFLÜSSIG!!
PFFF...
ÜBERHAUPT, SO EIN FILIGRANES MUSTER...
VORLAGE
GIBT'S NICHTS BESSERES?!
ZUM BEISPIEL ...
KRRT...
DIE INITIALEN EINER GELIEBTEN PERSON...
DIE INITIALEN MEINES SCHWARMS JUN KURODA... ♡

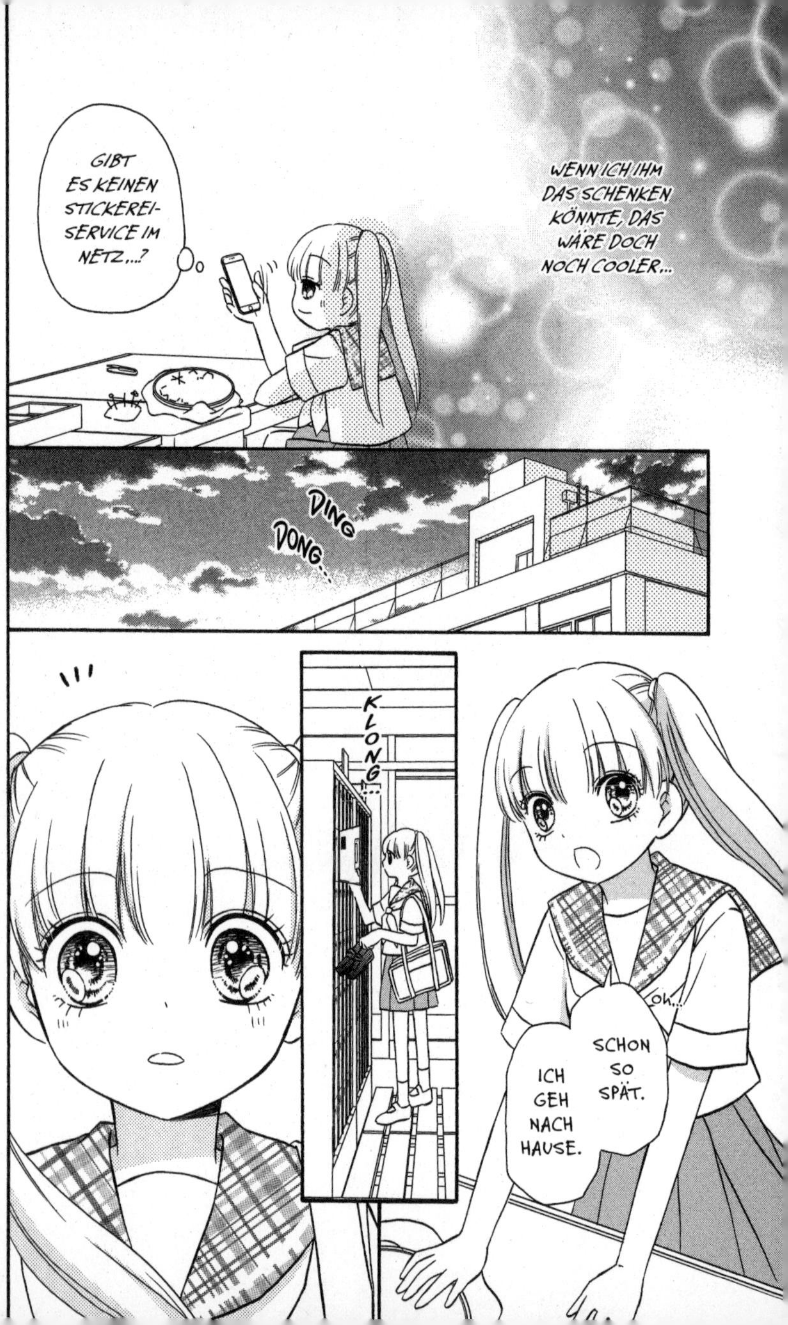
WENN ICH IHM DAS SCHENKEN KÖNNTE, DAS WÄRE DOCH NOCH COOLER...
GIBT ES KEINEN STICKEREI-SERVICE IM NETZ...?
DING DONG...
OH...
SCHON SO SPÄT.
ICH GEH NACH HAUSE.
KLONG

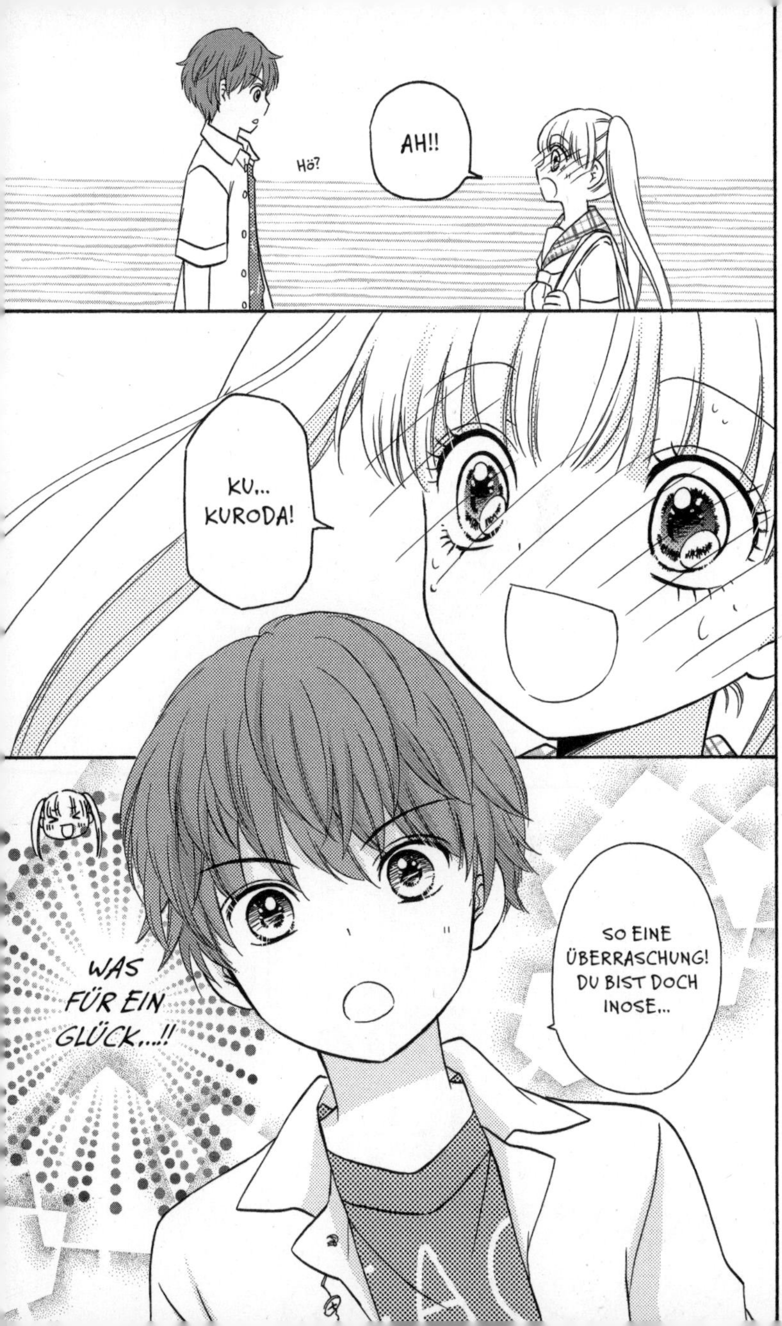
AH!!
Hö?
KU... KURODA!
SO EINE ÜBERRASCHUNG! DU BIST DOCH INOSE...
WAS FÜR EIN GLÜCK...!!

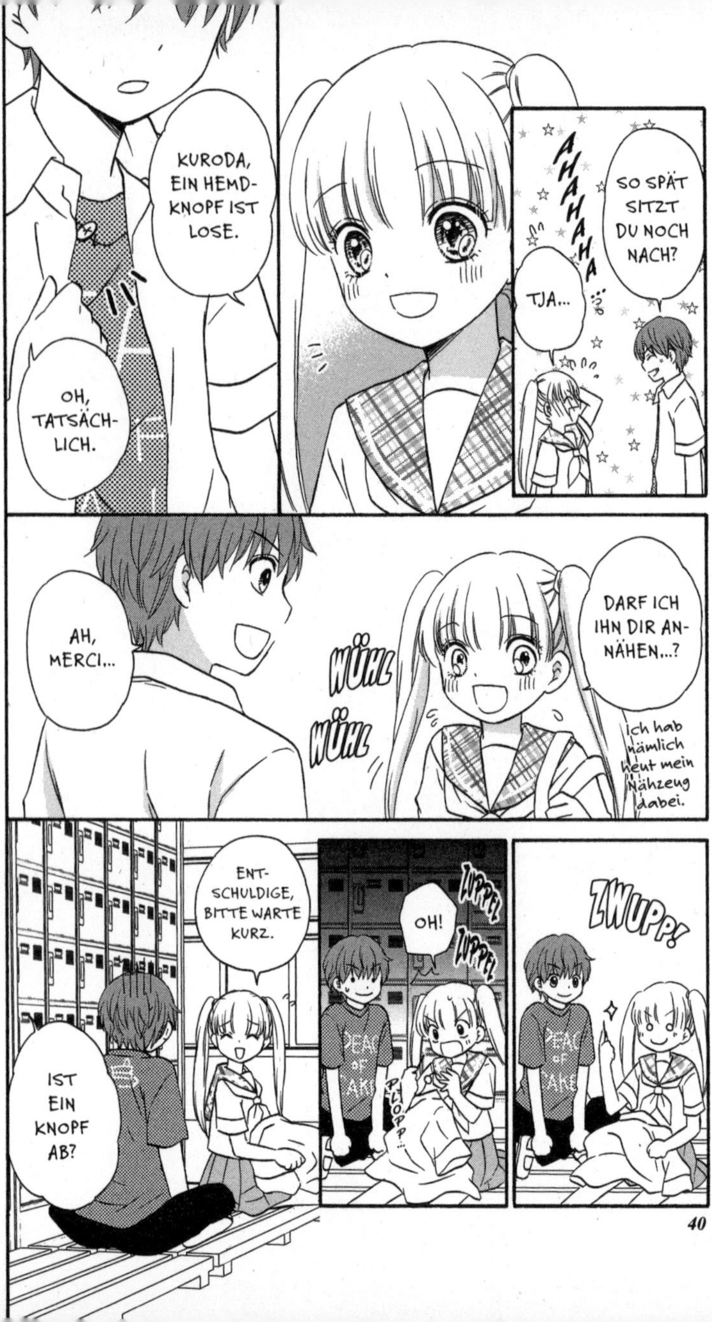
SO SPÄT SITZT DU NOCH NACH?
AHAHAHA
TJA...
KURODA, EIN HEMD-KNOPF IST LOSE.
OH, TATSÄCH-LICH.
DARF ICH IHN DIR AN-NÄHEN...?
Ich hab nämlich heut mein Nähzeug dabei.
WÜHL
WÜHL
AH, MERCI...
ZWUPP!
OH!
ZUPPEL
ZUPPEL
PLOPP...
ENT-SCHULDIGE, BITTE WARTE KURZ.
IST EIN KNOPF AB?

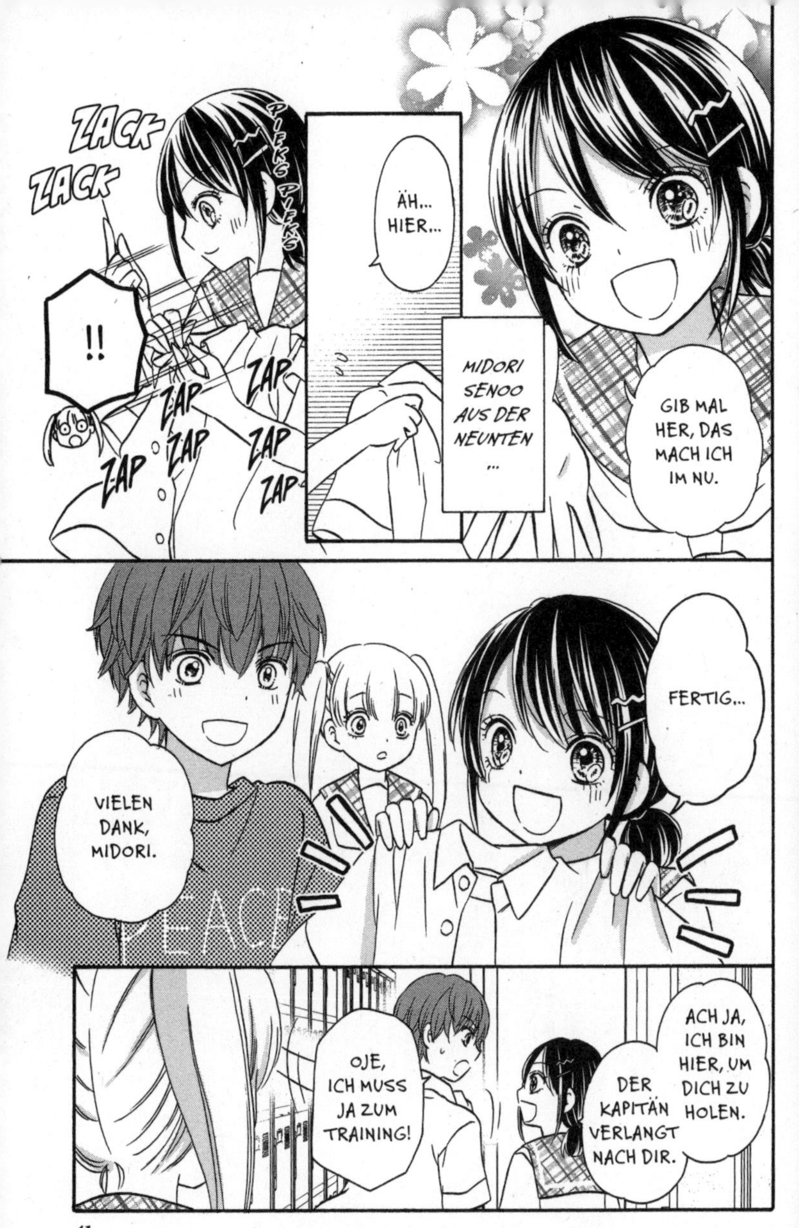
GIB MAL HER, DAS MACH ICH IM NU.
MIDORI SENOO AUS DER NEUNTEN ...
ÄH... HIER...
PIEKS PIEKS
ZACK ZACK
!!
ZAP ZAP ZAP ZAP ZAP ZAP
FERTIG...
VIELEN DANK, MIDORI.
ACH JA, ICH BIN HIER, UM DICH ZU HOLEN.
DER KAPITÄN VERLANGT NACH DIR.
OJE, ICH MUSS JA ZUM TRAINING!

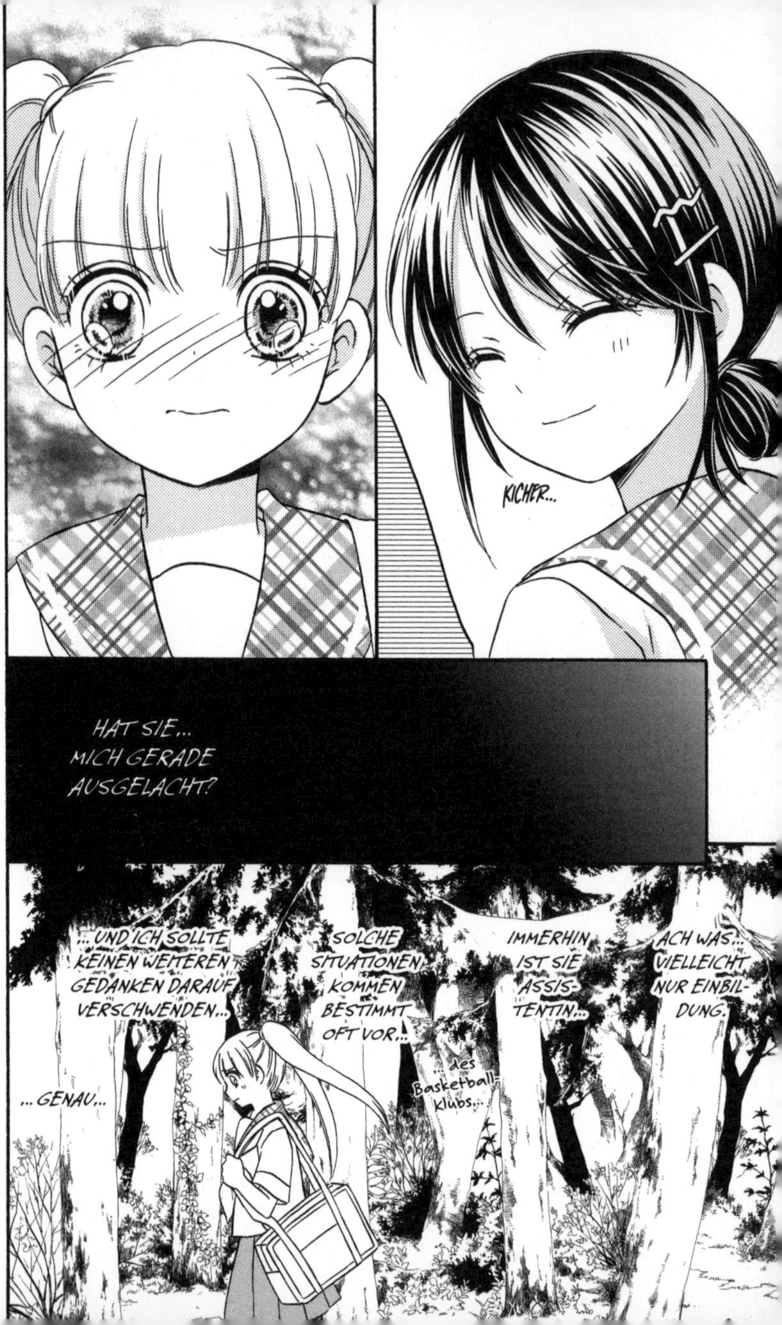
KICHER...
HAT SIE... MICH GERADE AUSGELACHT?
ACH WAS... VIELLEICHT NUR EINBILDUNG.
IMMERHIN IST SIE ASSISTENTIN...
... des Basketballklubs...
SOLCHE SITUATIONEN KOMMEN BESTIMMT OFT VOR...
... UND ICH SOLLTE KEINEN WEITEREN GEDANKEN DARAUF VERSCHWENDEN...
... GENAU...

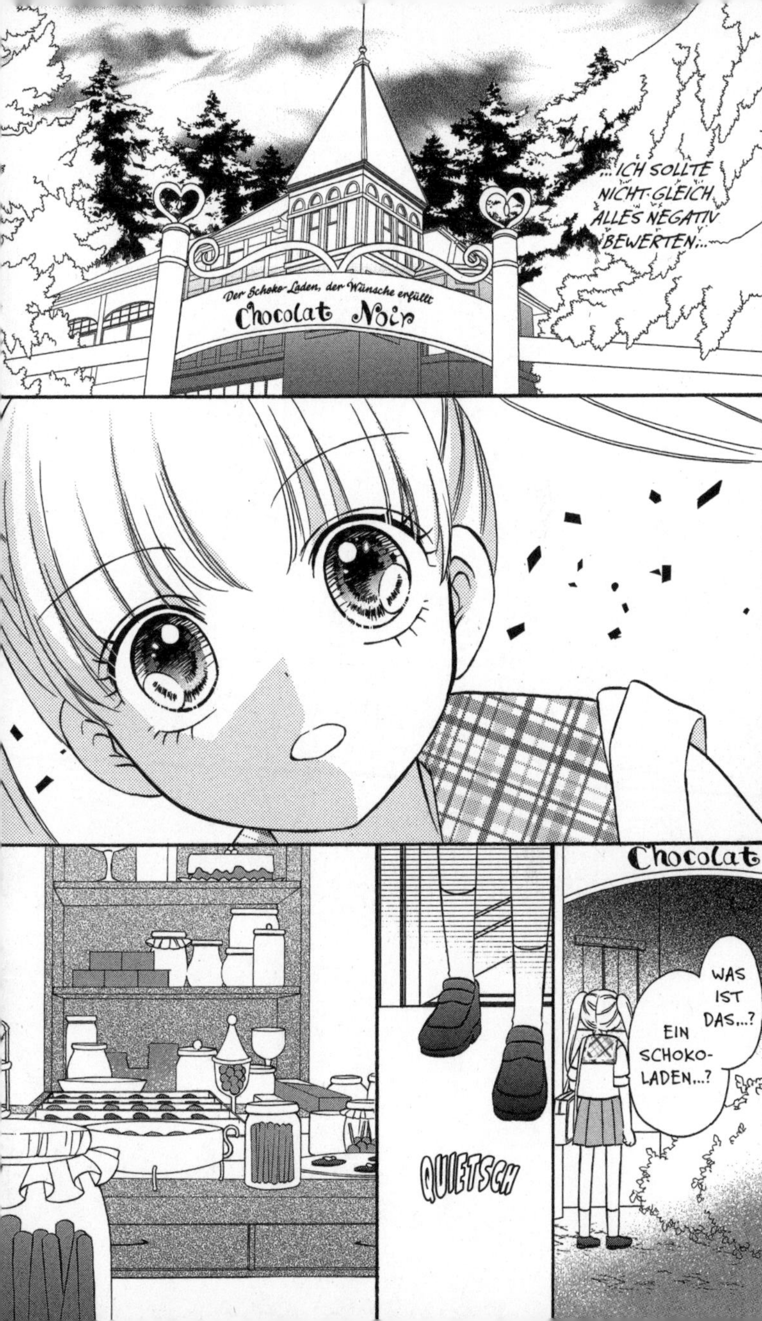

Der Schoko-Laden, der Wünsche erfüllt
Chocolat Noir
...ICH SOLLTE NICHT GLEICH ALLES NEGATIV BEWERTEN...
Chocolat
WAS IST DAS...?
EIN SCHOKO-LADEN...?
QUIETSCH

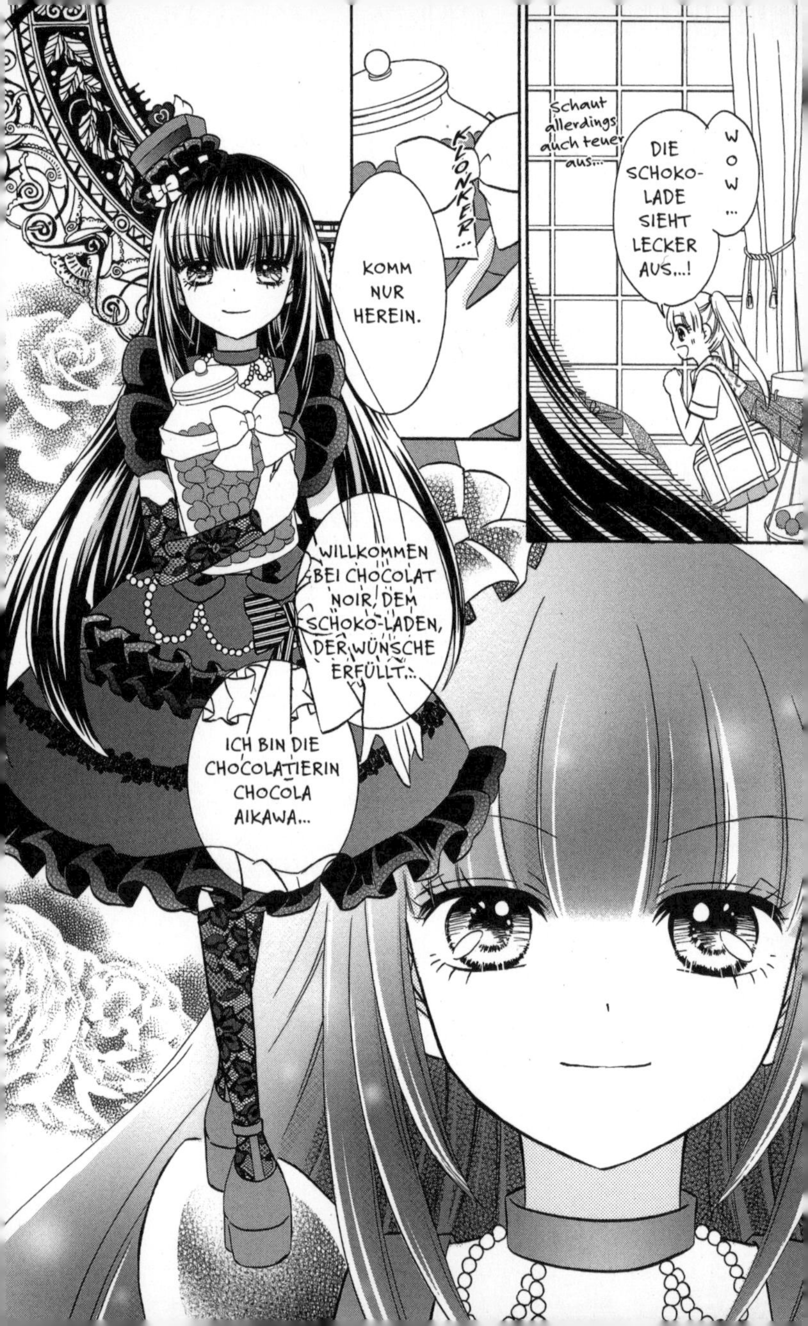
WOW ...
DIE SCHOKOLADE SIEHT LECKER AUS...!
Schaut allerdings auch teuer aus...
KLONKER ...
KOMM NUR HEREIN.
WILLKOMMEN BEI CHOCOLAT NOIR, DEM SCHOKO-LADEN, DER WÜNSCHE ERFÜLLT...
ICH BIN DIE CHOCOLATIERIN CHOCOLA AIKAWA...

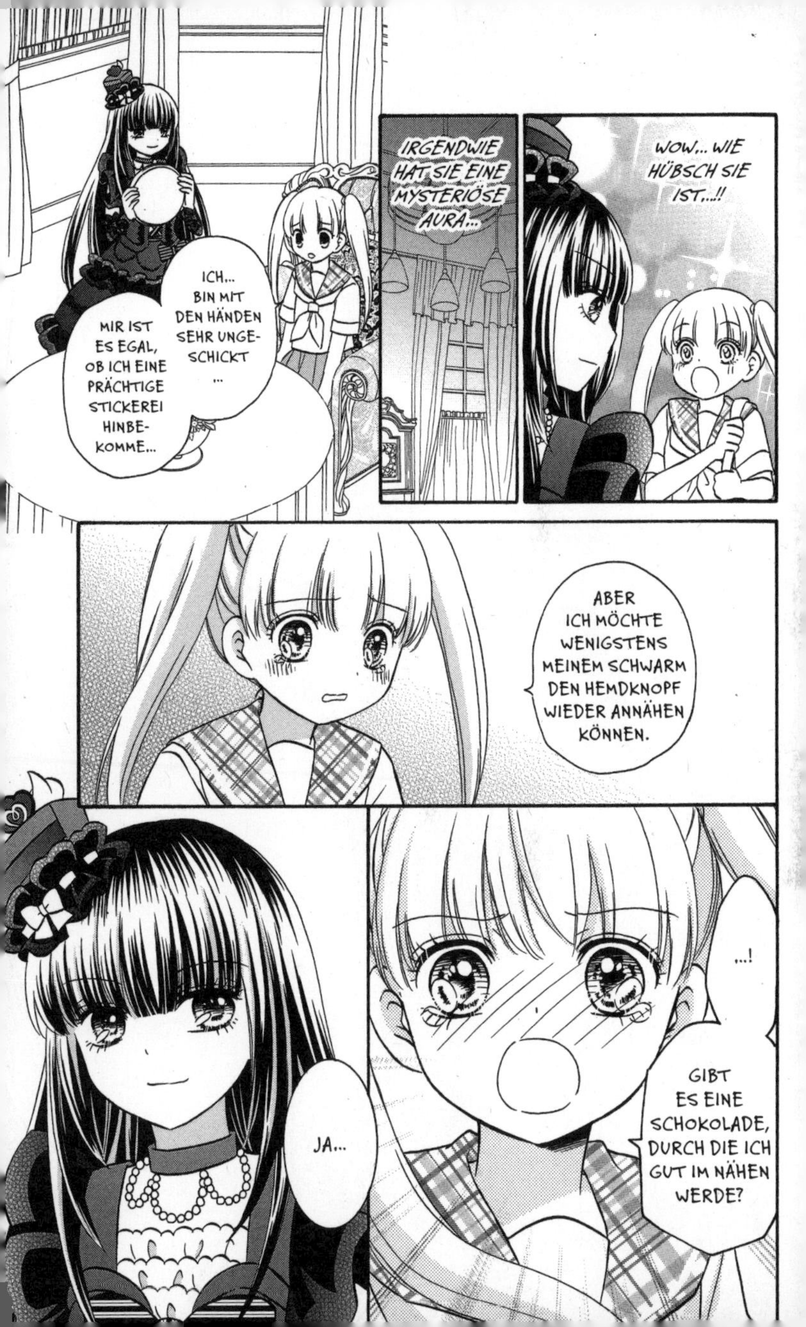
ICH... BIN MIT DEN HÄNDEN SEHR UNGE-SCHICKT ...
MIR IST ES EGAL, OB ICH EINE PRÄCHTIGE STICKEREI HINBE-KOMME...
WOW... WIE HÜBSCH SIE IST...!!
IRGENDWIE HAT SIE EINE MYSTERIÖSE AURA...
ABER ICH MÖCHTE WENIGSTENS MEINEM SCHWARM DEN HEMDKNOPF WIEDER ANNÄHEN KÖNNEN.
...!
GIBT ES EINE SCHOKOLADE, DURCH DIE ICH GUT IM NÄHEN WERDE?
JA...

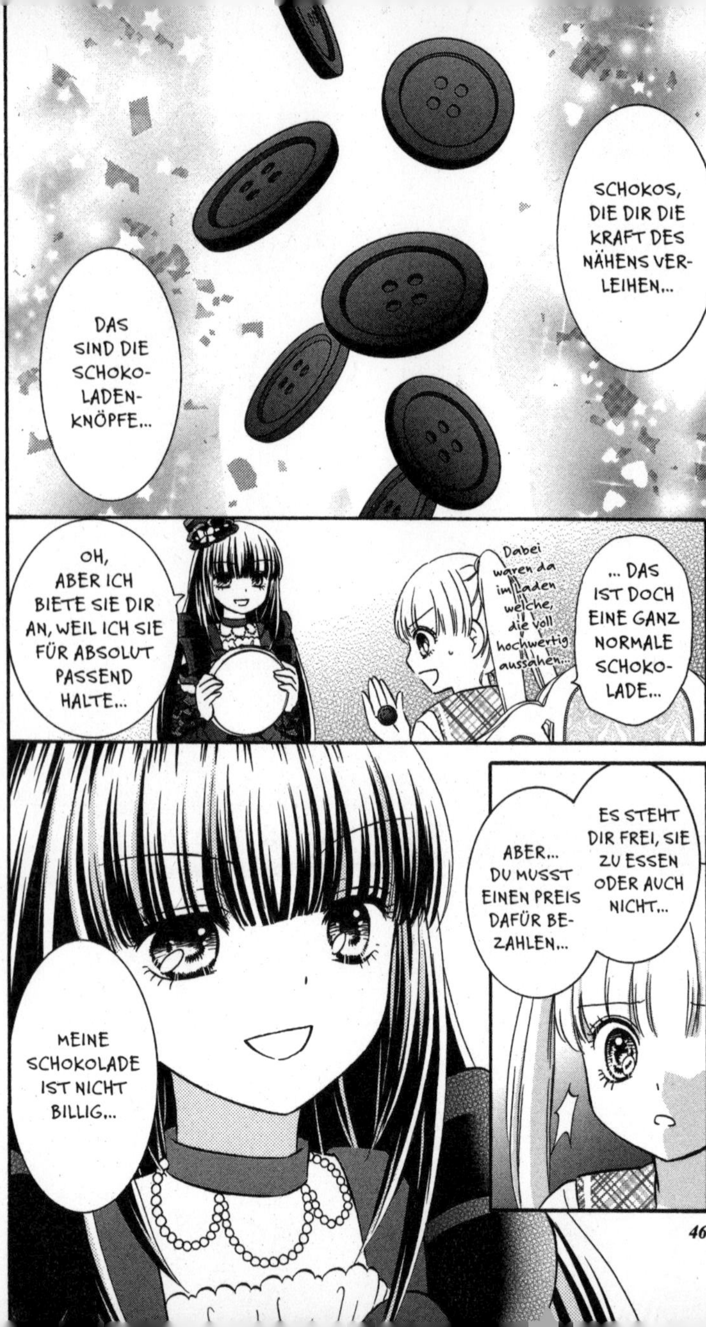
SCHOKOS, DIE DIR DIE KRAFT DES NÄHENS VERLEIHEN...
DAS SIND DIE SCHOKOLADENKNÖPFE...
... DAS IST DOCH EINE GANZ NORMALE SCHOKOLADE...
Dabei waren da im Laden welche, die voll hochwertig aussahen...
OH, ABER ICH BIETE SIE DIR AN, WEIL ICH SIE FÜR ABSOLUT PASSEND HALTE...
ES STEHT DIR FREI, SIE ZU ESSEN ODER AUCH NICHT...
ABER... DU MUSST EINEN PREIS DAFÜR BEZAHLEN...
MEINE SCHOKOLADE IST NICHT BILLIG...

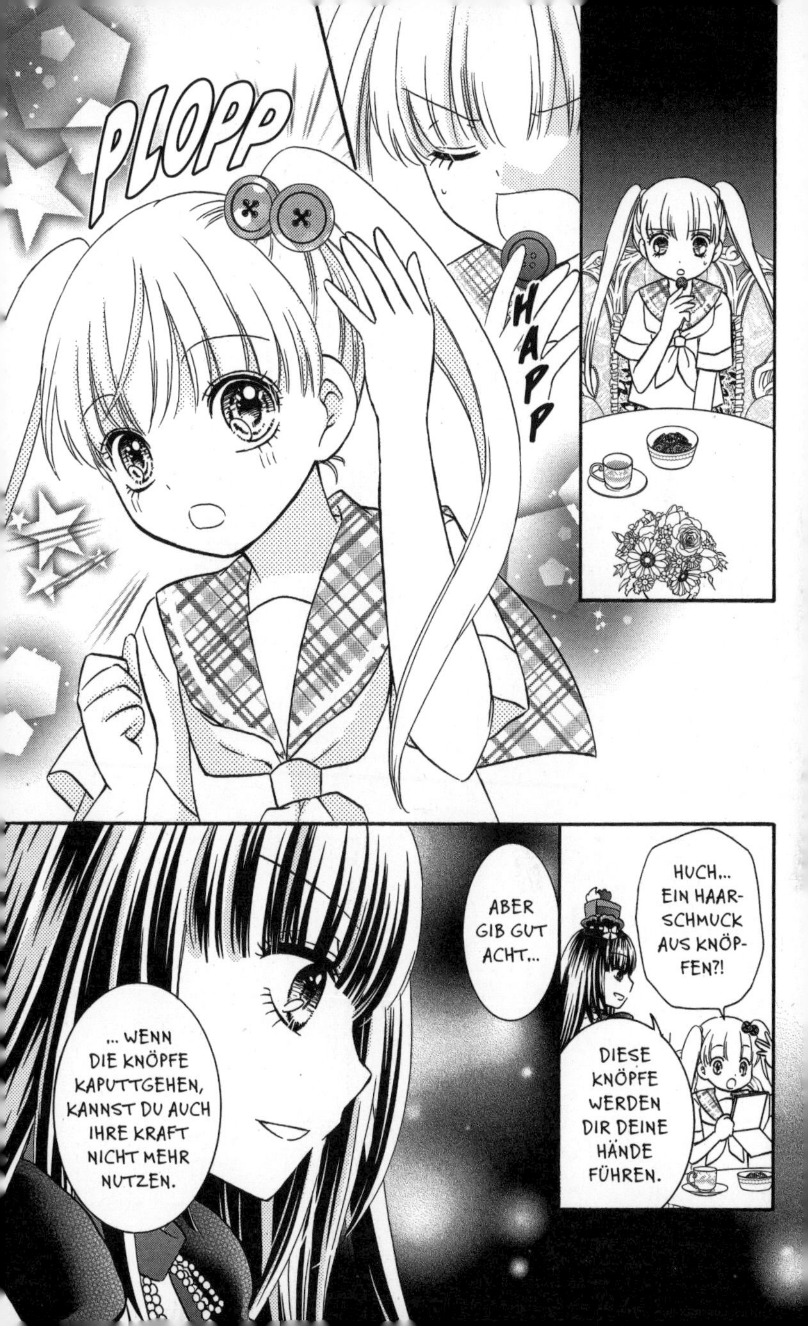
HAPP
PLOPP
HUCH... EIN HAAR-SCHMUCK AUS KNÖPFEN?!
DIESE KNÖPFE WERDEN DIR DEINE HÄNDE FÜHREN.
ABER GIB GUT ACHT...
... WENN DIE KNÖPFE KAPUTTGEHEN, KANNST DU AUCH IHRE KRAFT NICHT MEHR NUTZEN.

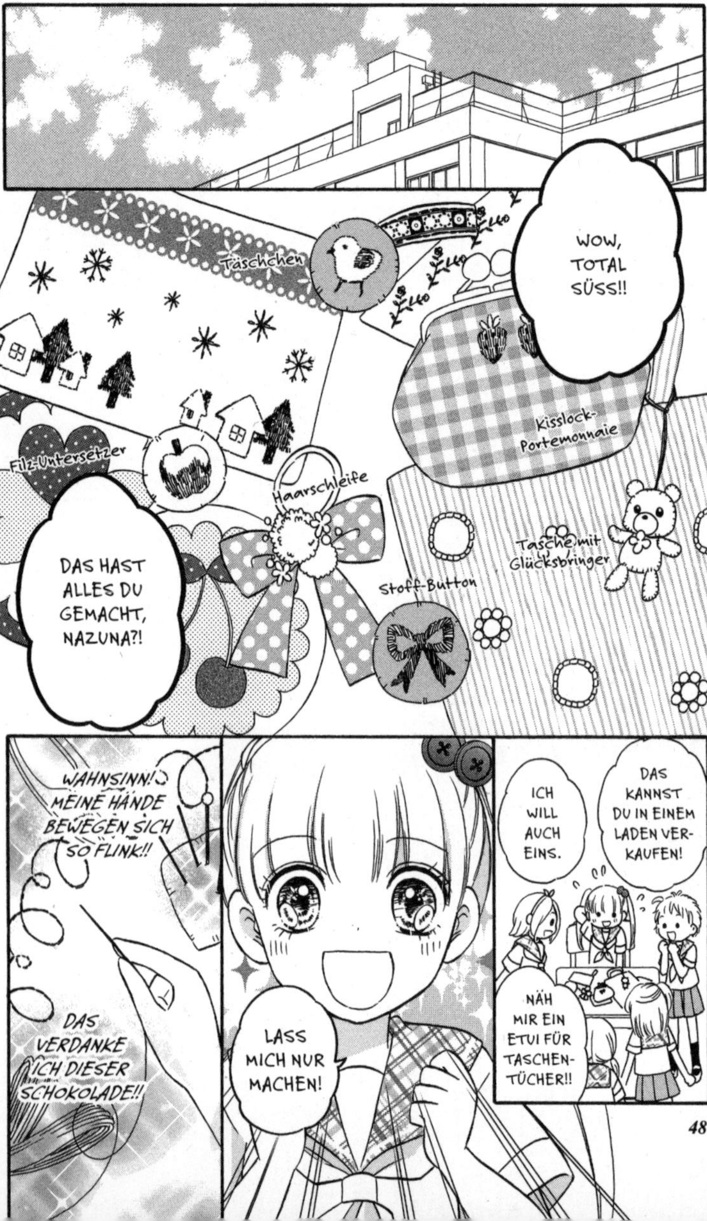
WOW, TOTAL SÜSS!!
Täschchen
Kisslock-Portemonnaie
Filz-Untersetzer
Haarschleife
Stoff-Button
Tasche mit Glücksbringer
DAS HAST ALLES DU GEMACHT, NAZUNA?!
DAS KANNST DU IN EINEM LADEN VERKAUFEN!
ICH WILL AUCH EINS.
NÄH MIR EIN ETUI FÜR TASCHENTÜCHER!!
LASS MICH NUR MACHEN!
WAHNSINN! MEINE HÄNDE BEWEGEN SICH SO FLINK!!
DAS VERDANKE ICH DIESER SCHOKOLADE!!

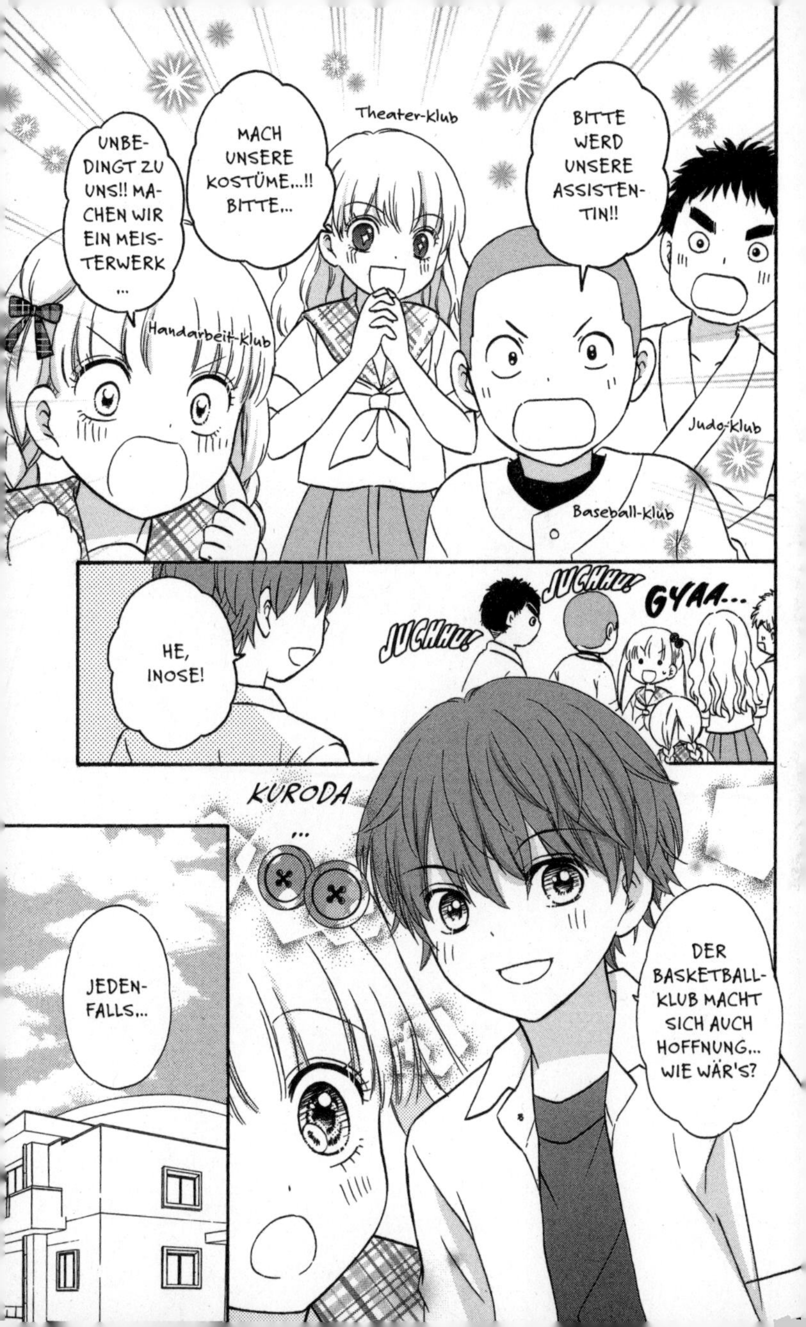
BITTE WERD UNSERE ASSISTEN-TIN!!
Judo-klub
Baseball-klub
Theater-klub
MACH UNSERE KOSTÜME...!! BITTE...
UNBE-DINGT ZU UNS!! MA-CHEN WIR EIN MEIS-TERWERK ...
Handarbeit-klub
GYAA...
JUCHHU!
JUCHHU!
HE, INOSE!
DER BASKETBALL-KLUB MACHT SICH AUCH HOFFNUNG... WIE WÄR'S?
KURODA ...
JEDEN-FALLS...

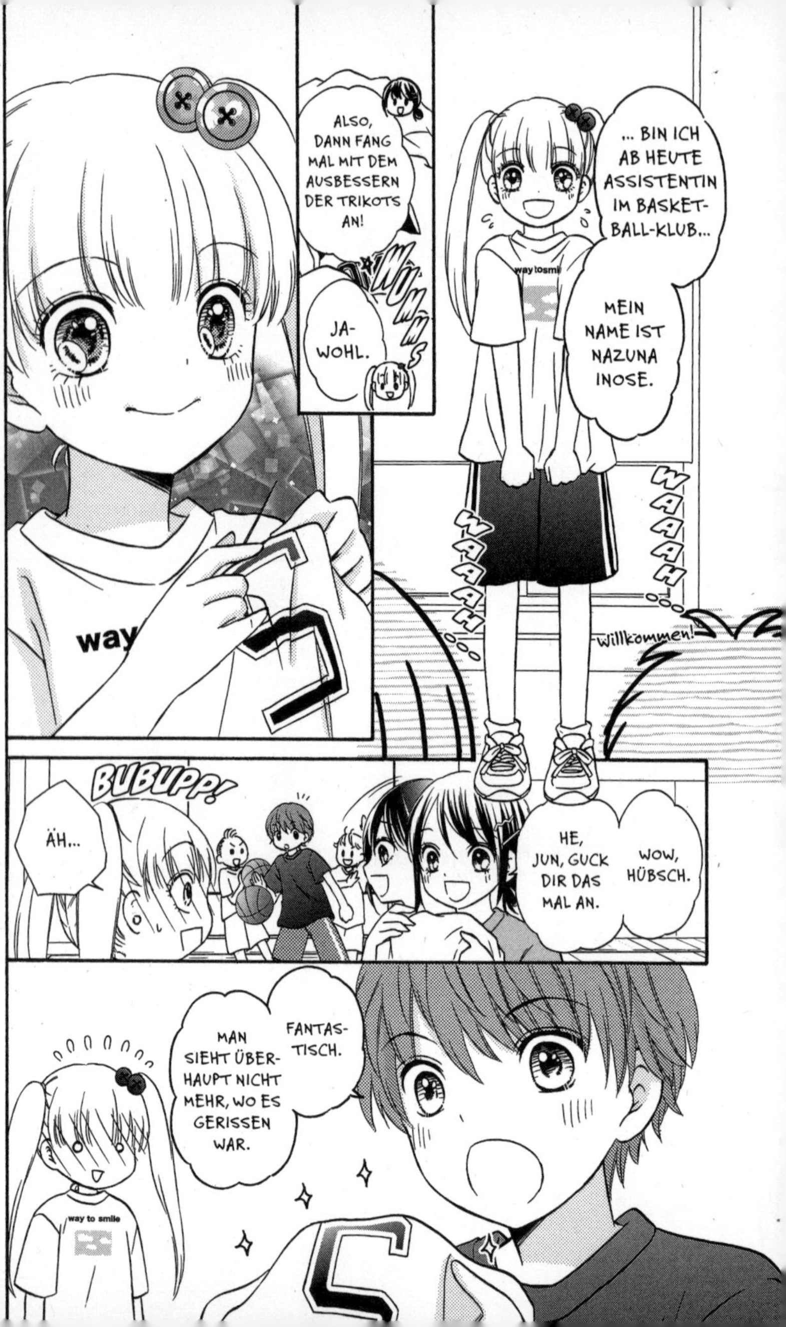
... BIN ICH AB HEUTE ASSISTENTIN IM BASKET-BALL-KLUB...
MEIN NAME IST NAZUNA INOSE.
WAAAAH...
WAAAAH...
Willkommen!
ALSO, DANN FANG MAL MIT DEM AUSBESSERN DER TRIKOTS AN!
JA-WOHL.
WOW, HÜBSCH.
HE, JUN, GUCK DIR DAS MAL AN.
BUBUPP!
ÄH...
FANTAS-TISCH.
MAN SIEHT ÜBER-HAUPT NICHT MEHR, WO ES GERISSEN WAR.

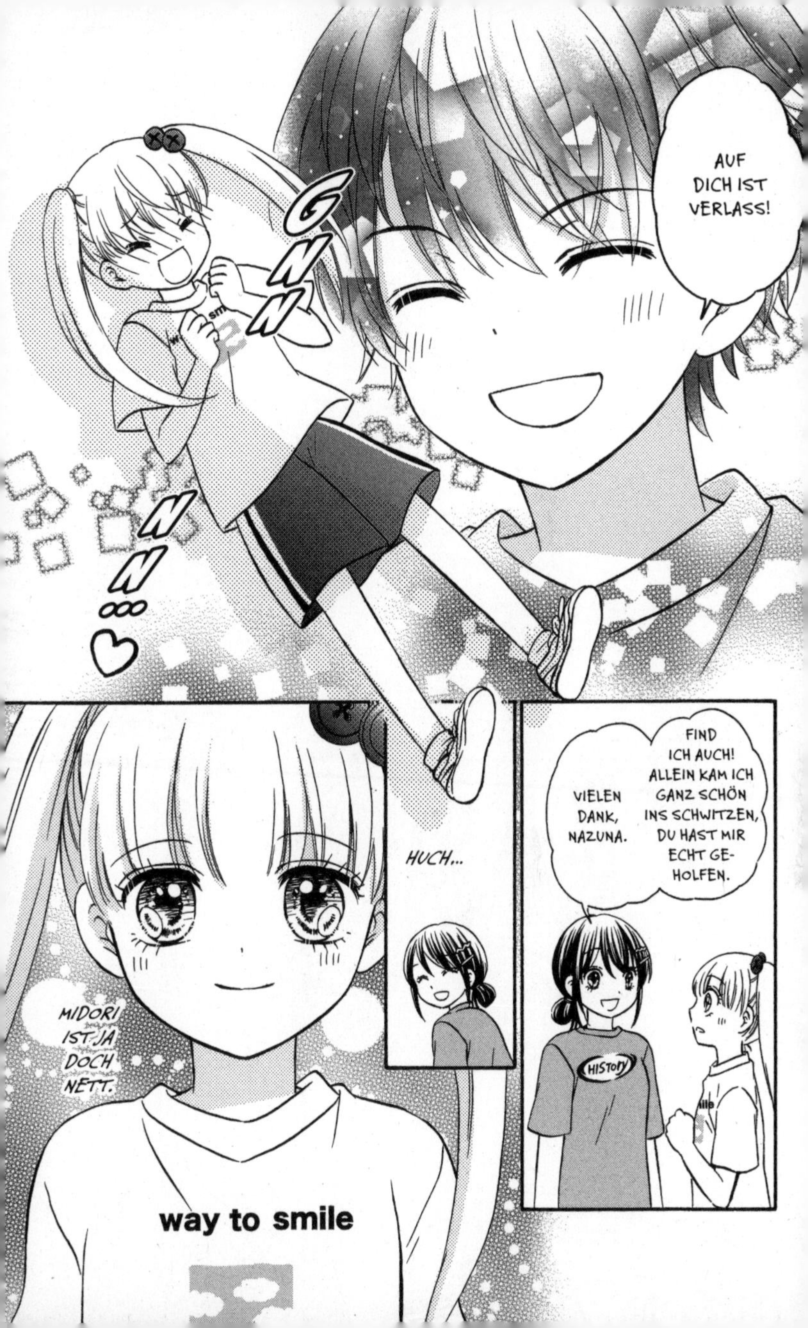
AUF DICH IST VERLASS!
GNNN...NN...♡
FIND ICH AUCH! ALLEIN KAM ICH GANZ SCHÖN INS SCHWITZEN, DU HAST MIR ECHT GEHOLFEN.
VIELEN DANK, NAZUNA.
HUCH...
MIDORI IST JA DOCH NETT.
HIStory
way to smile

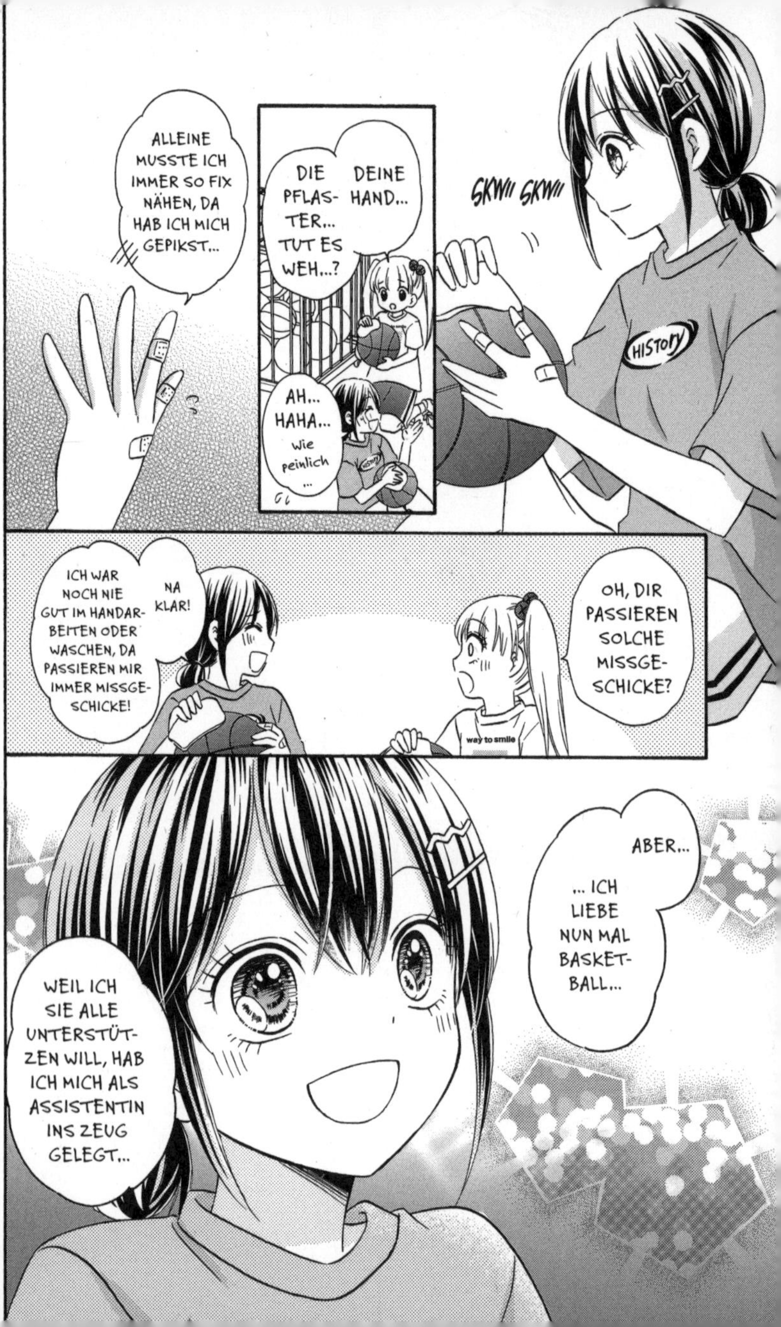
SKWII SKWII
DIE PFLASTER... TUT ES WEH...?
DEINE HAND...
ALLEINE MUSSTE ICH IMMER SO FIX NÄHEN, DA HAB ICH MICH GEPIKST...
AH... HAHA... wie peinlich ...
OH, DIR PASSIEREN SOLCHE MISSGE-SCHICKE?
NA KLAR!
ICH WAR NOCH NIE GUT IM HANDAR-BEITEN ODER WASCHEN, DA PASSIEREN MIR IMMER MISSGE-SCHICKE!
way to smile
ABER...
... ICH LIEBE NUN MAL BASKET-BALL...
WEIL ICH SIE ALLE UNTERSTÜT-ZEN WILL, HAB ICH MICH ALS ASSISTENTIN INS ZEUG GELEGT...

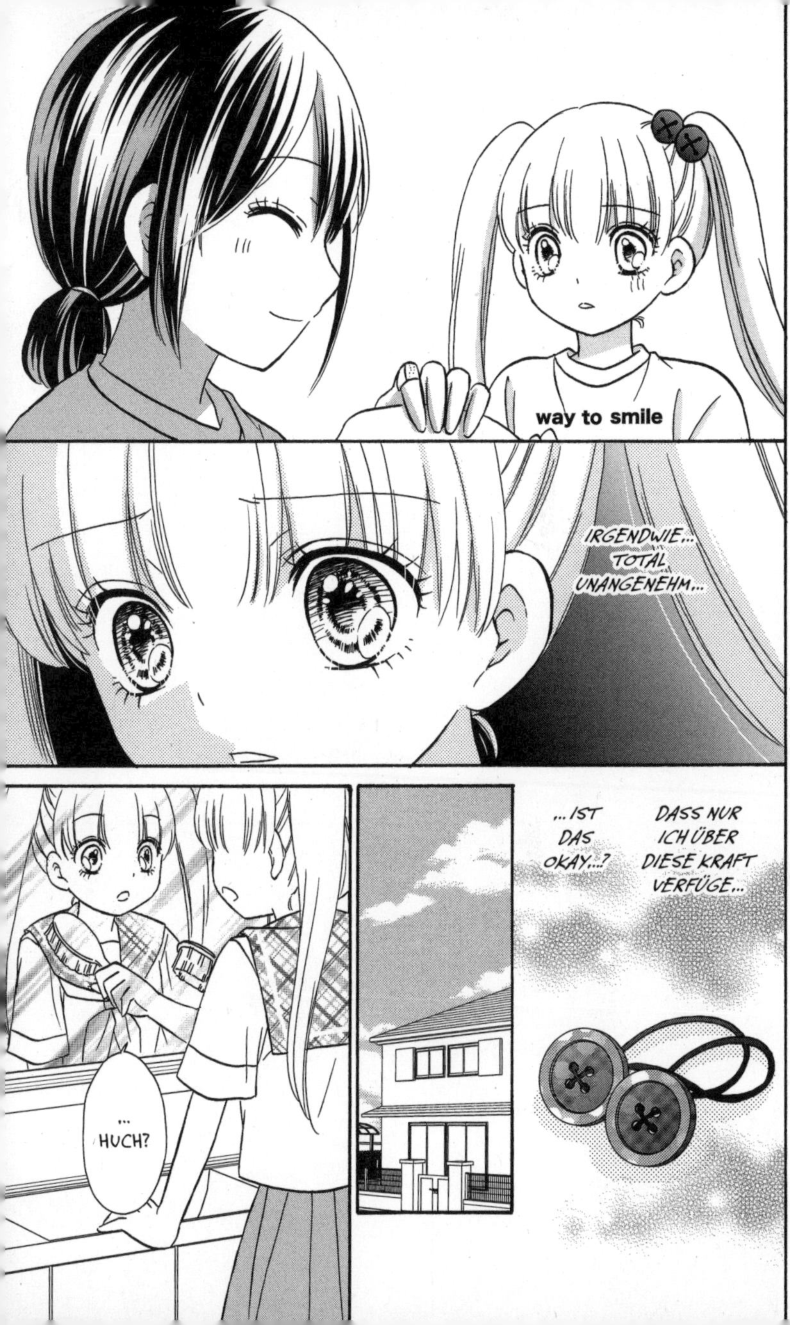
way to smile
IRGENDWIE... TOTAL UNANGENEHM...
DASS NUR ICH ÜBER DIESE KRAFT VERFÜGE...
...IST DAS OKAY...?
... HUCH?

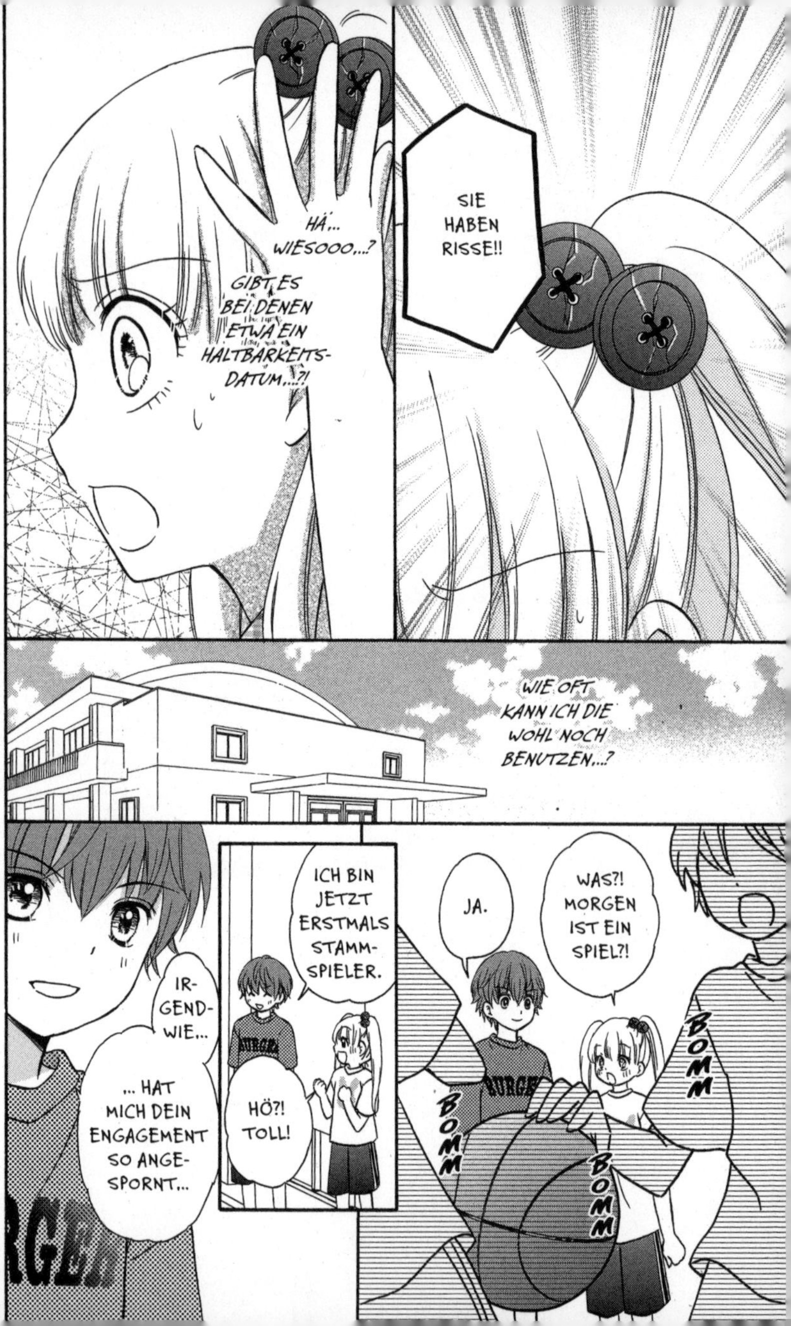
SIE HABEN RISSE!!
HÄ... WIESOOO...?
GIBT ES BEI DENEN ETWA EIN HALTBARKEITS-DATUM...?!
WIE OFT KANN ICH DIE WOHL NOCH BENUTZEN...?
BOMM
BOMM
BOMM
WAS?! MORGEN IST EIN SPIEL?!
JA.
ICH BIN JETZT ERSTMALS STAMM-SPIELER.
HÖ?! TOLL!
IR-GEND-WIE...
... HAT MICH DEIN ENGAGEMENT SO ANGE-SPORNT...

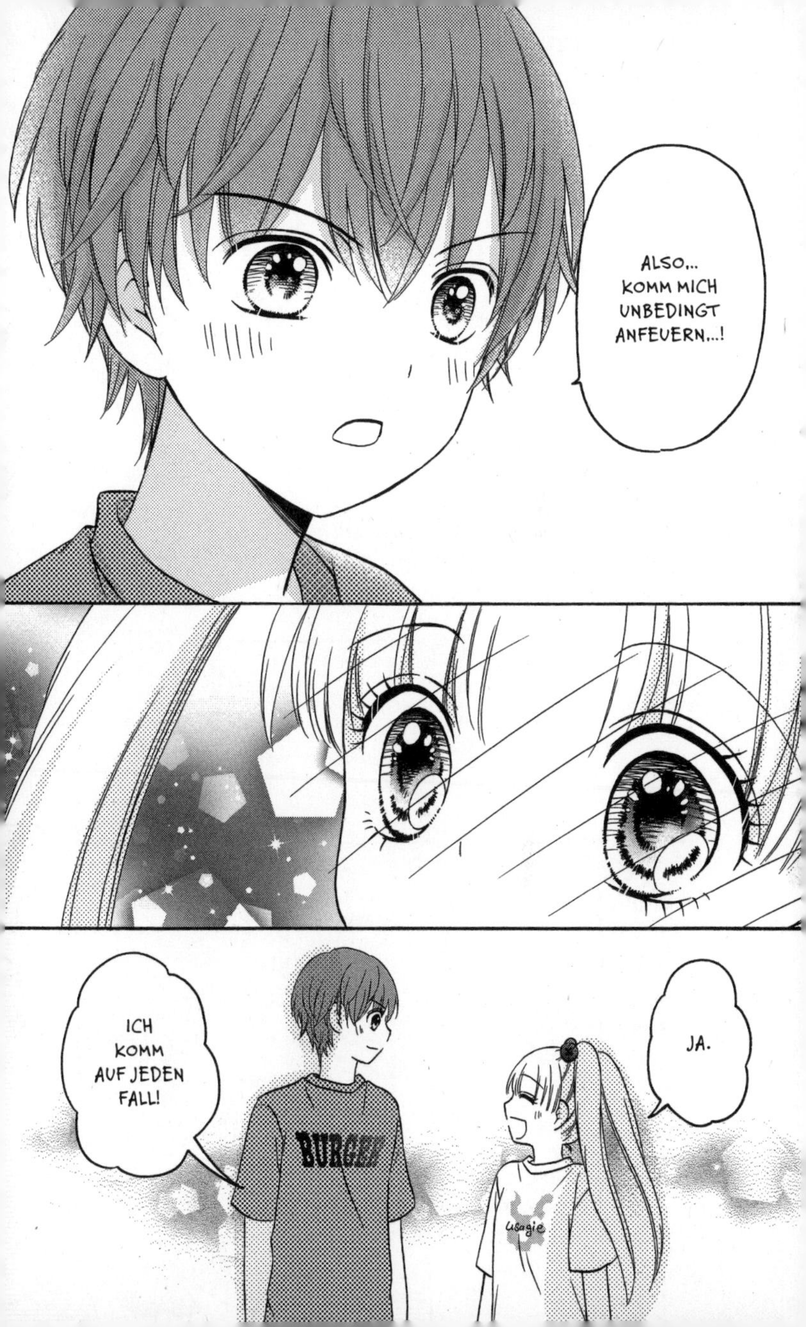
ALSO...
KOMM MICH UNBEDINGT ANFEUERN...!
JA.
ICH KOMM AUF JEDEN FALL!
BURGER
Usagie

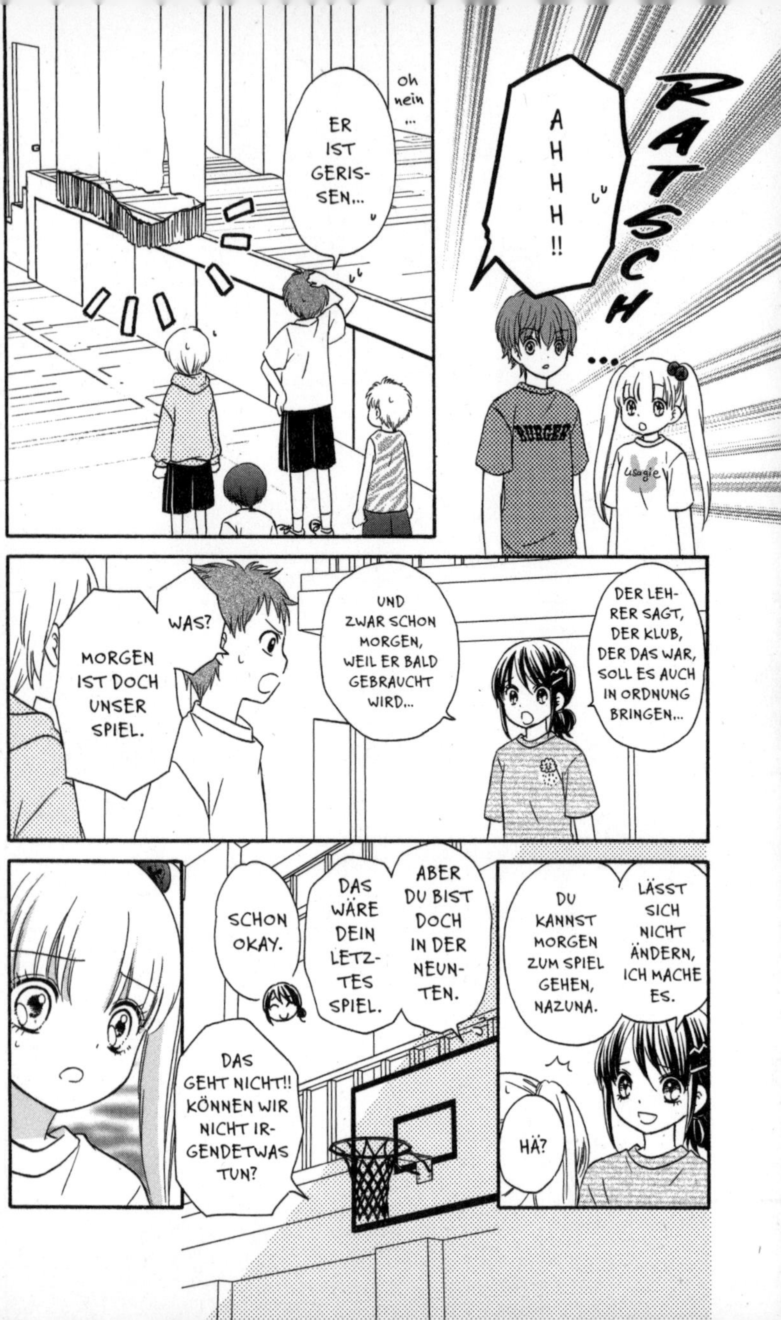
RATSCH
AHHHH!!
ER IST GERISSEN...
oh nein ...
DER LEHRER SAGT, DER KLUB, DER DAS WAR, SOLL ES AUCH IN ORDNUNG BRINGEN...
UND ZWAR SCHON MORGEN, WEIL ER BALD GEBRAUCHT WIRD...
WAS?
MORGEN IST DOCH UNSER SPIEL.
LÄSST SICH NICHT ÄNDERN, ICH MACHE ES.
DU KANNST MORGEN ZUM SPIEL GEHEN, NAZUNA.
HÄ?
ABER DU BIST DOCH IN DER NEUNTEN.
DAS WÄRE DEIN LETZTES SPIEL.
SCHON OKAY.
DAS GEHT NICHT!! KÖNNEN WIR NICHT IRGENDETWAS TUN?

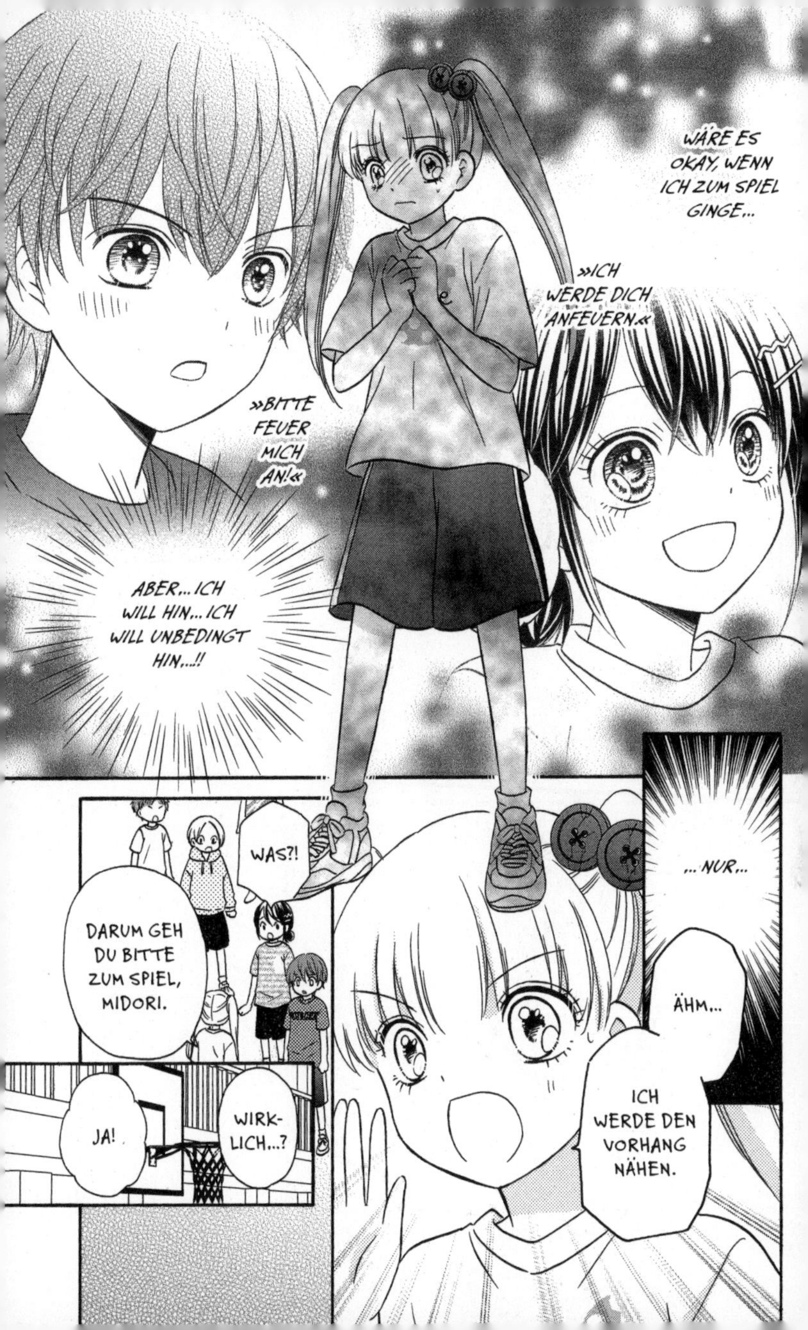
WÄRE ES OKAY, WENN ICH ZUM SPIEL GINGE...
»ICH WERDE DICH ANFEUERN.«
»BITTE FEUER MICH AN!«
ABER... ICH WILL HIN... ICH WILL UNBEDINGT HIN...!!
... NUR...
ÄHM...
ICH WERDE DEN VORHANG NÄHEN.
WAS?!
DARUM GEH DU BITTE ZUM SPIEL, MIDORI.
WIRK-LICH...?
JA!

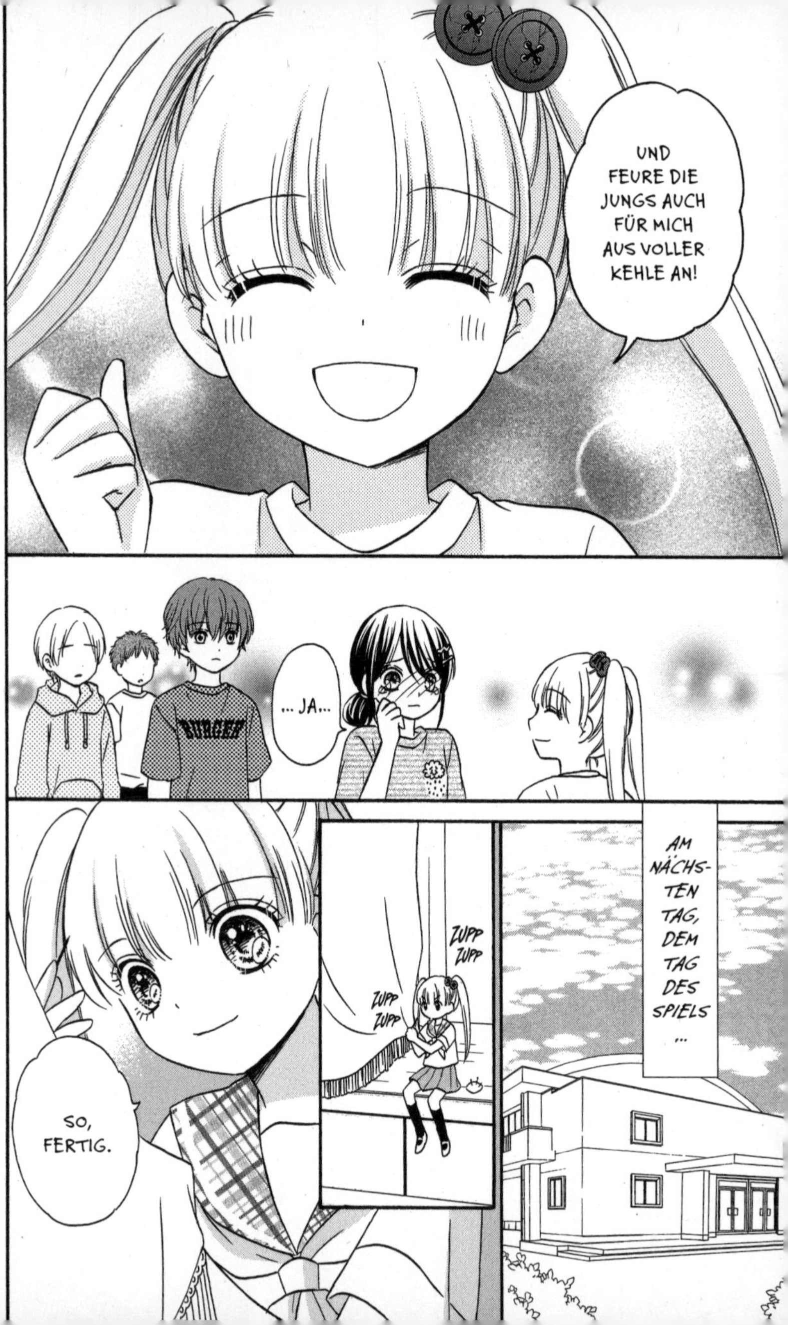
UND FEURE DIE JUNGS AUCH FÜR MICH AUS VOLLER KEHLE AN!
... JA...
AM NÄCHS-TEN TAG, DEM TAG DES SPIELS ...
ZUPP ZUPP
ZUPP ZUPP
SO, FERTIG.

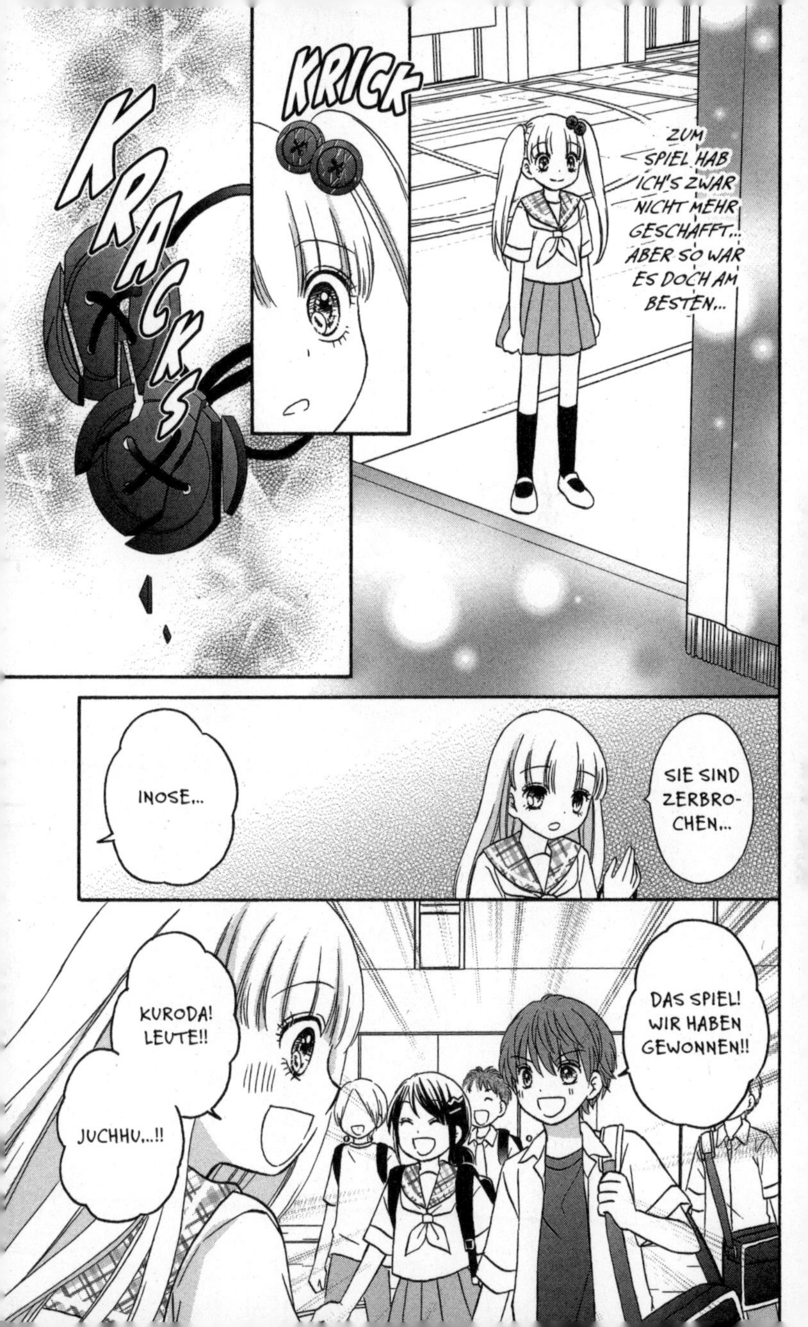
KRICK
ZUM SPIEL HAB ICH'S ZWAR NICHT MEHR GESCHAFFT... ABER SO WAR ES DOCH AM BESTEN...
KRACKS
SIE SIND ZERBRO-CHEN...
INOSE...
DAS SPIEL! WIR HABEN GEWONNEN!!
KURODA! LEUTE!!
JUCHHU...!!

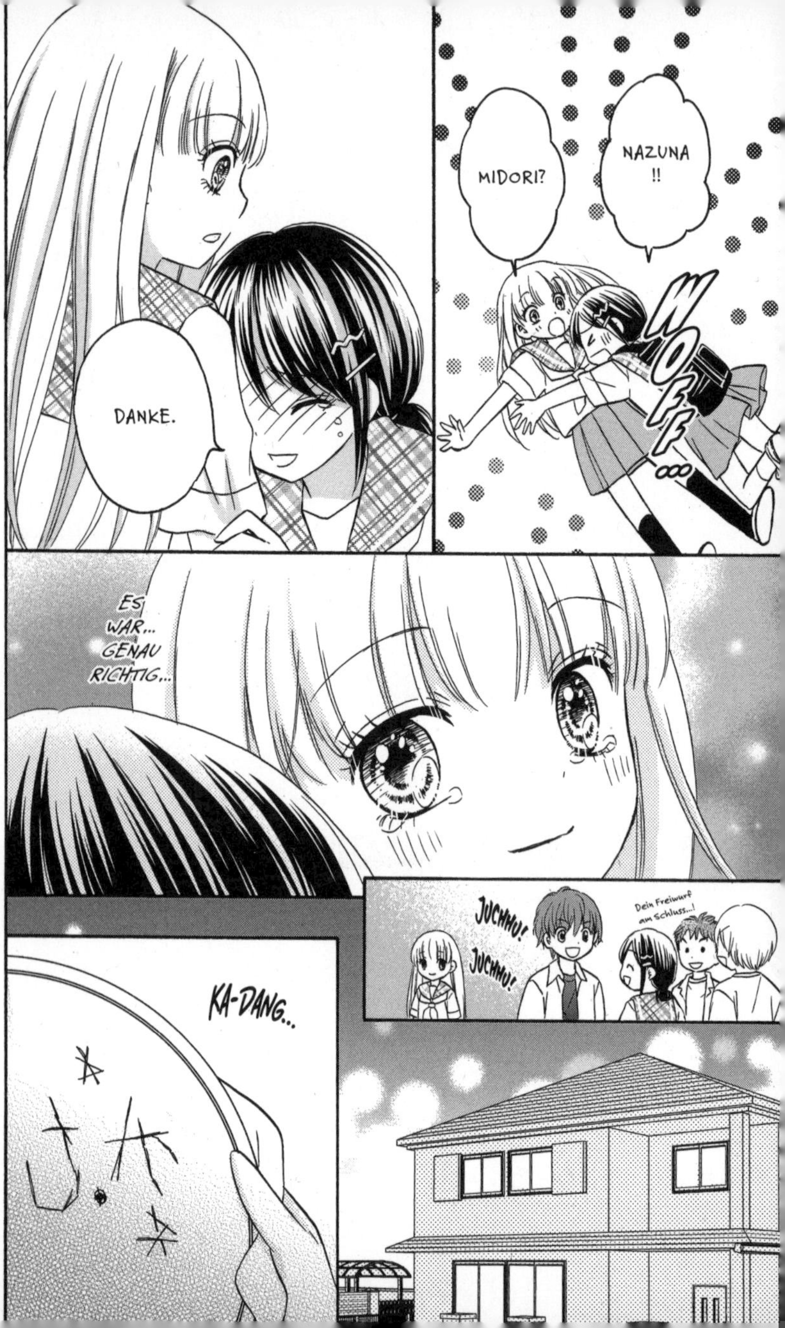
NAZUNA !!
MIDORI?
WOFF...
DANKE.
ES WAR... GENAU RICHTIG...
Dein Freiwurf am Schluss...!
JUCHHU!
JUCHHU!
KA-DANG...

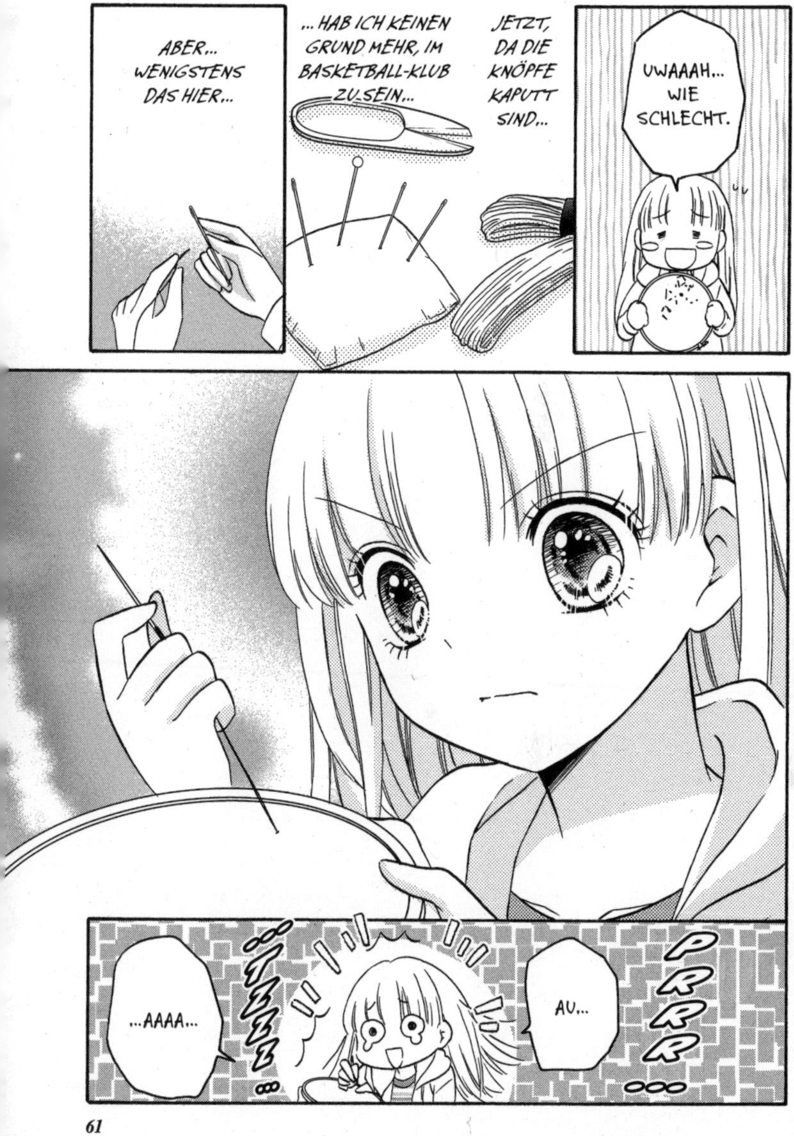
UWAAAH... WIE SCHLECHT.
JETZT, DA DIE KNÖPFE KAPUTT SIND...
... HAB ICH KEINEN GRUND MEHR, IM BASKETBALL-KLUB ZU SEIN...
ABER... WENIGSTENS DAS HIER...
PRRRR...
AU...
...AAAA...

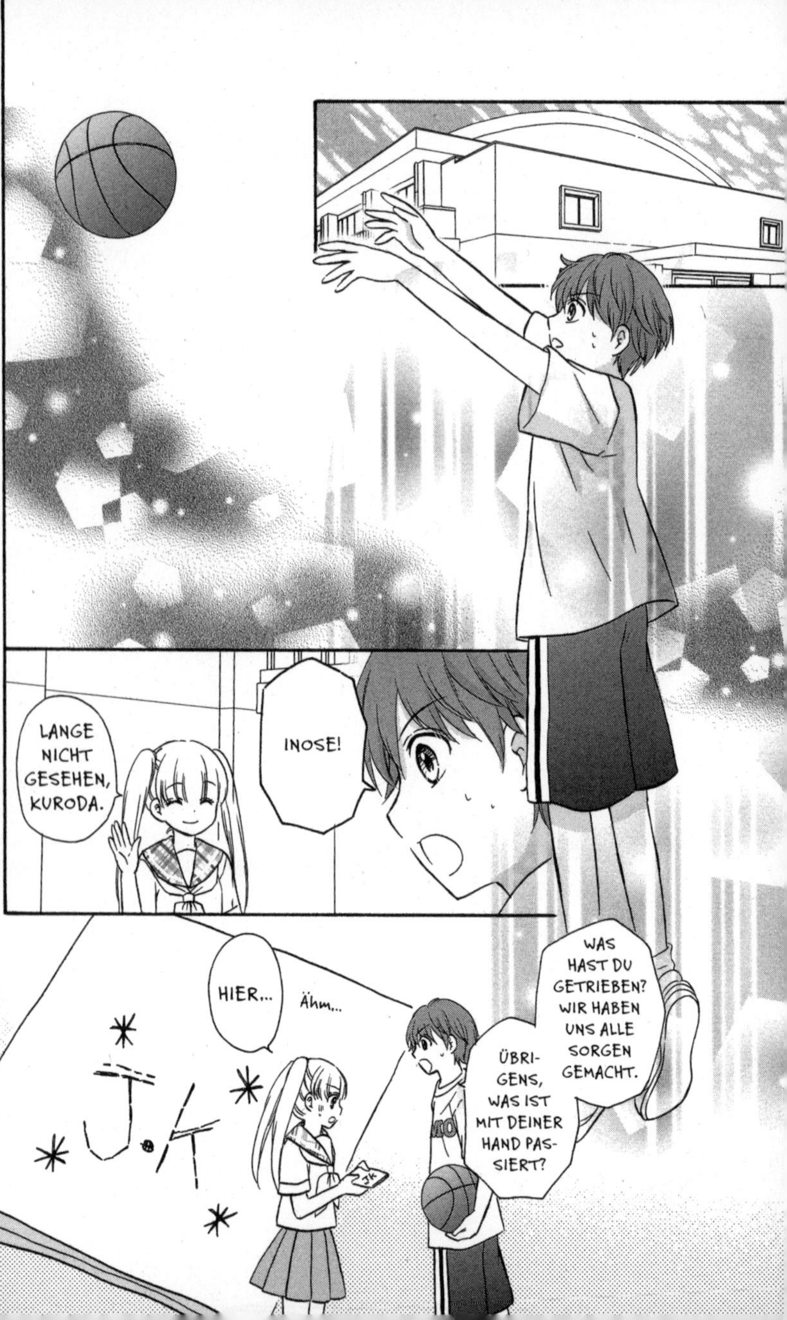
INOSE!
LANGE NICHT GESEHEN, KURODA.
WAS HAST DU GETRIEBEN? WIR HABEN UNS ALLE SORGEN GEMACHT.
ÜBRIGENS, WAS IST MIT DEINER HAND PASSIERT?
Ähm...
HIER...
J.K

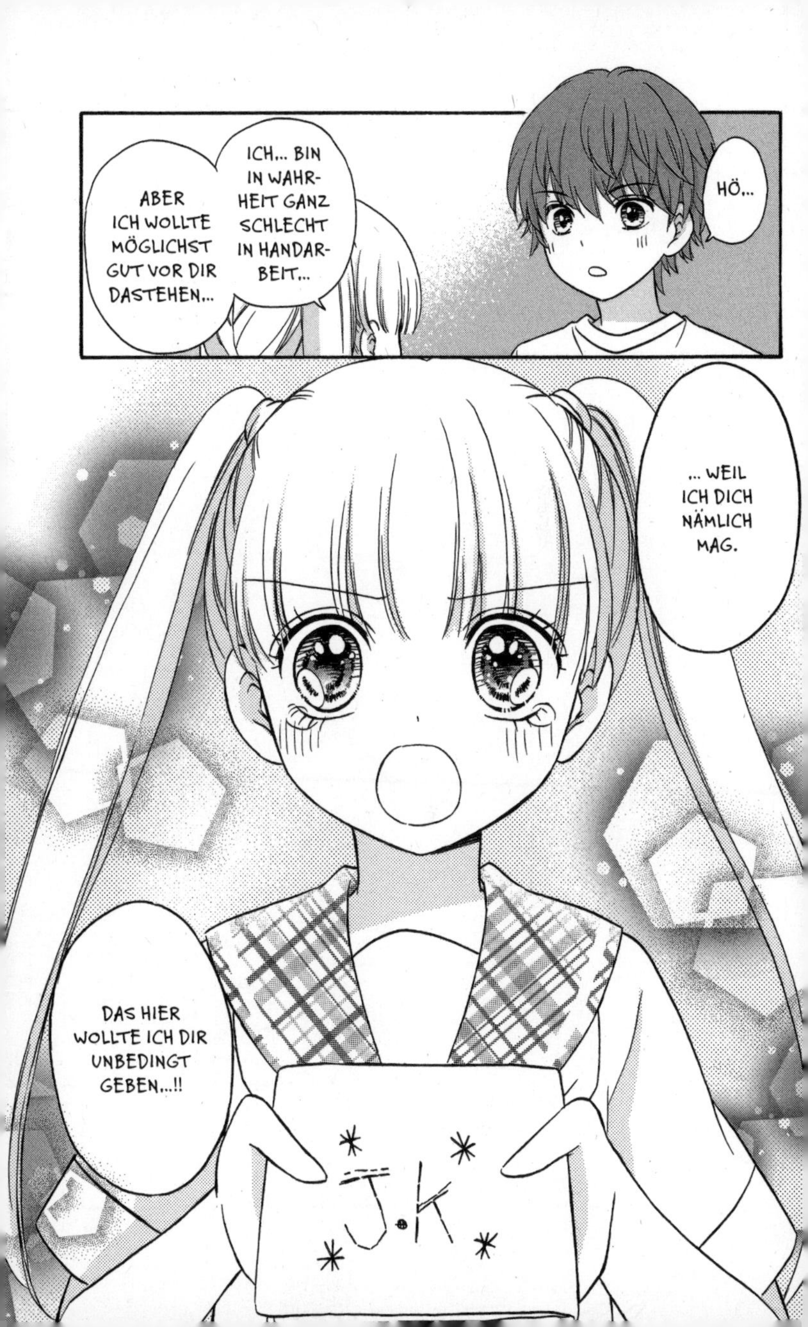
HÖ...
ICH... BIN IN WAHRHEIT GANZ SCHLECHT IN HANDARBEIT...
ABER ICH WOLLTE MÖGLICHST GUT VOR DIR DASTEHEN...
... WEIL ICH DICH NÄMLICH MAG.
DAS HIER WOLLTE ICH DIR UNBEDINGT GEBEN...!!
J.K

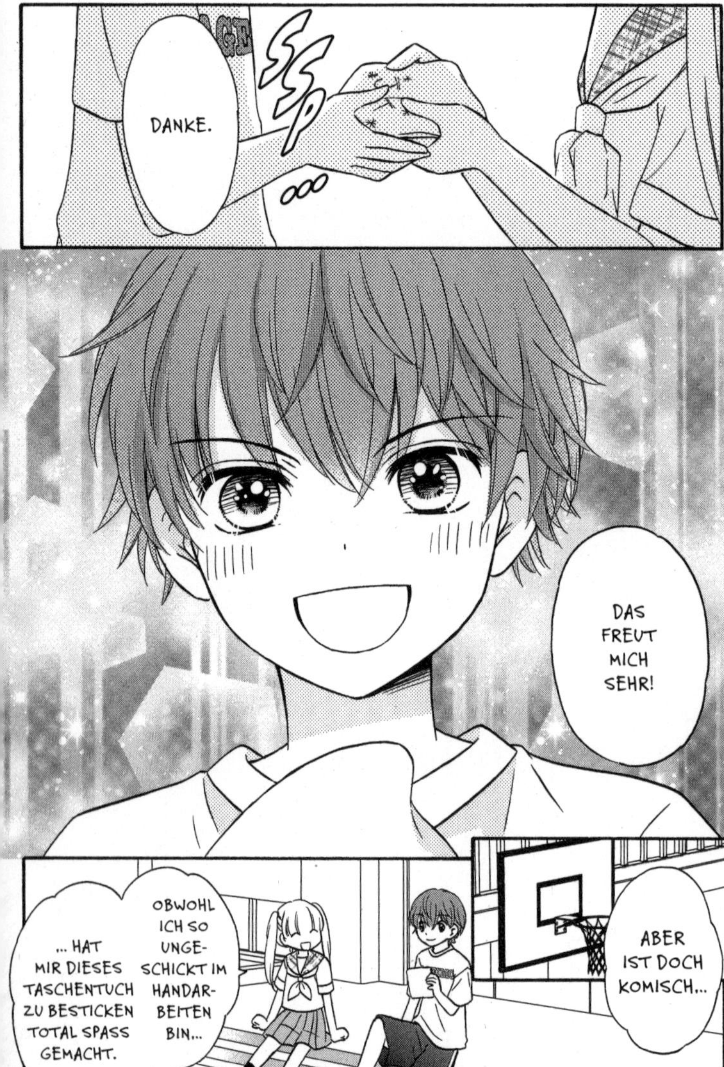
DANKE.
DAS FREUT MICH SEHR!
ABER IST DOCH KOMISCH...
OBWOHL ICH SO UNGE-SCHICKT IM HANDAR-BEITEN BIN...
... HAT MIR DIESES TASCHENTUCH ZU BESTICKEN TOTAL SPASS GEMACHT.

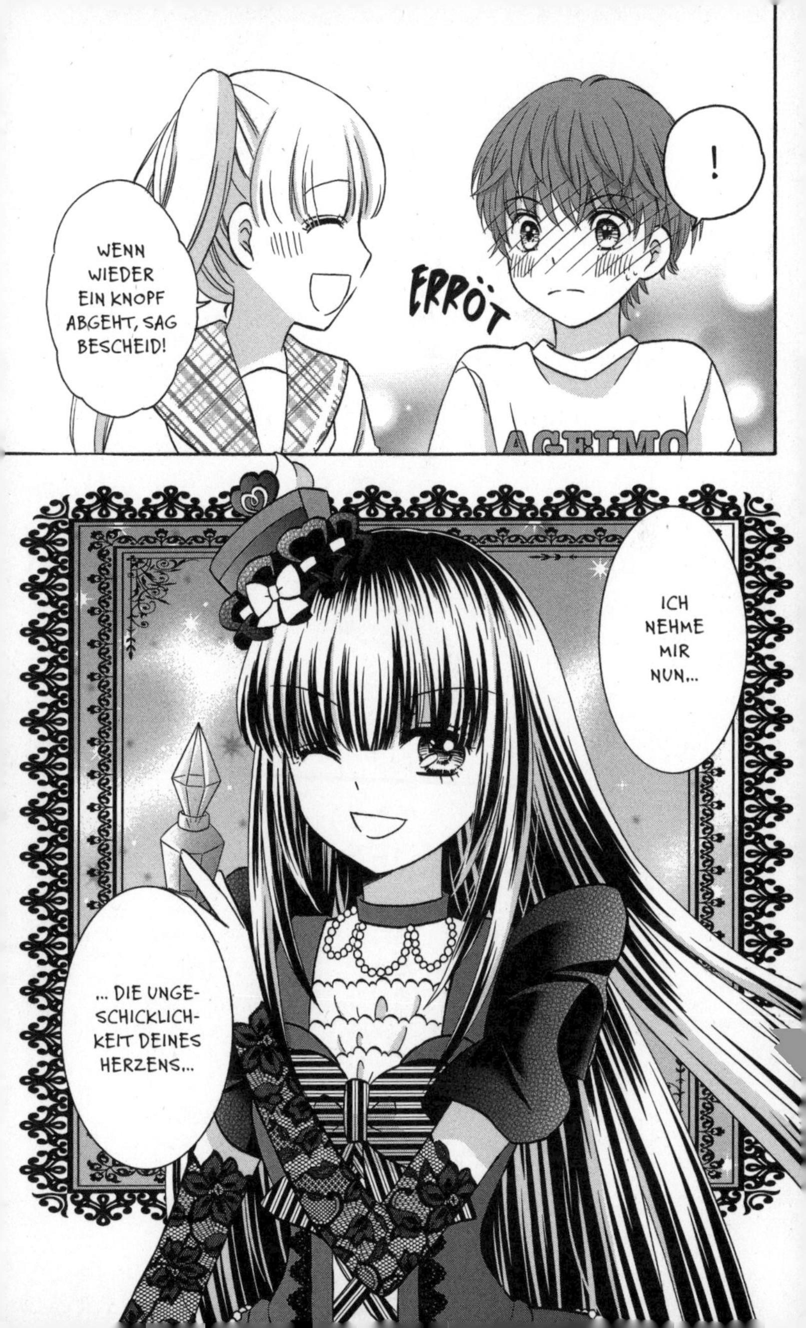
!
ERRÖT
WENN WIEDER EIN KNOPF ABGEHT, SAG BESCHEID!
ICH NEHME MIR NUN...
... DIE UNGE-SCHICKLICHKEIT DEINES HERZENS...

WILLKOMMEN BEI CHOCOLAT NOIR

2

ÜBER DIE SCHOKOLADE IN DER GESCHICHTE

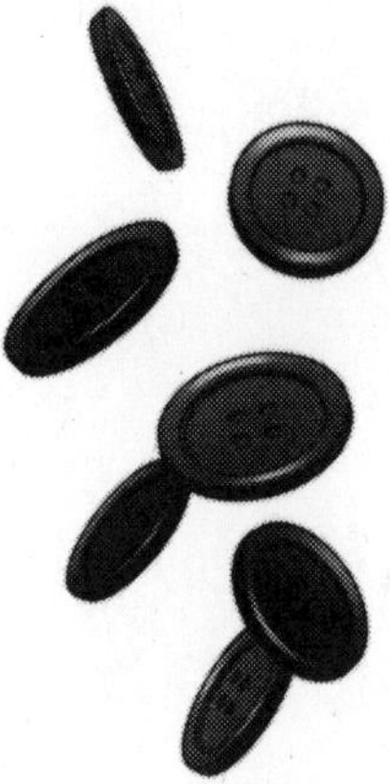

♦♦♦

# SCHOKOLADENKNÖPFE

BUNTE SCHOKOLADE IN DEN VERSCHIEDENSTEN FARBEN UND IN KNOPFFORM. DAS HABE ICH GEZEICHNET, ALS MIR EINGEFALLEN IST, DASS ICH GANZ SCHÖN VIELE ALTE KNÖPFE, PERLEN UND SO WEITER ANGESAMMELT HABE. AUCH WENN MAN SCHLECHT IN HANDARBEIT IST, WENN MAN ERST MAL ANFÄNGT, MACHT ES DOCH AUCH SPASS. DIE KNÖPFE SOLLEN DIESES GEFÜHL AUSDRÜCKEN.

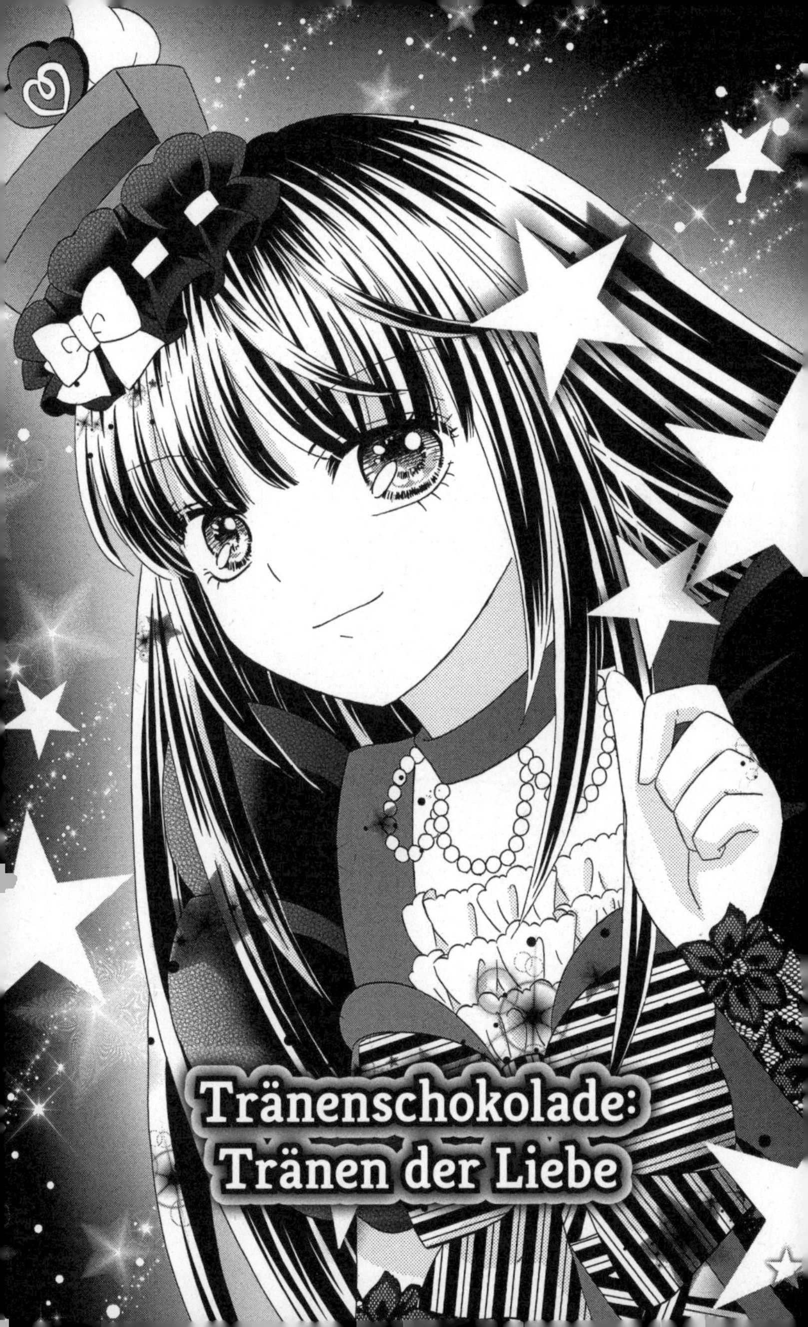
Tränenschokolade:
Tränen der Liebe

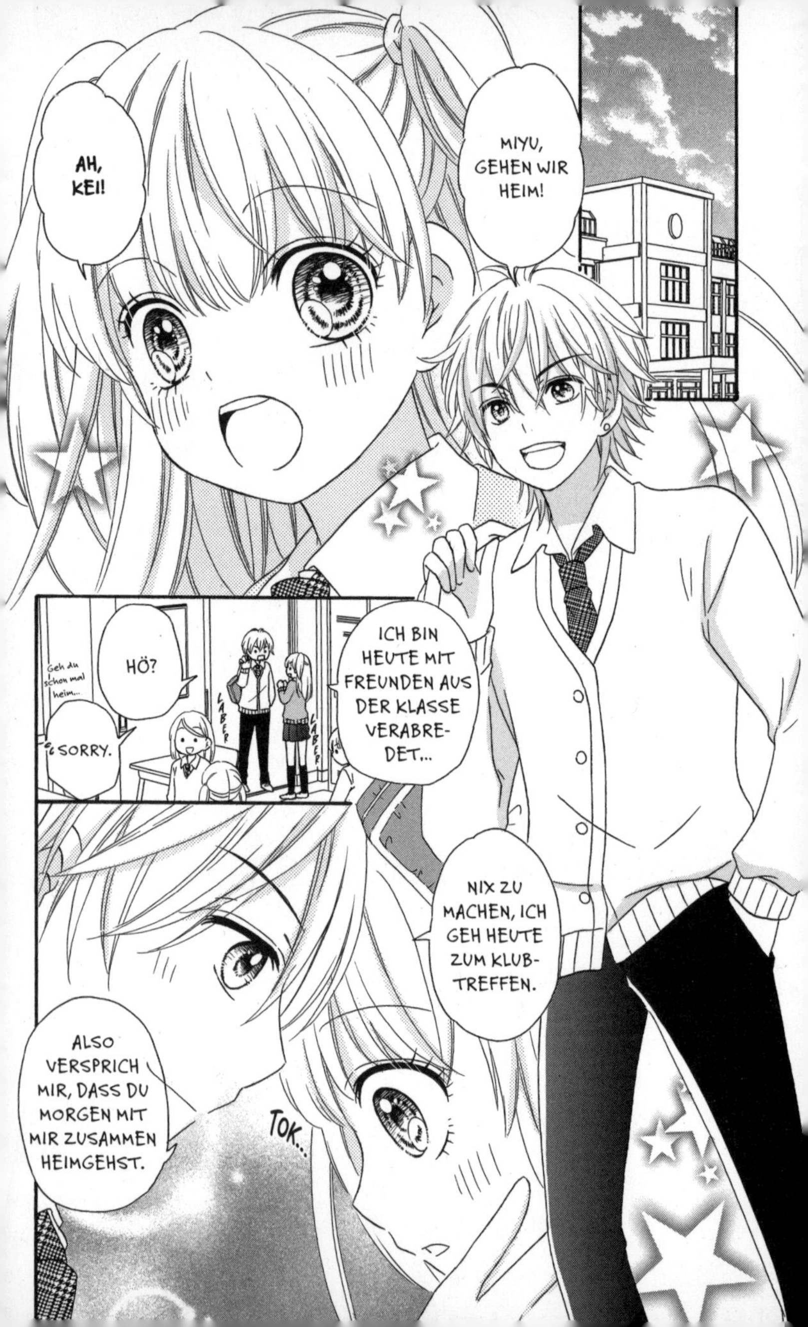
MIYU, GEHEN WIR HEIM!
AH, KEI!
ICH BIN HEUTE MIT FREUNDEN AUS DER KLASSE VERABRE-DET...
LABER
LABER
HÖ?
Geh du schon mal heim...
SORRY.
NIX ZU MACHEN, ICH GEH HEUTE ZUM KLUB-TREFFEN.
ALSO VERSPRICH MIR, DASS DU MORGEN MIT MIR ZUSAMMEN HEIMGEHST.
TOK...

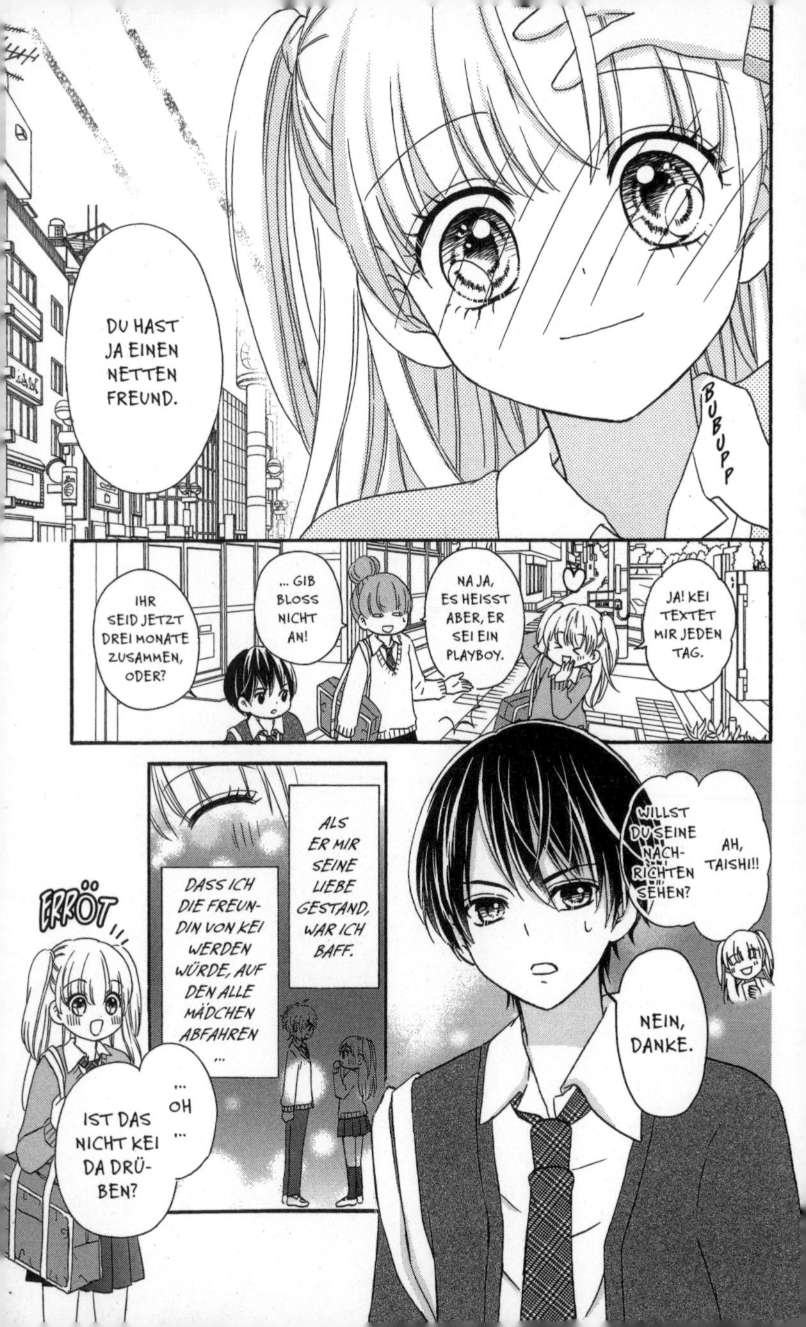
BUBUPP
DU HAST JA EINEN NETTEN FREUND.
JA! KEI TEXTET MIR JEDEN TAG.
NA JA, ES HEISST ABER, ER SEI EIN PLAYBOY.
... GIB BLOSS NICHT AN!
IHR SEID JETZT DREI MONATE ZUSAMMEN, ODER?
AH, TAISHI!!
WILLST DU SEINE NACHRICHTEN SEHEN?
NEIN, DANKE.
ALS ER MIR SEINE LIEBE GESTAND, WAR ICH BAFF.
DASS ICH DIE FREUNDIN VON KEI WERDEN WÜRDE, AUF DEN ALLE MÄDCHEN ABFAHREN ...
ERRÖT
... OH ...
IST DAS NICHT KEI DA DRÜBEN?

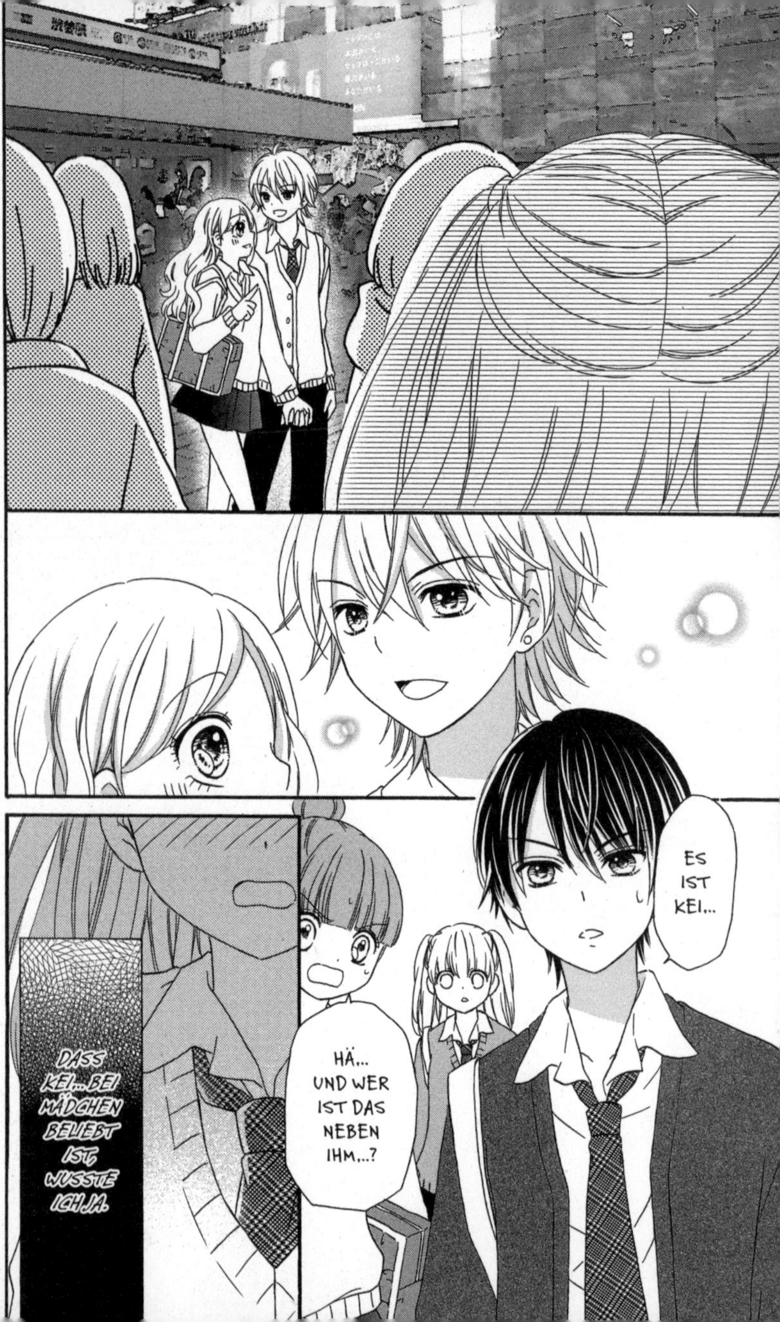
ES IST KEI...
HÄ... UND WER IST DAS NEBEN IHM...?
DASS KEI... BEI MÄDCHEN BELIEBT IST, WUSSTE ICH JA.

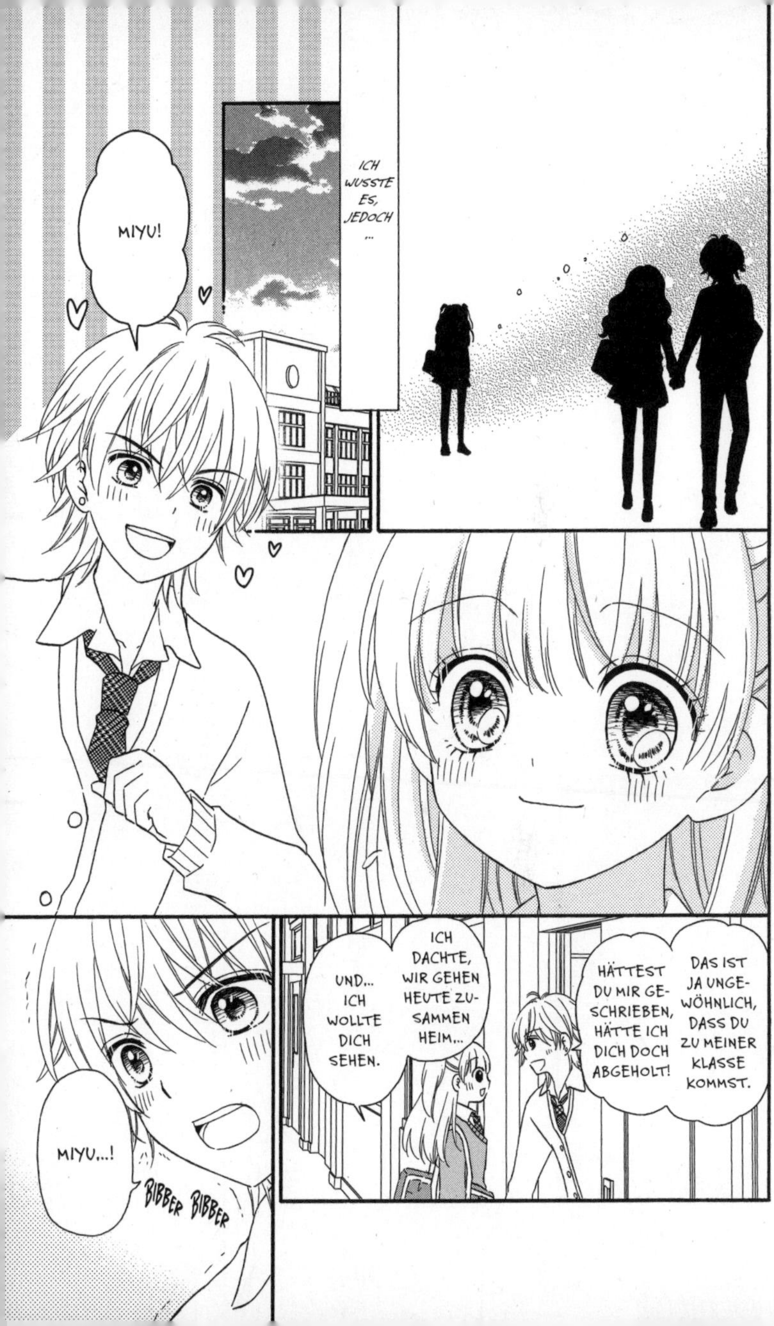
ICH WUSSTE ES, JEDOCH ...
MIYU!
DAS IST JA UNGE-WÖHNLICH, DASS DU ZU MEINER KLASSE KOMMST.
HÄTTEST DU MIR GE-SCHRIEBEN, HÄTTE ICH DICH DOCH ABGEHOLT!
ICH DACHTE, WIR GEHEN HEUTE ZU-SAMMEN HEIM...
UND... ICH WOLLTE DICH SEHEN.
MIYU...!
BIBBER BIBBER

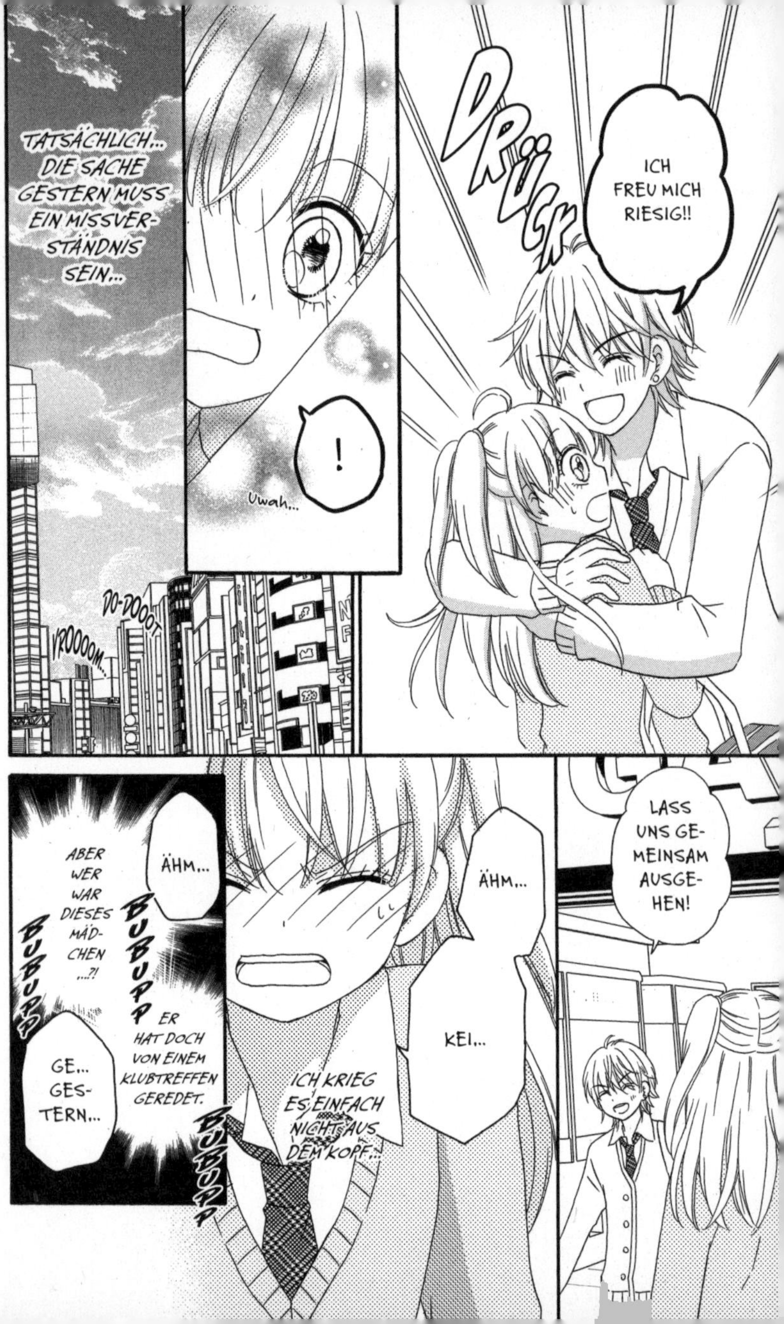
DRÜCK
ICH FREU MICH RIESIG!!
!
Uwah...
TATSÄCHLICH... DIE SACHE GESTERN MUSS EIN MISSVERSTÄNDNIS SEIN...
DO-DOOOT
VROOOOM...
LASS UNS GEMEINSAM AUSGEHEN!
ÄHM...
KEI...
ICH KRIEG ES EINFACH NICHT AUS DEM KOPF...
ÄHM...
ABER WER WAR DIESES MÄDCHEN ...?!
BUBUPP
BUBUPP
ER HAT DOCH VON EINEM KLUBTREFFEN GEREDET.
BUBUPP
GE... GESTERN...

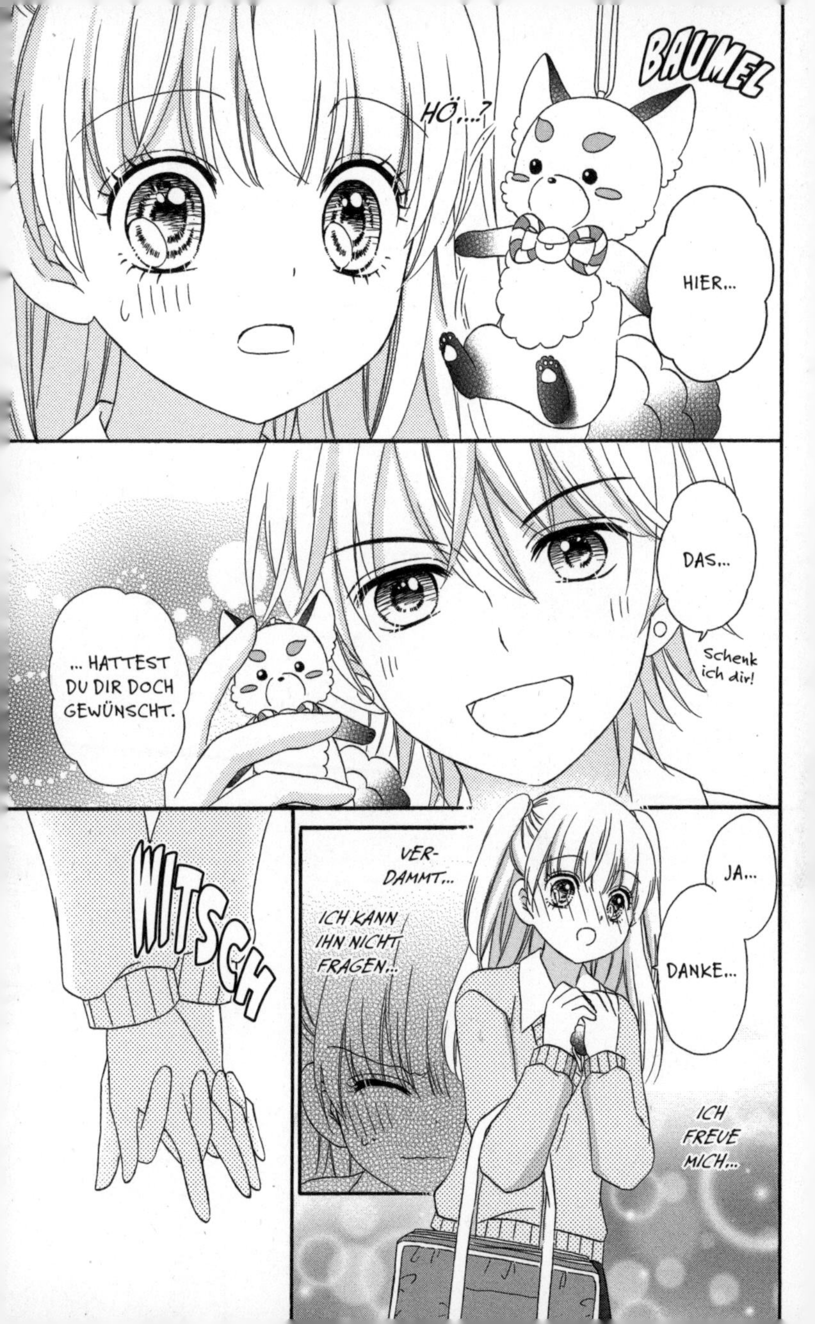
BAUMEL
HIER...
HÖ...?
DAS...
Schenk ich dir!
... HATTEST DU DIR DOCH GEWÜNSCHT.
JA...
DANKE...
ICH FREUE MICH...
VER-DAMMT...
ICH KANN IHN NICHT FRAGEN...
WITSCH

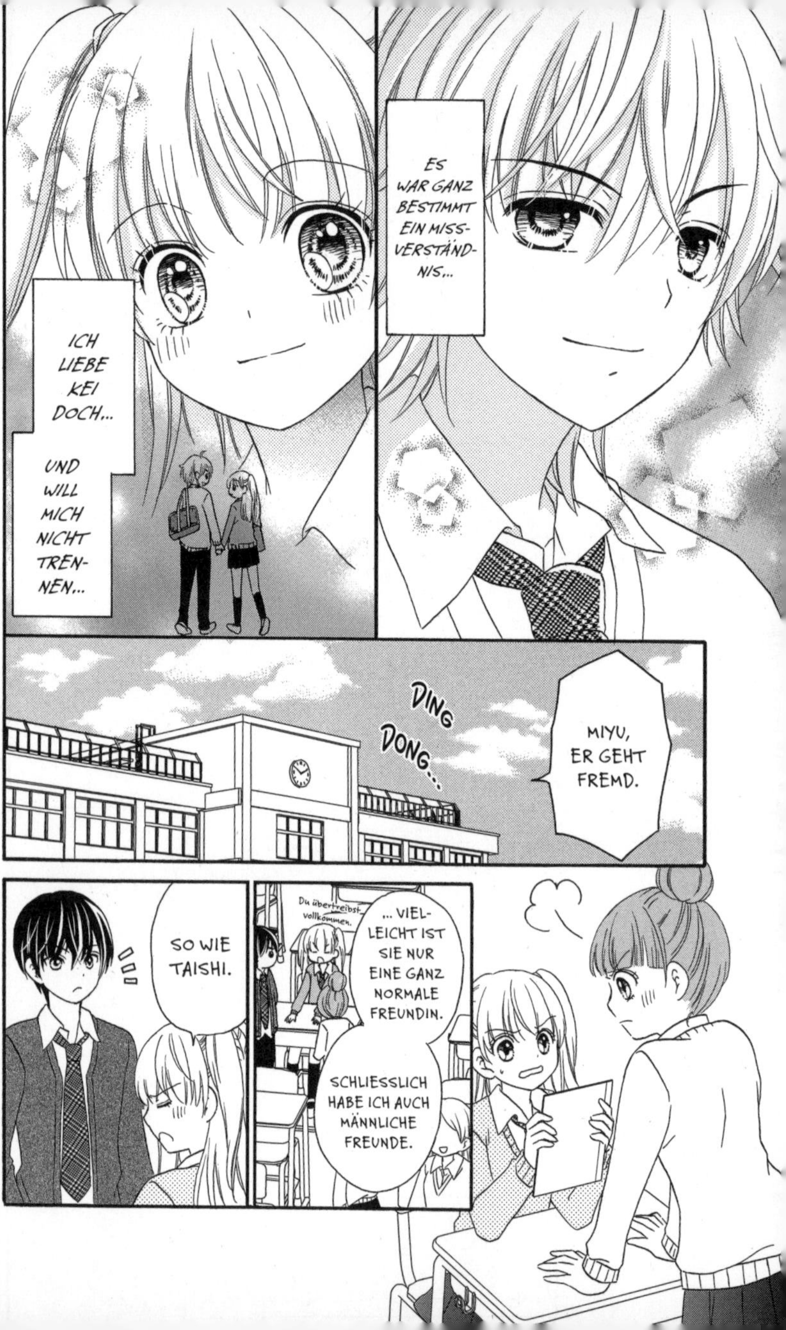
ES WAR GANZ BESTIMMT EIN MISSVERSTÄNDNIS...
ICH LIEBE KEI DOCH...
UND WILL MICH NICHT TRENNEN...
DING DONG...
MIYU, ER GEHT FREMD.
... VIELLEICHT IST SIE NUR EINE GANZ NORMALE FREUNDIN.
Du übertreibst vollkommen.
SCHLIESSLICH HABE ICH AUCH MÄNNLICHE FREUNDE.
SO WIE TAISHI.

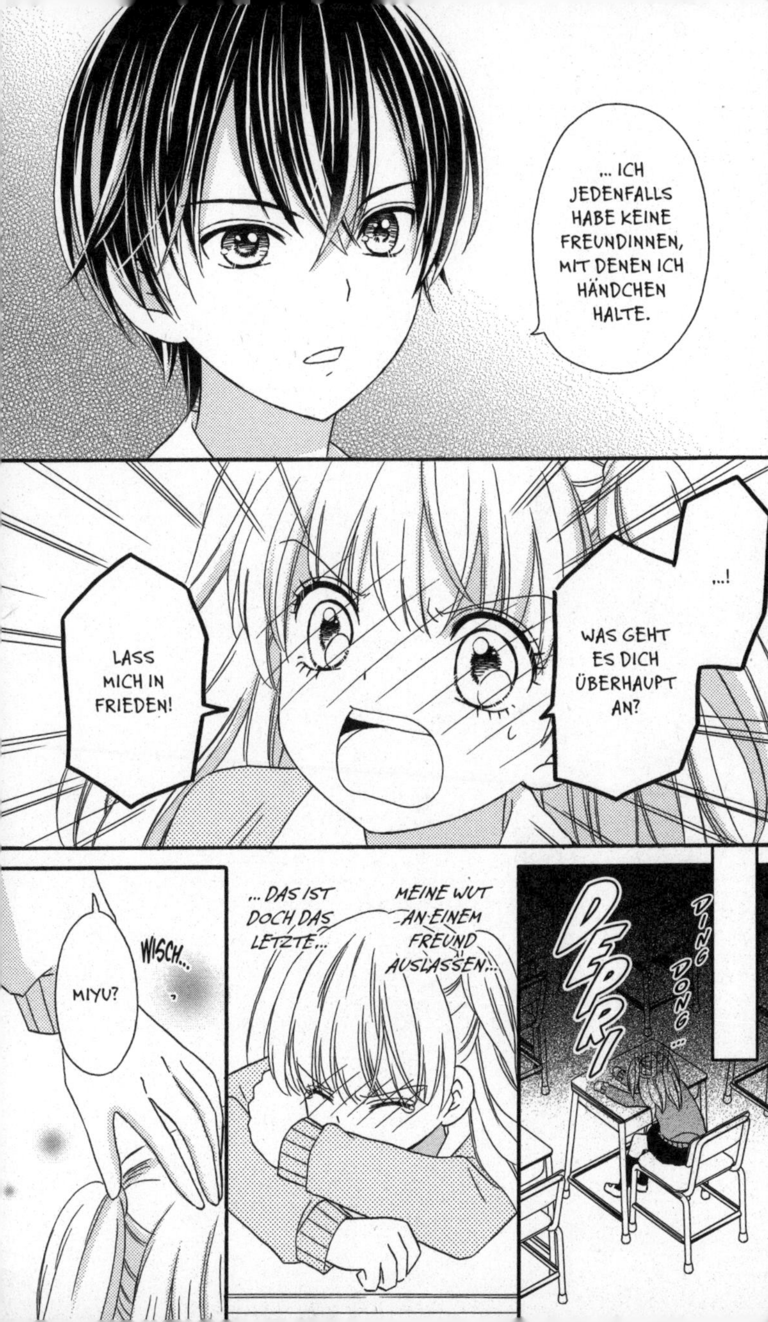
... ICH JEDENFALLS HABE KEINE FREUNDINNEN, MIT DENEN ICH HÄNDCHEN HALTE.
...!
WAS GEHT ES DICH ÜBERHAUPT AN?
LASS MICH IN FRIEDEN!
DING DONG ...
DEPRI
MEINE WUT AN EINEM FREUND AUSLASSEN...
... DAS IST DOCH DAS LETZTE...
WISCH...
MIYU?

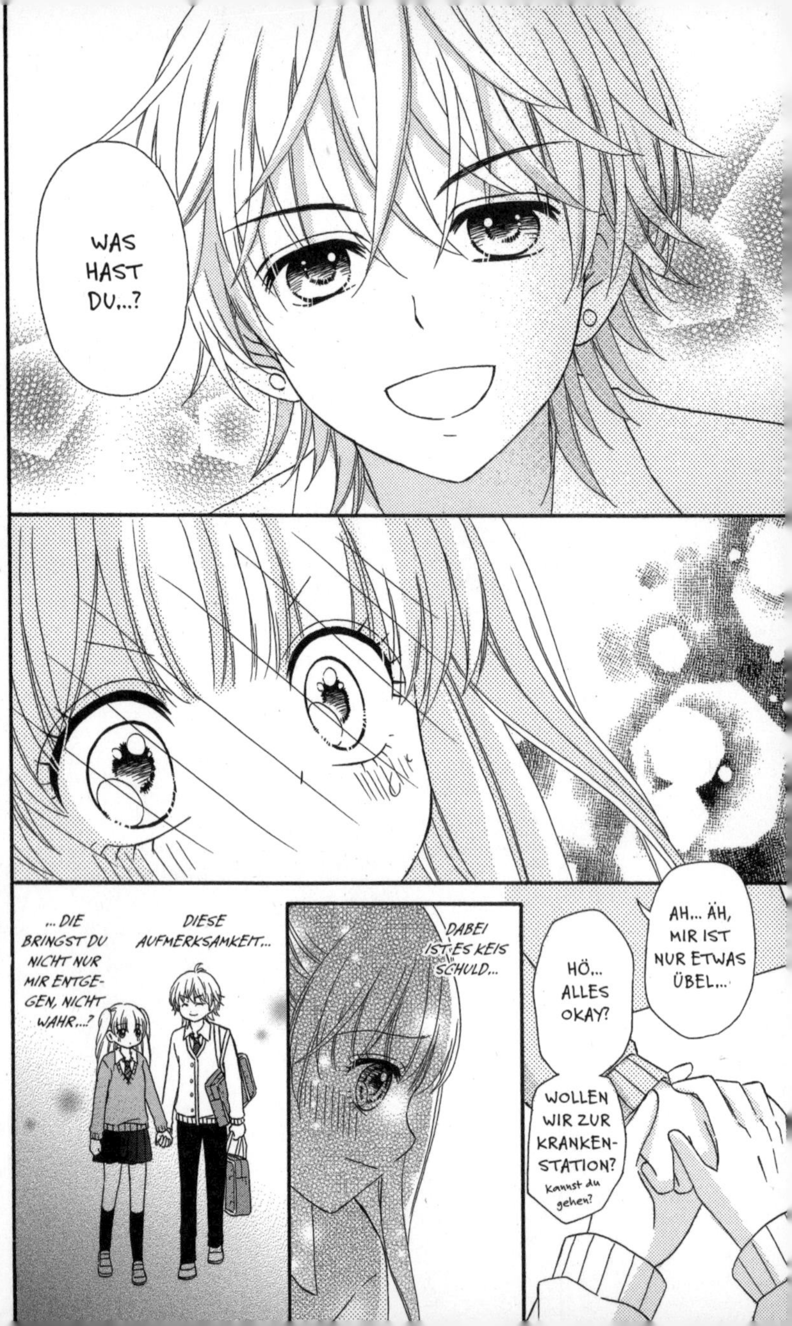
WAS HAST DU...?
AH... ÄH, MIR IST NUR ETWAS ÜBEL...
HÖ... ALLES OKAY?
WOLLEN WIR ZUR KRANKEN-STATION?
Kannst du gehen?
DABEI IST ES KEIS SCHULD...
DIESE AUFMERKSAMKEIT...
... DIE BRINGST DU NICHT NUR MIR ENTGEGEN, NICHT WAHR...?

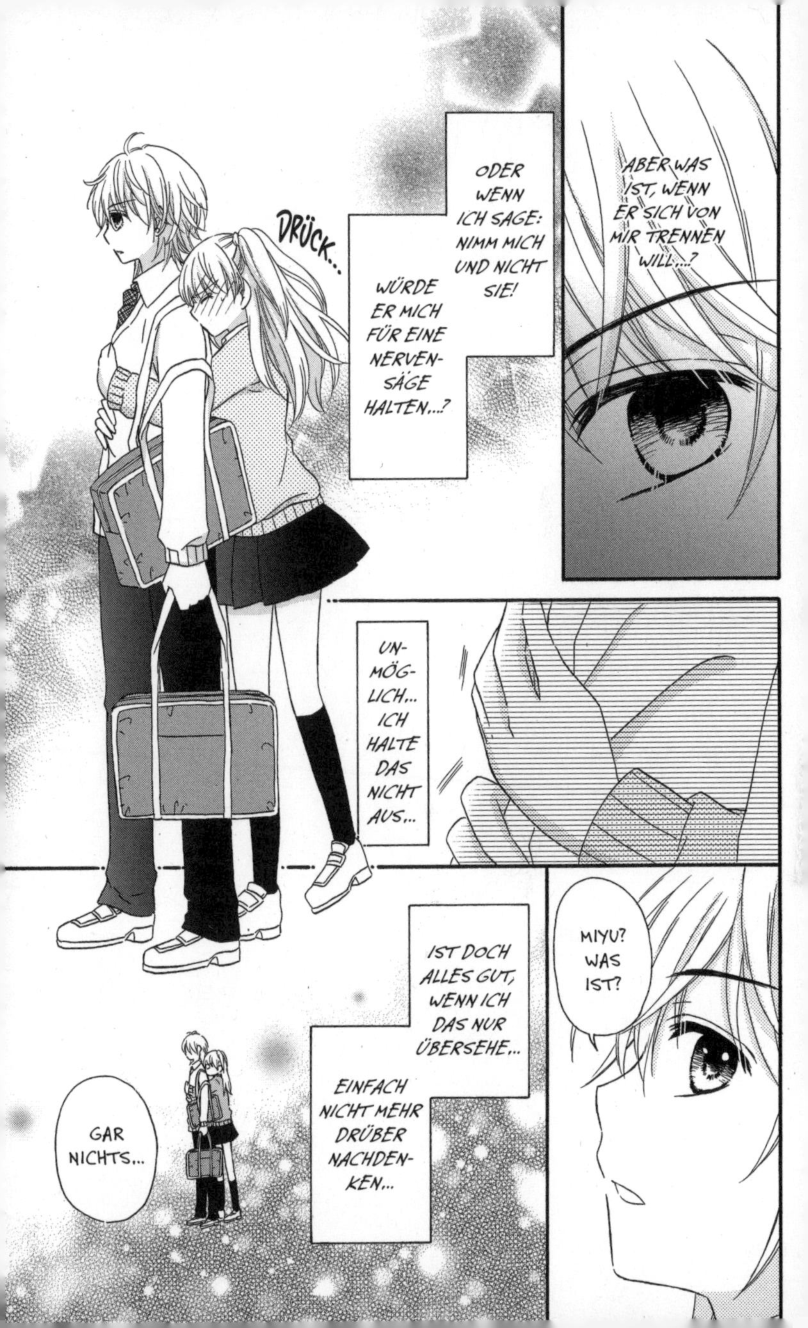

ABER WAS IST, WENN ER SICH VON MIR TRENNEN WILL...?
ODER WENN ICH SAGE: NIMM MICH UND NICHT SIE!
WÜRDE ER MICH FÜR EINE NERVEN-SÄGE HALTEN...?
DRÜCK...
UN-MÖG-LICH... ICH HALTE DAS NICHT AUS...
MIYU? WAS IST?
IST DOCH ALLES GUT, WENN ICH DAS NUR ÜBERSEHE...
EINFACH NICHT MEHR DRÜBER NACHDEN-KEN...
GAR NICHTS...

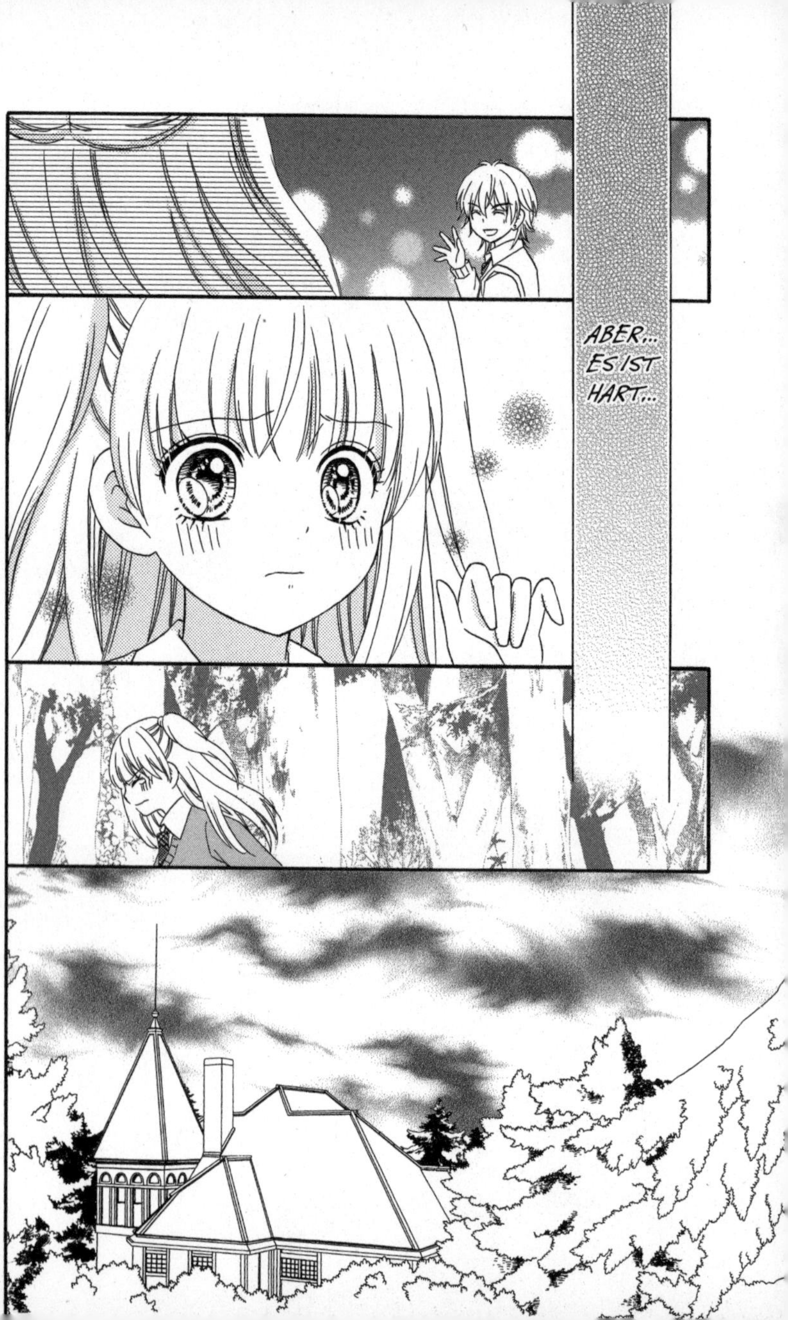
ABER...
ES IST
HART...

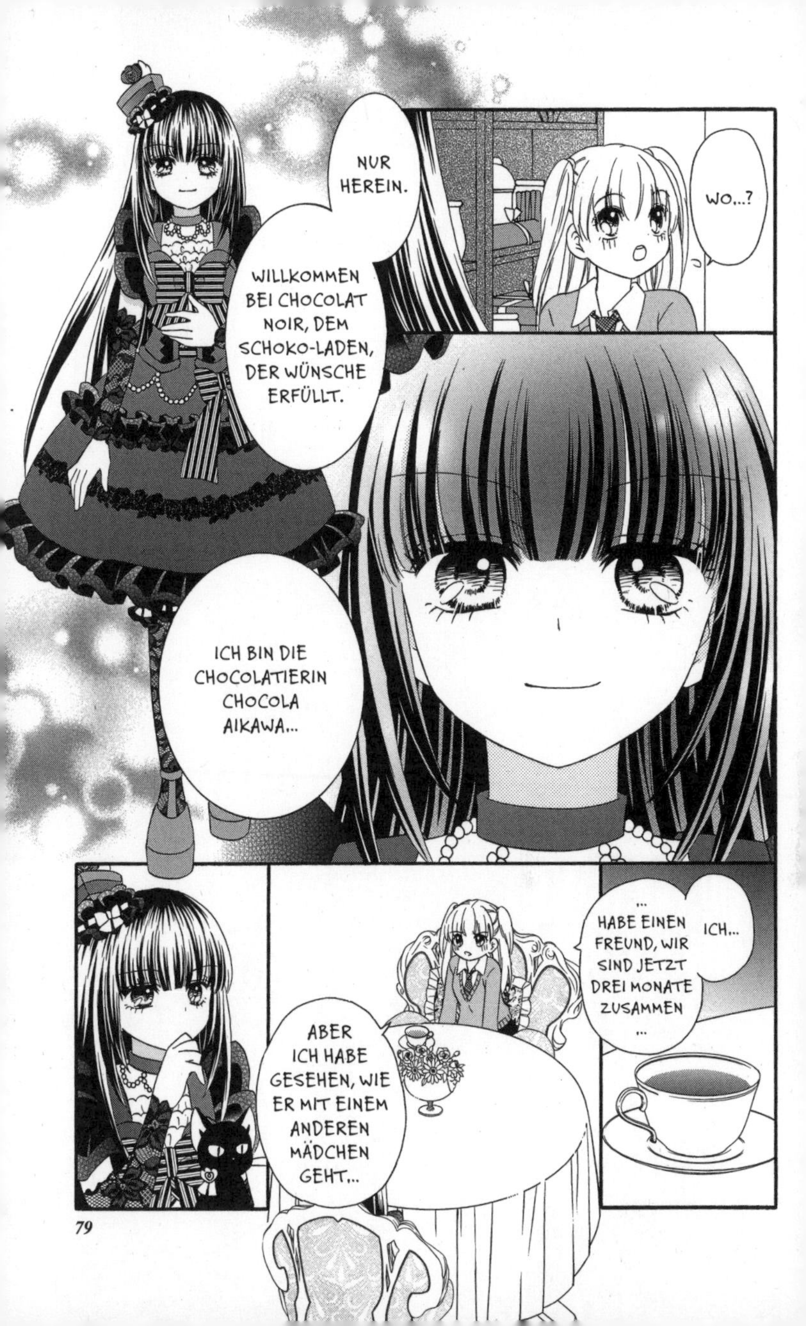
WO...?
NUR HEREIN.
WILLKOMMEN BEI CHOCOLAT NOIR, DEM SCHOKO-LADEN, DER WÜNSCHE ERFÜLLT.
ICH BIN DIE CHOCOLATIERIN CHOCOLA AIKAWA...
ICH...
... HABE EINEN FREUND, WIR SIND JETZT DREI MONATE ZUSAMMEN ...
ABER ICH HABE GESEHEN, WIE ER MIT EINEM ANDEREN MÄDCHEN GEHT...

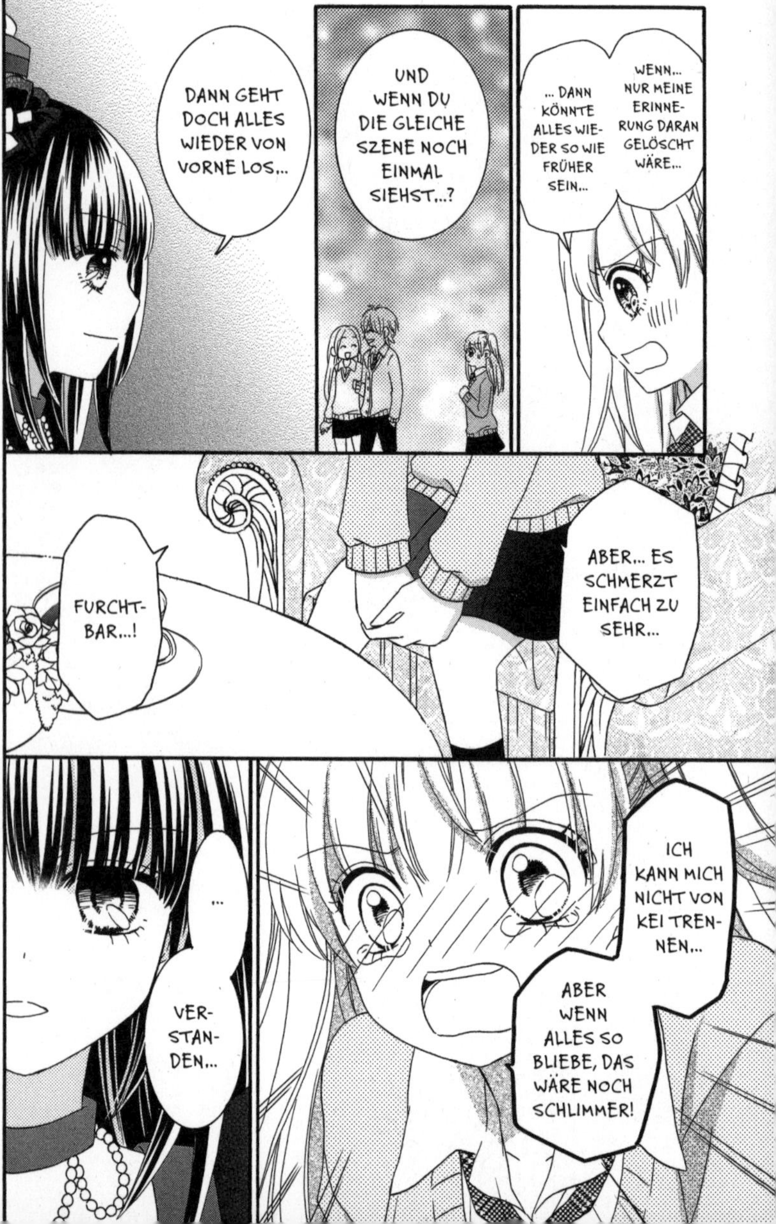
WENN... NUR MEINE ERINNERUNG DARAN GELÖSCHT WÄRE...
... DANN KÖNNTE ALLES WIEDER SO WIE FRÜHER SEIN...
UND WENN DU DIE GLEICHE SZENE NOCH EINMAL SIEHST...?
DANN GEHT DOCH ALLES WIEDER VON VORNE LOS...
ABER... ES SCHMERZT EINFACH ZU SEHR...
FURCHTBAR...!
ICH KANN MICH NICHT VON KEI TRENNEN...
ABER WENN ALLES SO BLIEBE, DAS WÄRE NOCH SCHLIMMER!
...
VERSTANDEN...

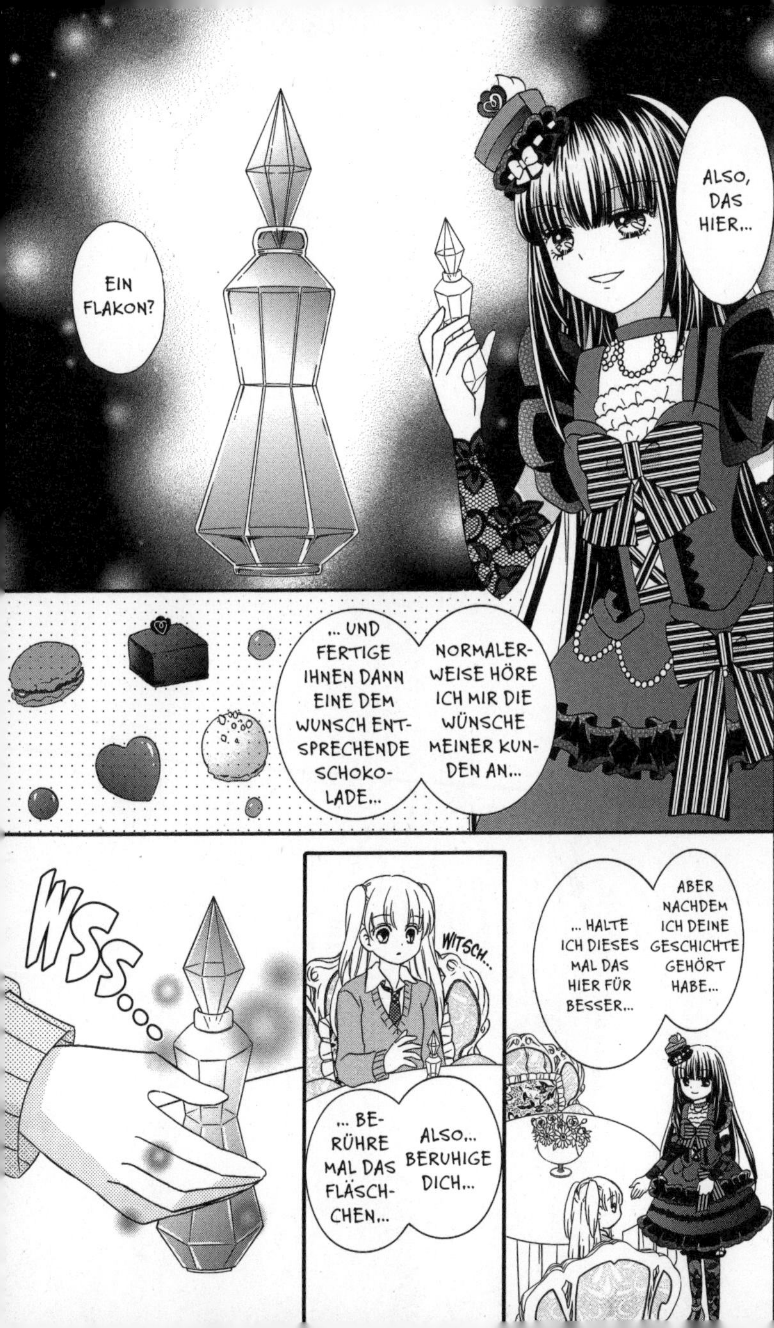
ALSO, DAS HIER...
EIN FLAKON?
NORMALERWEISE HÖRE ICH MIR DIE WÜNSCHE MEINER KUNDEN AN...
... UND FERTIGE IHNEN DANN EINE DEM WUNSCH ENTSPRECHENDE SCHOKOLADE...
ABER NACHDEM ICH DEINE GESCHICHTE GEHÖRT HABE...
... HALTE ICH DIESES MAL DAS HIER FÜR BESSER...
WITSCH...
ALSO... BERUHIGE DICH...
... BERÜHRE MAL DAS FLÄSCHCHEN...
WSS...

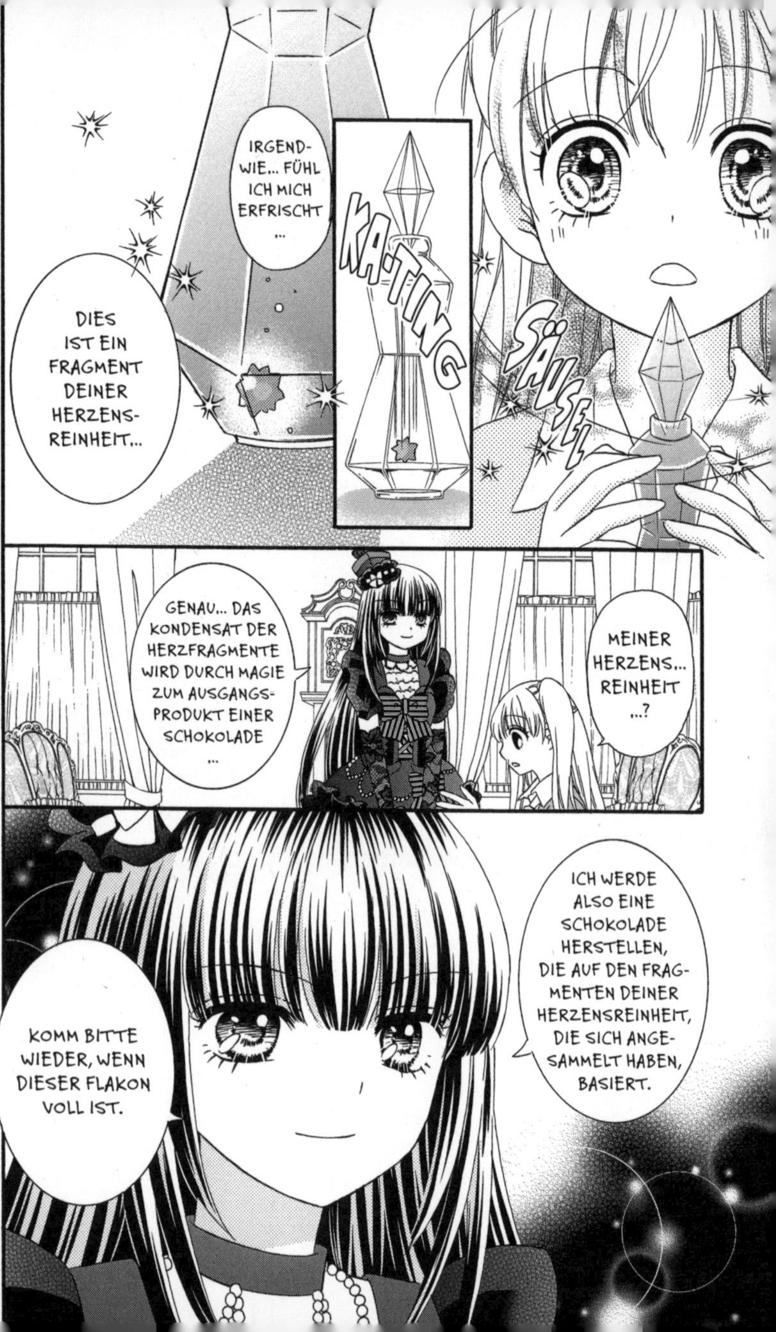
SÄUSEL
KA-TING
IRGEND-WIE... FÜHL ICH MICH ERFRISCHT ...
DIES IST EIN FRAGMENT DEINER HERZENS-REINHEIT...
MEINER HERZENS... REINHEIT ...?
GENAU... DAS KONDENSAT DER HERZFRAGMENTE WIRD DURCH MAGIE ZUM AUSGANGS-PRODUKT EINER SCHOKOLADE ...
ICH WERDE ALSO EINE SCHOKOLADE HERSTELLEN, DIE AUF DEN FRAG-MENTEN DEINER HERZENSREINHEIT, DIE SICH ANGE-SAMMELT HABEN, BASIERT.
KOMM BITTE WIEDER, WENN DIESER FLAKON VOLL IST.

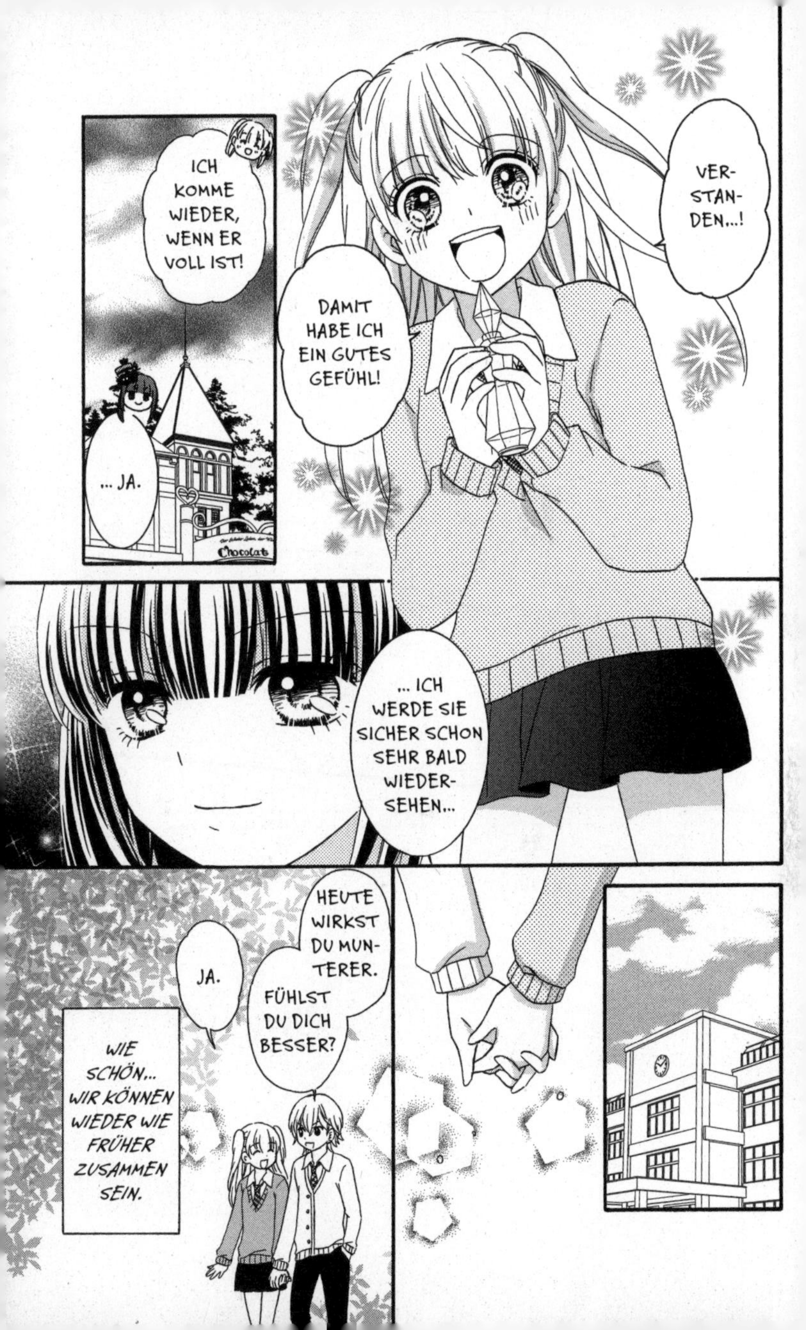
VER-STAN-DEN...!
DAMIT HABE ICH EIN GUTES GEFÜHL!
ICH KOMME WIEDER, WENN ER VOLL IST!
... JA.
Chocolat
... ICH WERDE SIE SICHER SCHON SEHR BALD WIEDER-SEHEN...
HEUTE WIRKST DU MUN-TERER.
FÜHLST DU DICH BESSER?
JA.
WIE SCHÖN... WIR KÖNNEN WIEDER WIE FRÜHER ZUSAMMEN SEIN.

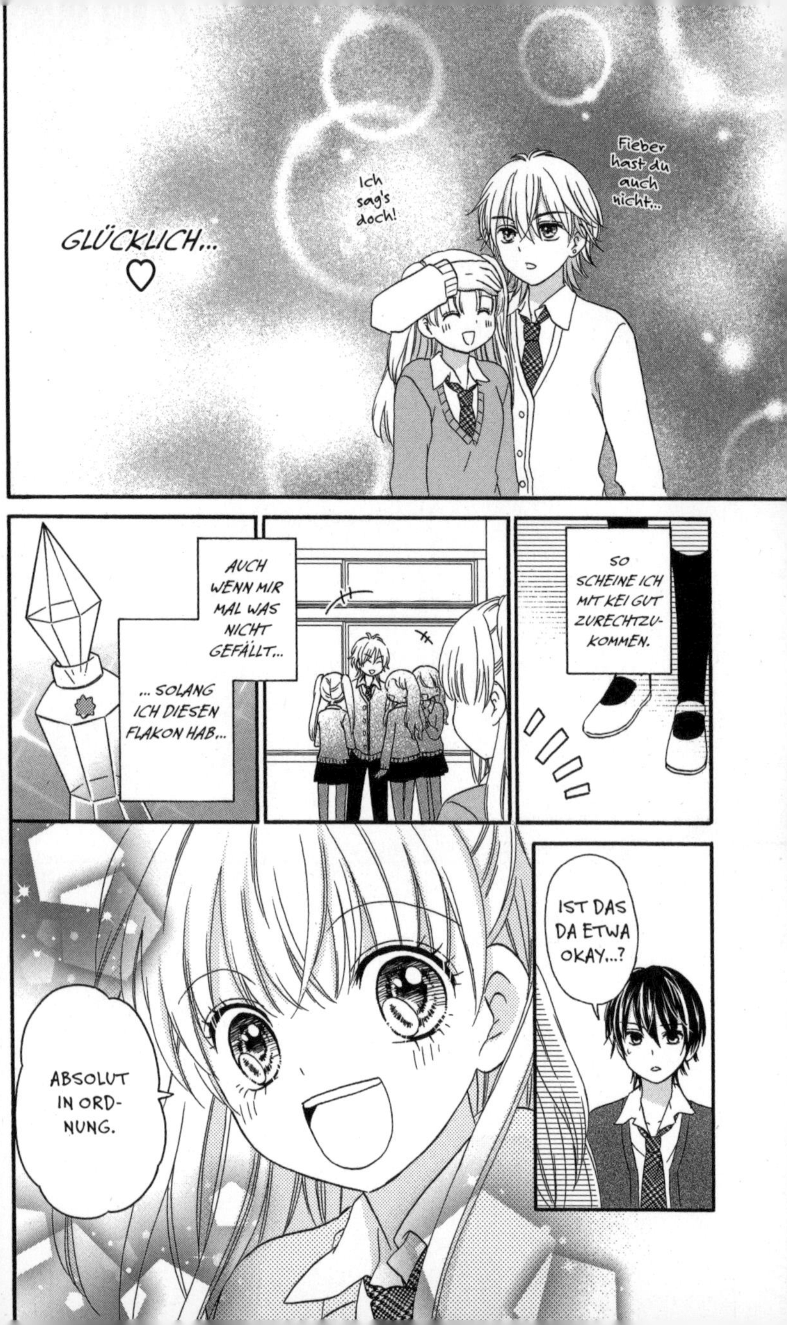
Fieber hast du auch nicht...
Ich sag's doch!
GLÜCKLICH... ♡
SO SCHEINE ICH MIT KEI GUT ZURECHTZUKOMMEN.
AUCH WENN MIR MAL WAS NICHT GEFÄLLT...
... SOLANG ICH DIESEN FLAKON HAB...
IST DAS DA ETWA OKAY...?
ABSOLUT IN ORDNUNG.

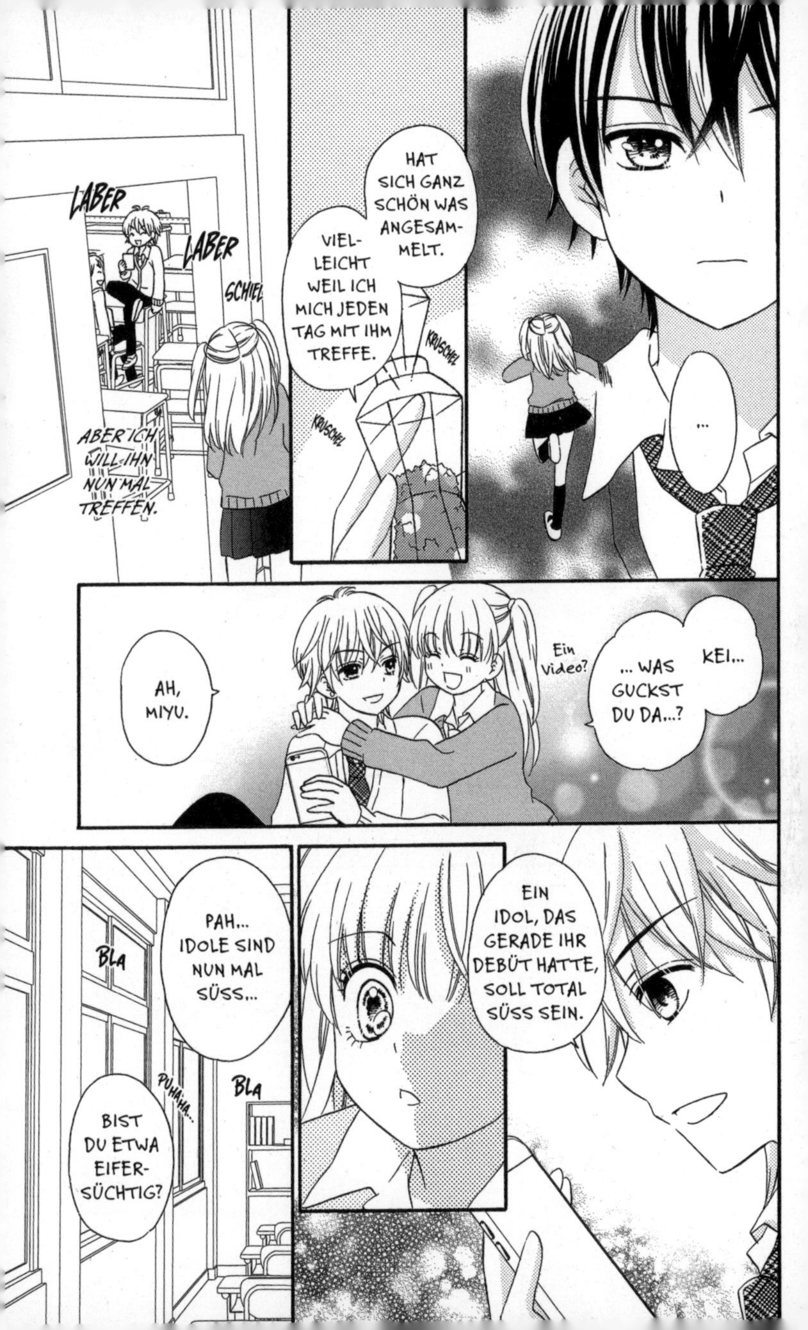
...
HAT SICH GANZ SCHÖN WAS ANGESAMMELT.
VIELLEICHT WEIL ICH MICH JEDEN TAG MIT IHM TREFFE.
KRUSCHEL
KRUSCHEL
LABER
LABER
SCHIEL
ABER ICH WILL IHN NUN MAL TREFFEN.
KEI...
... WAS GUCKST DU DA...?
Ein Video?
AH, MIYU.
EIN IDOL, DAS GERADE IHR DEBÜT HATTE, SOLL TOTAL SÜSS SEIN.
PAH... IDOLE SIND NUN MAL SÜSS...
BLA
BLA
PUHAHA...
BIST DU ETWA EIFERSÜCHTIG?

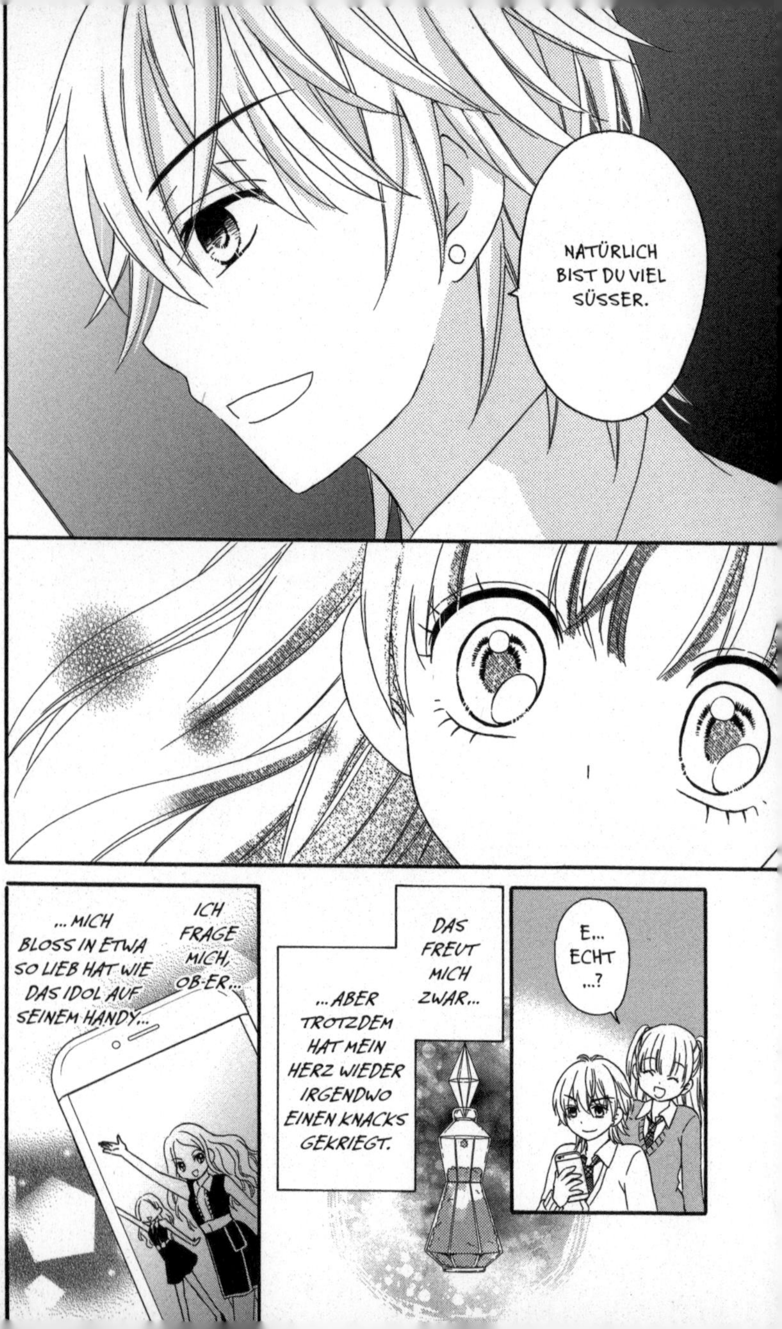
NATÜRLICH BIST DU VIEL SÜSSER.
E... ECHT ...?
DAS FREUT MICH ZWAR...
...ABER TROTZDEM HAT MEIN HERZ WIEDER IRGENDWO EINEN KNACKS GEKRIEGT.
ICH FRAGE MICH, OB ER...
...MICH BLOSS IN ETWA SO LIEB HAT WIE DAS IDOL AUF SEINEM HANDY...

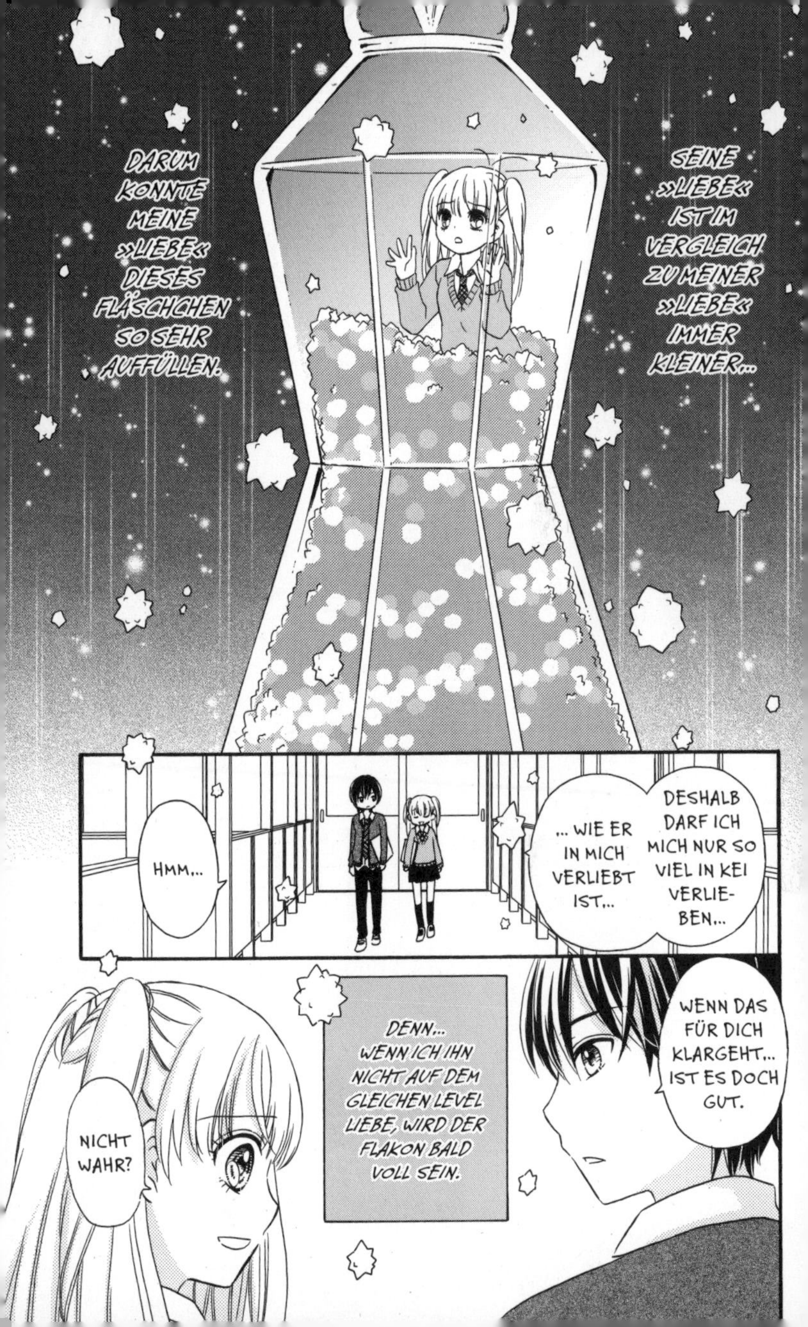
SEINE »LIEBE« IST IM VERGLEICH ZU MEINER »LIEBE« IMMER KLEINER...
DARUM KONNTE MEINE »LIEBE« DIESES FLÄSCHCHEN SO SEHR AUFFÜLLEN.
DESHALB DARF ICH MICH NUR SO VIEL IN KEI VERLIE-BEN...
... WIE ER IN MICH VERLIEBT IST...
HMM...
WENN DAS FÜR DICH KLARGEHT... IST ES DOCH GUT.
DENN... WENN ICH IHN NICHT AUF DEM GLEICHEN LEVEL LIEBE, WIRD DER FLAKON BALD VOLL SEIN.
NICHT WAHR?

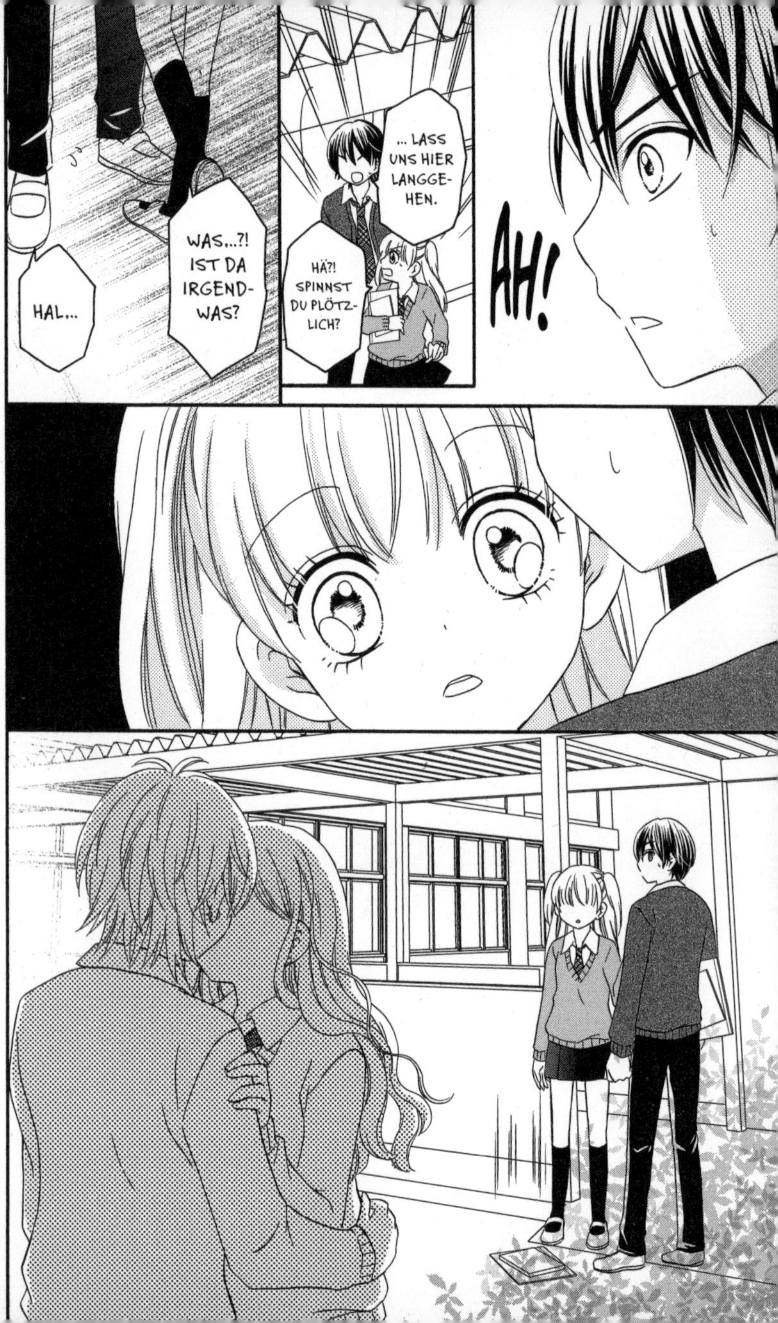
AH!
... LASS UNS HIER LANGGE-HEN.
HÄ?! SPINNST DU PLÖTZ-LICH?
WAS...?! IST DA IRGEND-WAS?
HAL...

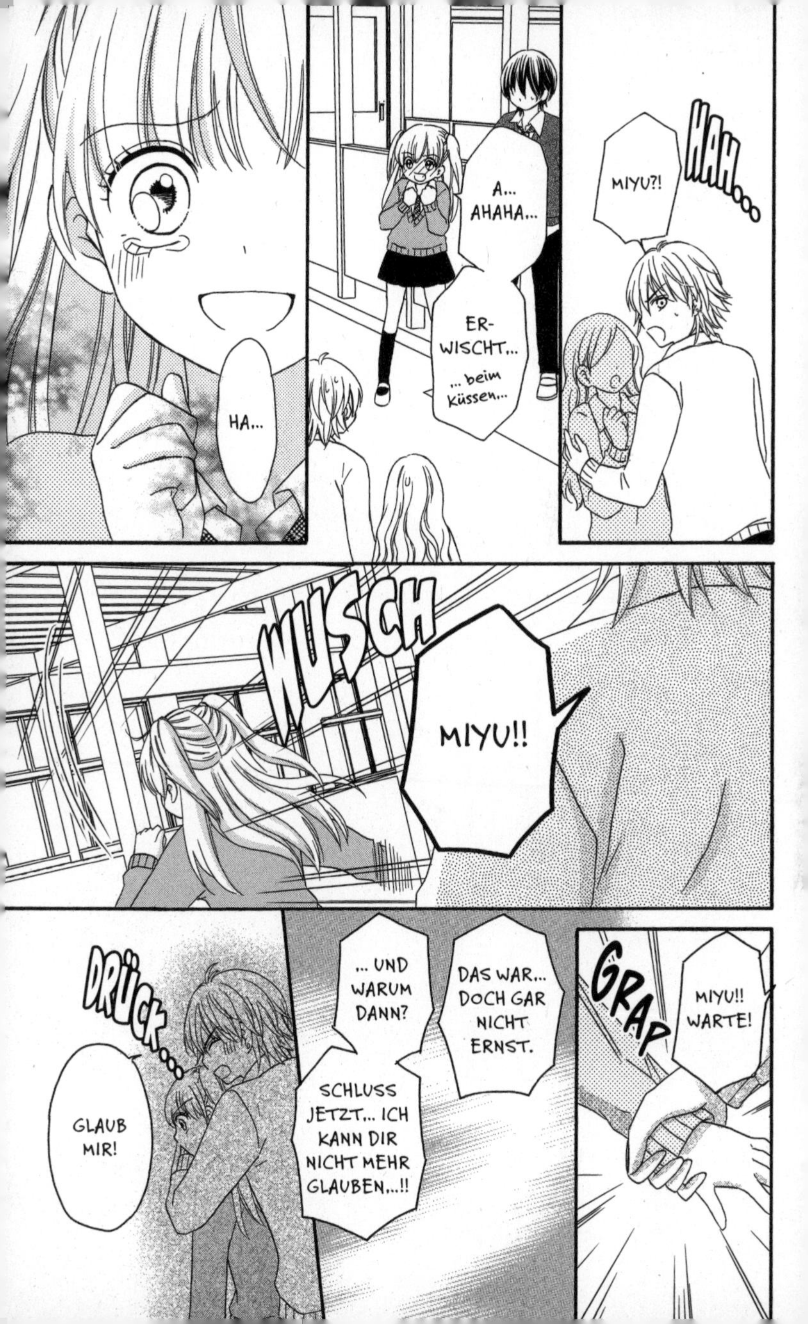
HAH...
MIYU?!
A... AHAHA...
ER-WISCHT...
... beim küssen...
HA...
MIYU!!
WUSCH
GRAP
MIYU!! WARTE!
DAS WAR... DOCH GAR NICHT ERNST.
... UND WARUM DANN?
SCHLUSS JETZT... ICH KANN DIR NICHT MEHR GLAUBEN...!!
DRÜCK...
GLAUB MIR!

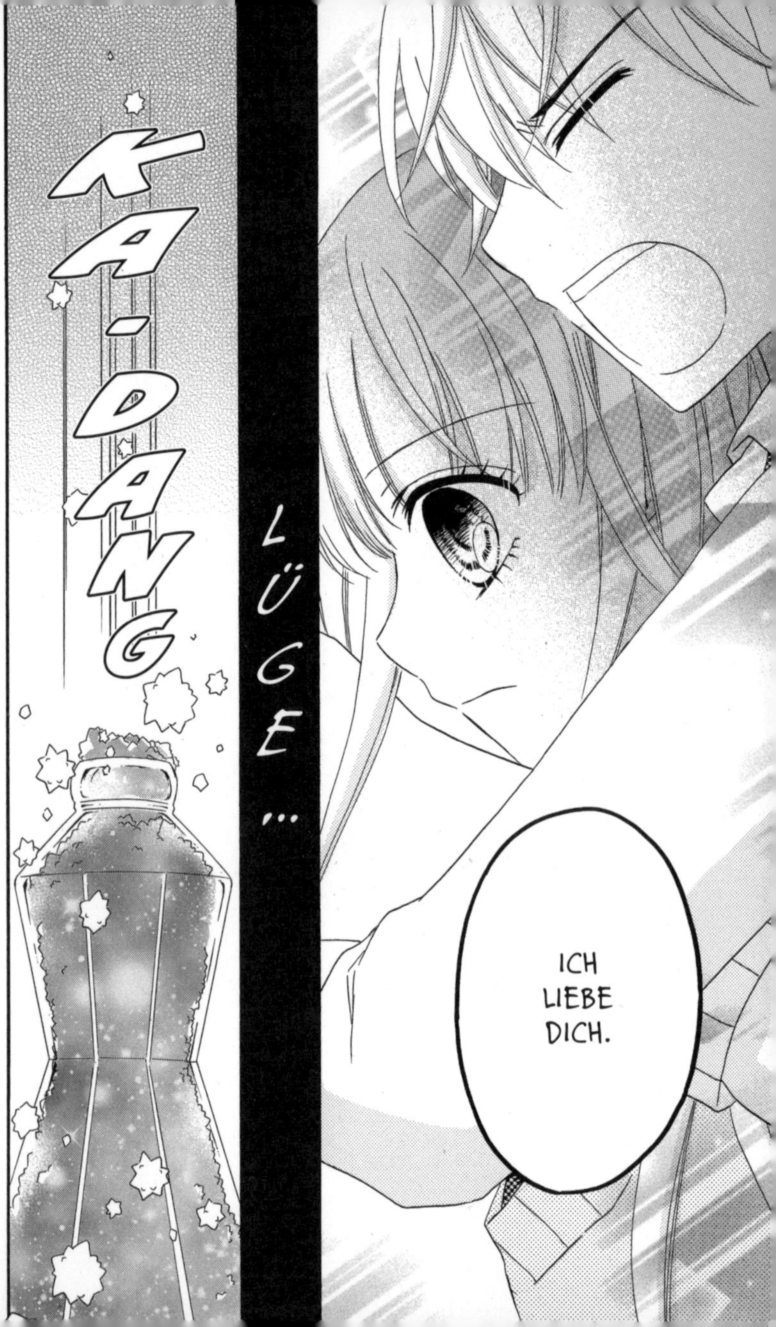
ICH LIEBE DICH.
LÜGE ...
KA-DANG

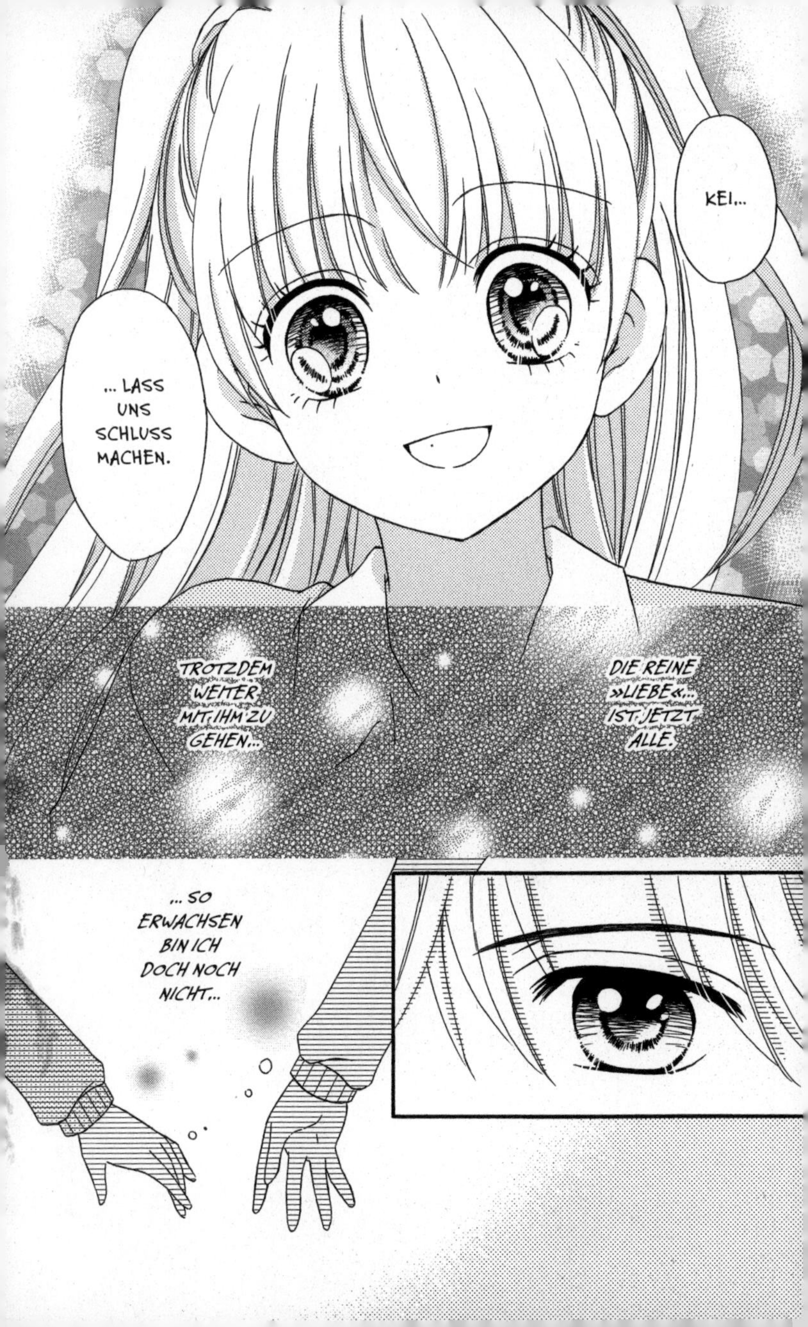
KEI...
... LASS UNS SCHLUSS MACHEN.
DIE REINE »LIEBE«... IST JETZT ALLE.
TROTZDEM WEITER MIT IHM ZU GEHEN...
... SO ERWACHSEN BIN ICH DOCH NOCH NICHT...

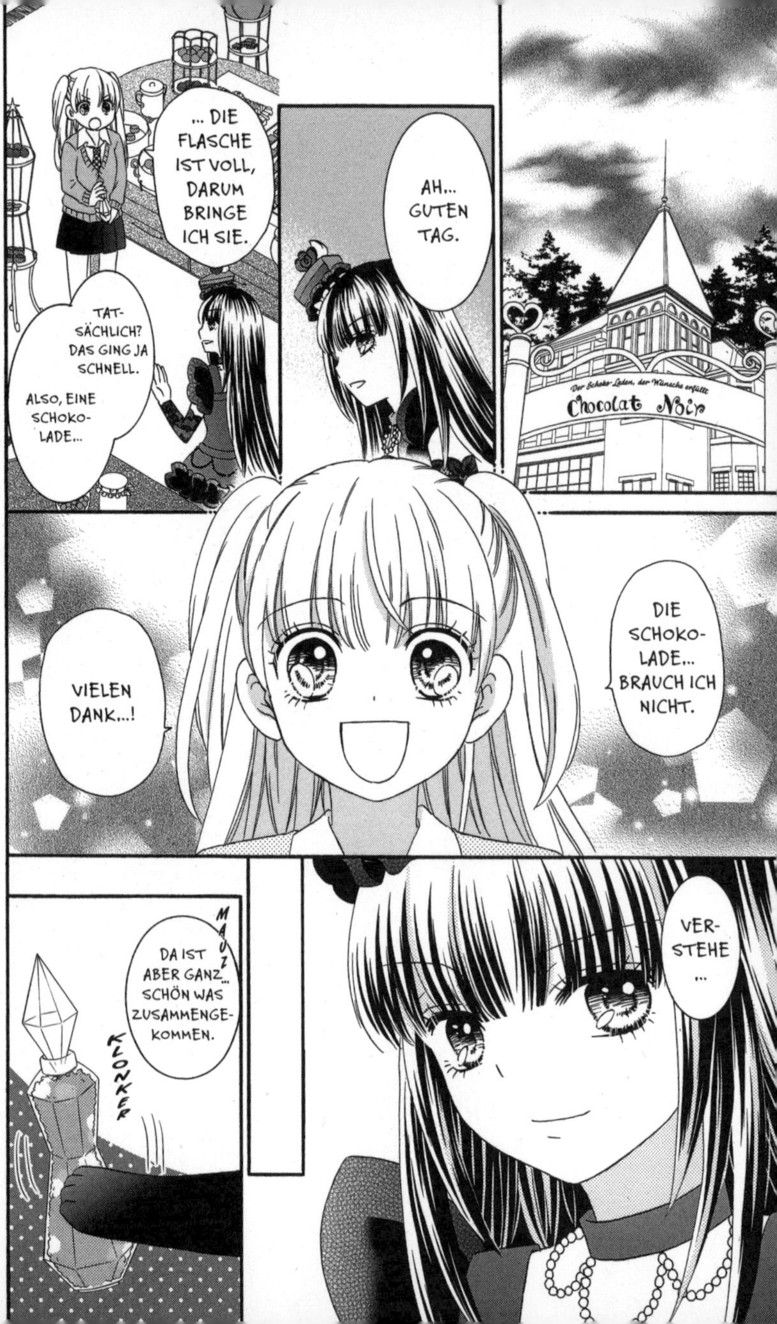
Der Schoko-Laden, der Wünsche erfüllt
Chocolat Noir
AH... GUTEN TAG.
... DIE FLASCHE IST VOLL, DARUM BRINGE ICH SIE.
TATSÄCHLICH? DAS GING JA SCHNELL.
ALSO, EINE SCHOKOLADE...
DIE SCHOKOLADE... BRAUCH ICH NICHT.
VIELEN DANK...!
VERSTEHE ...
MAUZ
DA IST ABER GANZ SCHÖN WAS ZUSAMMENGEKOMMEN.
KLONKER

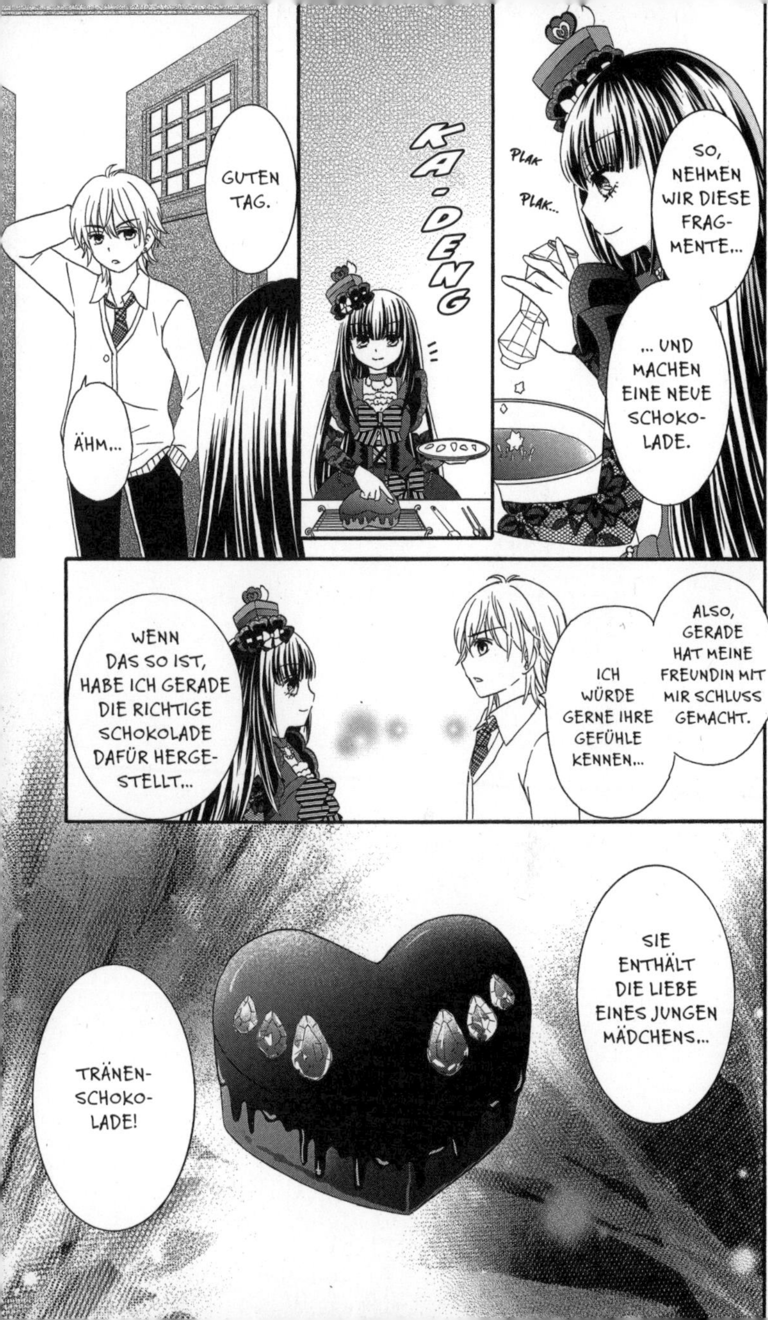
PLAK
PLAK...
SO, NEHMEN WIR DIESE FRAGMENTE...
... UND MACHEN EINE NEUE SCHOKOLADE.
KA-DENG
GUTEN TAG.
ÄHM...
ALSO, GERADE HAT MEINE FREUNDIN MIT MIR SCHLUSS GEMACHT.
ICH WÜRDE GERNE IHRE GEFÜHLE KENNEN...
WENN DAS SO IST, HABE ICH GERADE DIE RICHTIGE SCHOKOLADE DAFÜR HERGESTELLT...
SIE ENTHÄLT DIE LIEBE EINES JUNGEN MÄDCHENS...
TRÄNENSCHOKOLADE!

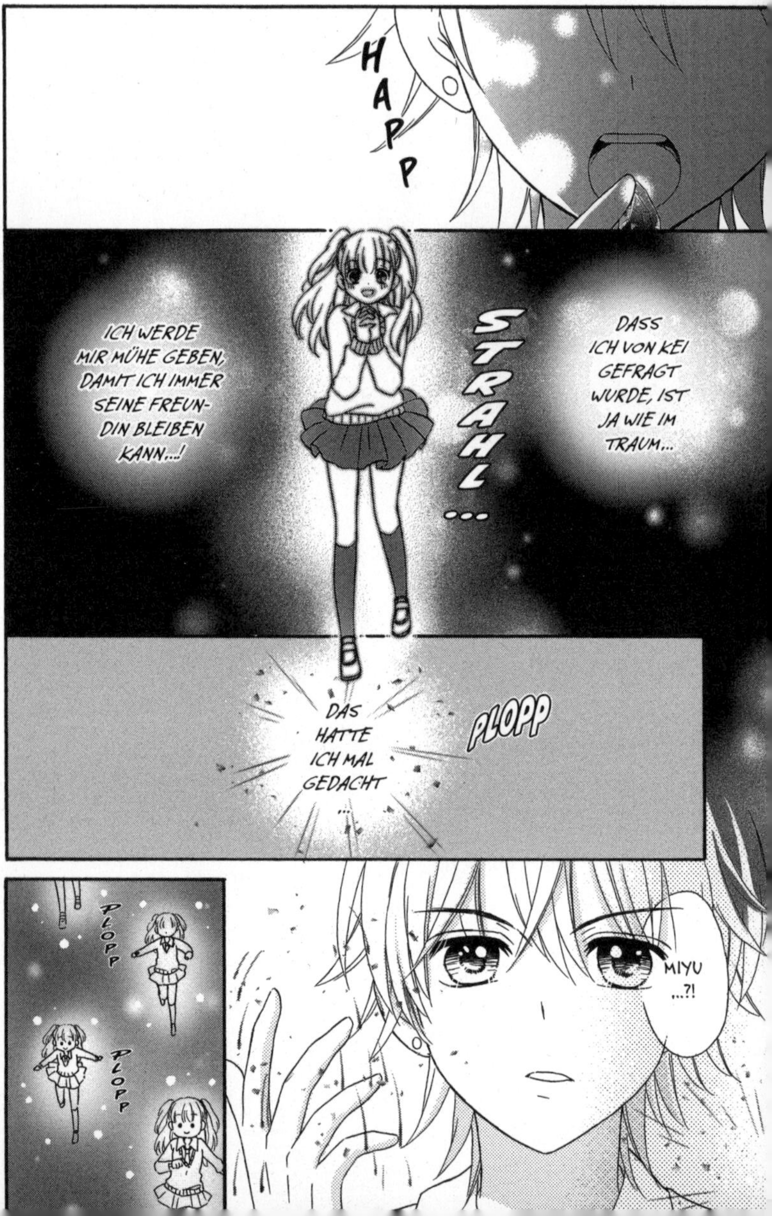
HAPP
DASS ICH VON KEI GEFRAGT WURDE, IST JA WIE IM TRAUM...
STRAHL...
ICH WERDE MIR MÜHE GEBEN, DAMIT ICH IMMER SEINE FREUN-DIN BLEIBEN KANN...!
PLOPP
DAS HATTE ICH MAL GEDACHT ...
MIYU ...?!
PLOPP
PLOPP

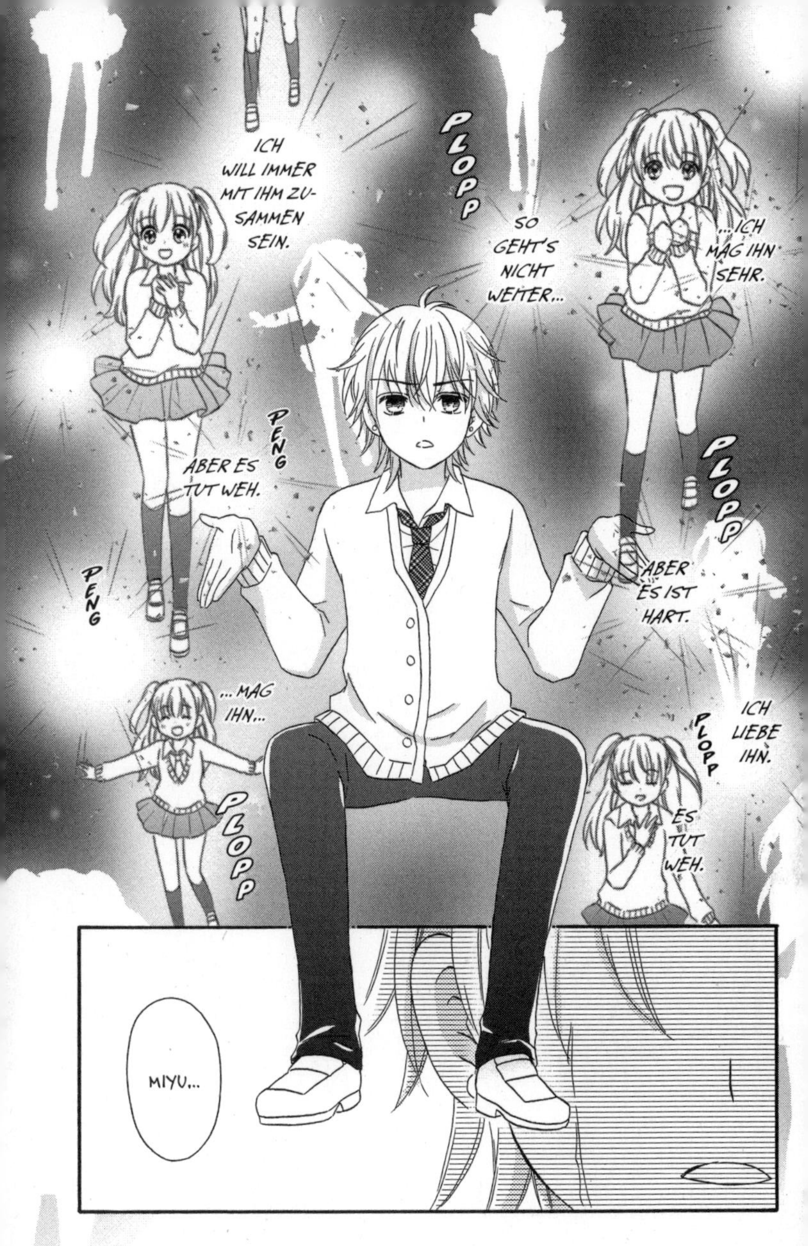
...ICH MAG IHN SEHR.
PLOPP
SO GEHT'S NICHT WEITER...
PLOPP
ICH WILL IMMER MIT IHM ZUSAMMEN SEIN.
PLOPP
ABER ES IST HART.
PENG
ABER ES TUT WEH.
PENG
ICH LIEBE IHN.
PLOPP
ES TUT WEH.
...MAG IHN...
PLOPP
MIYU...

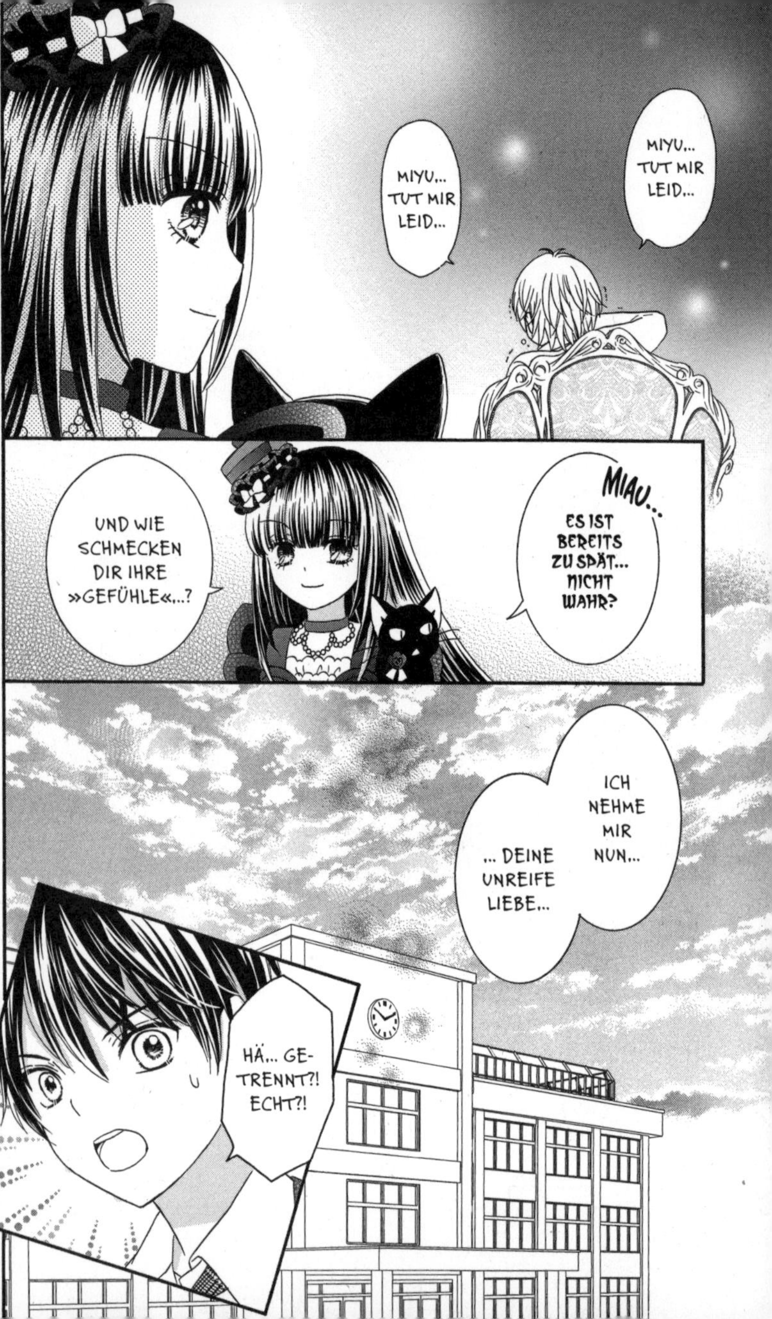
MIYU... TUT MIR LEID...
MIYU... TUT MIR LEID...
MIAU...
ES IST BEREITS ZU SPÄT... NICHT WAHR?
UND WIE SCHMECKEN DIR IHRE »GEFÜHLE«...?
ICH NEHME MIR NUN...
... DEINE UNREIFE LIEBE...
HÄ... GE-TRENNT?! ECHT?!

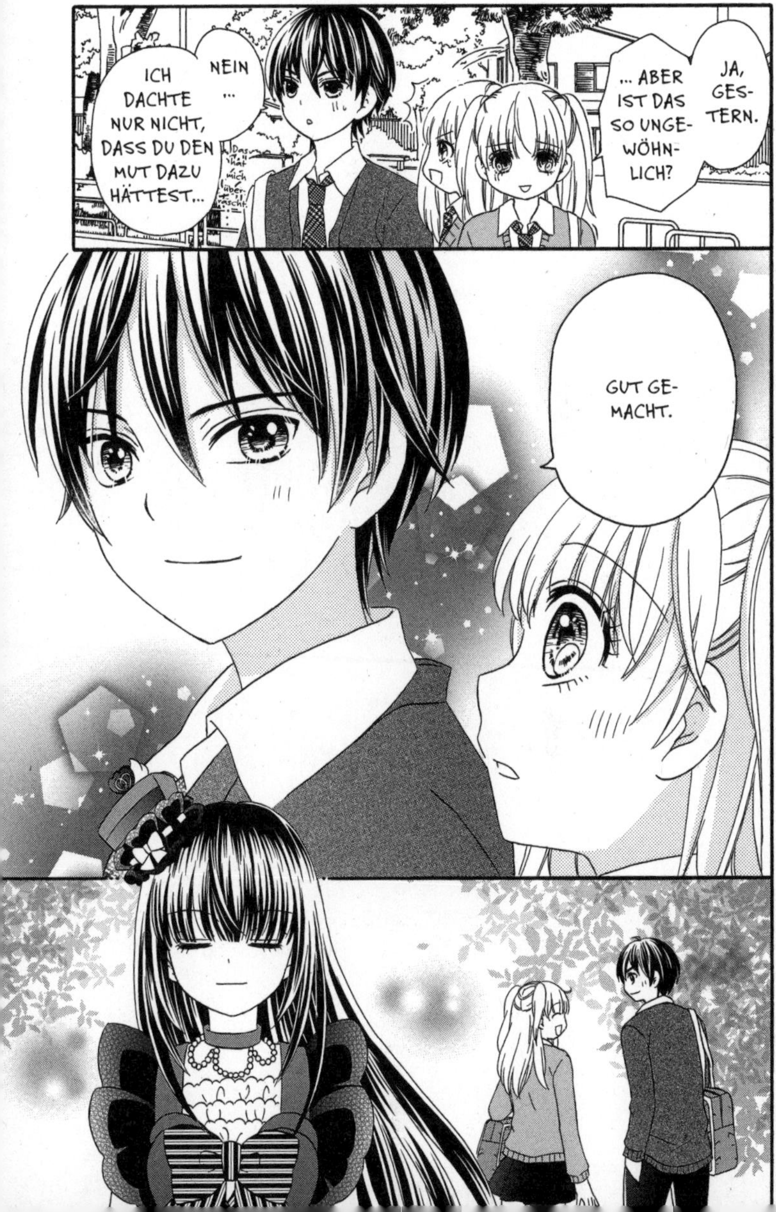
JA, GESTERN.
... ABER IST DAS SO UNGEWÖHNLICH?
NEIN ...
ICH DACHTE NUR NICHT, DASS DU DEN MUT DAZU HÄTTEST...
Das hat mich überrascht.
GUT GEMACHT.

WILLKOMMEN BEI CHOCOLAT NOIR

3

ÜBER DIE SCHOKOLADE
IN DER GESCHICHTE

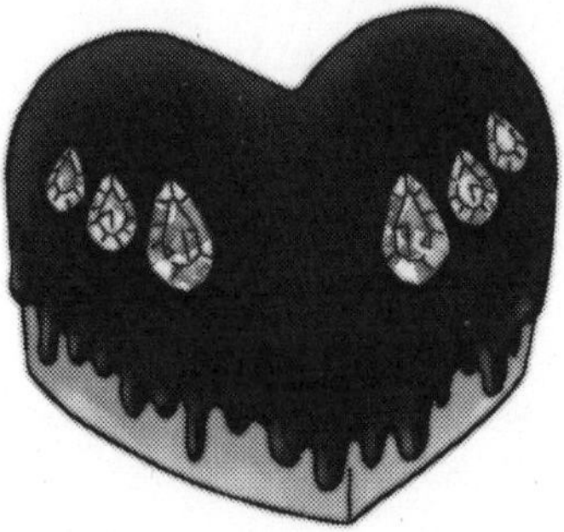

◆ ◆ ◆

# TRÄNENSCHOKOLADE

EIN KUCHEN, DER DADURCH HERVORSTICHT, DASS ER MIT KANDISZUCKER IN TRÄNENFORM GARNIERT IST. DIE TRÄNEN, DIE EIN LIEBENDES MÄDCHEN VERGIESST, SIND ZWAR SCHÖN, DOCH EINE LIEBE, DIE ES BLOSS WEINEN LÄSST, STICHT SCHMERZHAFT IN SEIN HERZ. DARAN MUSSTE ICH BEIM ZEICHNEN DENKEN.

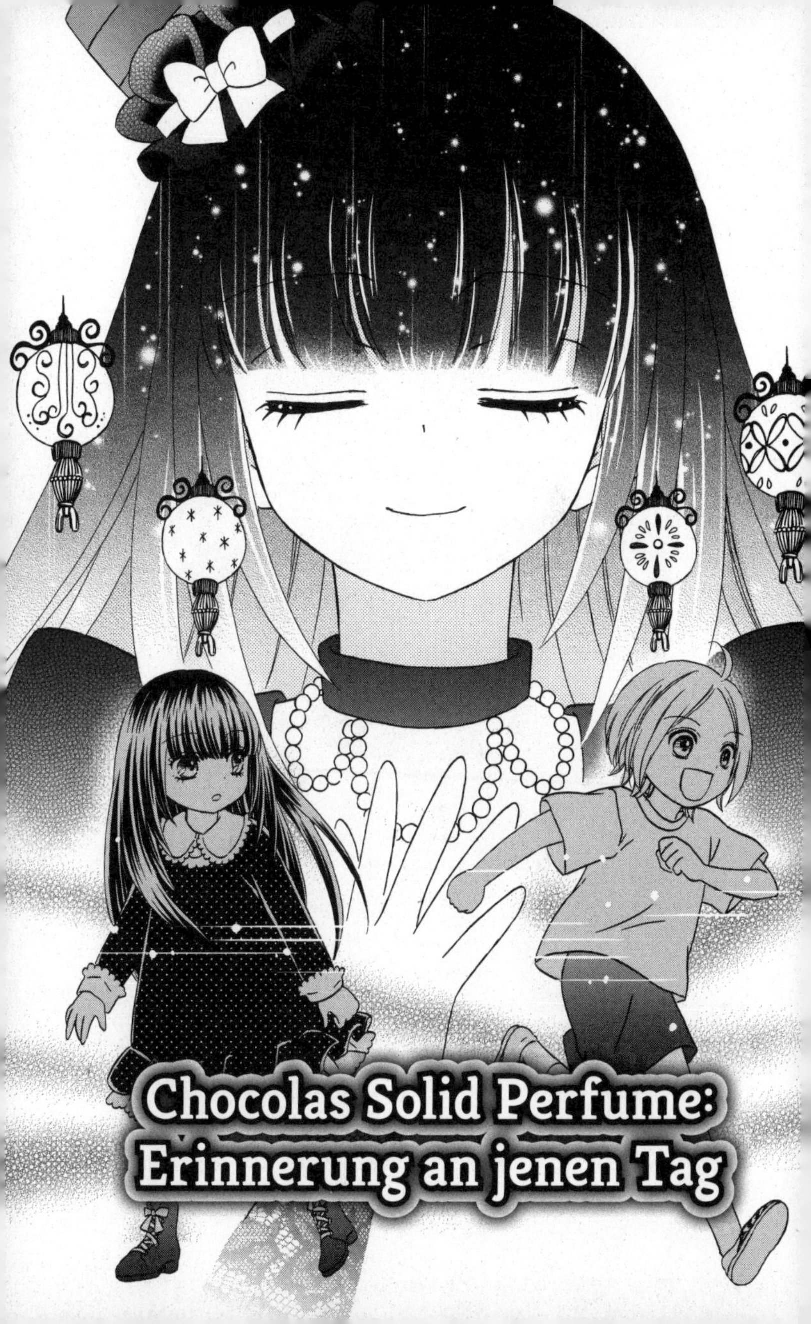
Chocolas Solid Perfume:
Erinnerung an jenen Tag

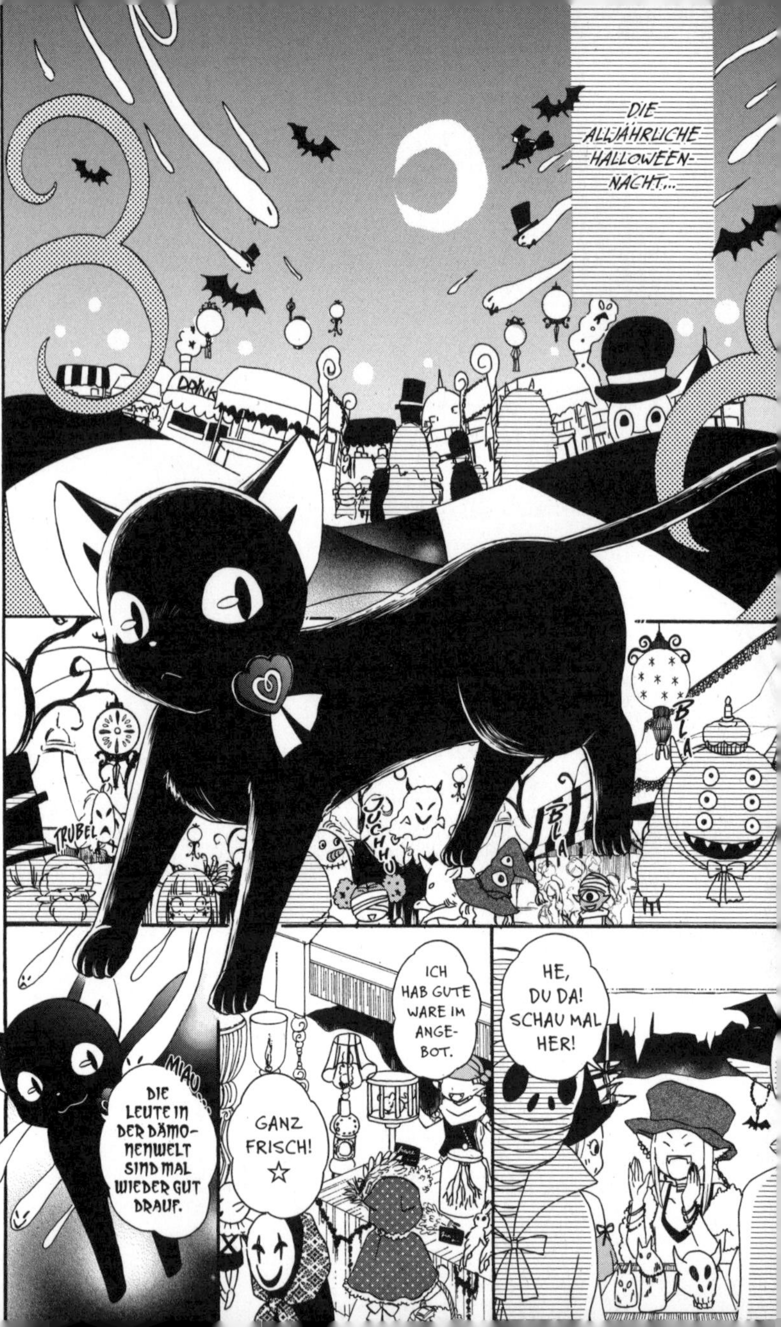
DIE ALLJÄHRLICHE HALLOWEEN-NACHT...
BLA
TRUBEL
JUCHHU
BLA
HE, DU DA! SCHAU MAL HER!
ICH HAB GUTE WARE IM ANGE-BOT.
GANZ FRISCH! ☆
MIAU...
DIE LEUTE IN DER DÄMONENWELT SIND MAL WIEDER GUT DRAUF.

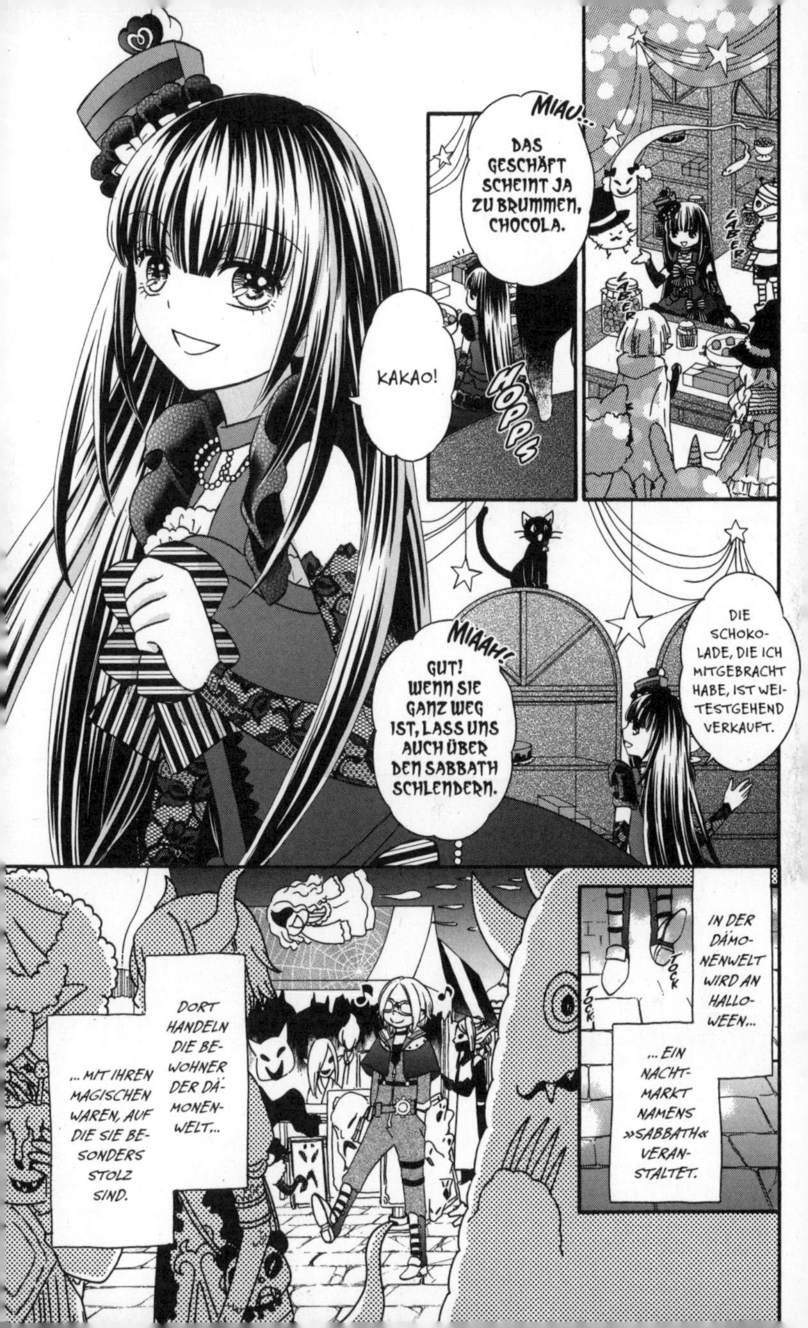

MIAU...
DAS GESCHÄFT SCHEINT JA ZU BRUMMEN, CHOCOLA.
LABER
LABER
KAKAO!
HOPPS
DIE SCHOKOLADE, DIE ICH MITGEBRACHT HABE, IST WEITESTGEHEND VERKAUFT.
MIAAH!
GUT! WENN SIE GANZ WEG IST, LASS UNS AUCH ÜBER DEN SABBATH SCHLENDERN.
IN DER DÄMONENWELT WIRD AN HALLOWEEN...
TOCK
TOCK
... EIN NACHTMARKT NAMENS »SABBATH« VERANSTALTET.
DORT HANDELN DIE BEWOHNER DER DÄMONENWELT...
... MIT IHREN MAGISCHEN WAREN, AUF DIE SIE BESONDERS STOLZ SIND.

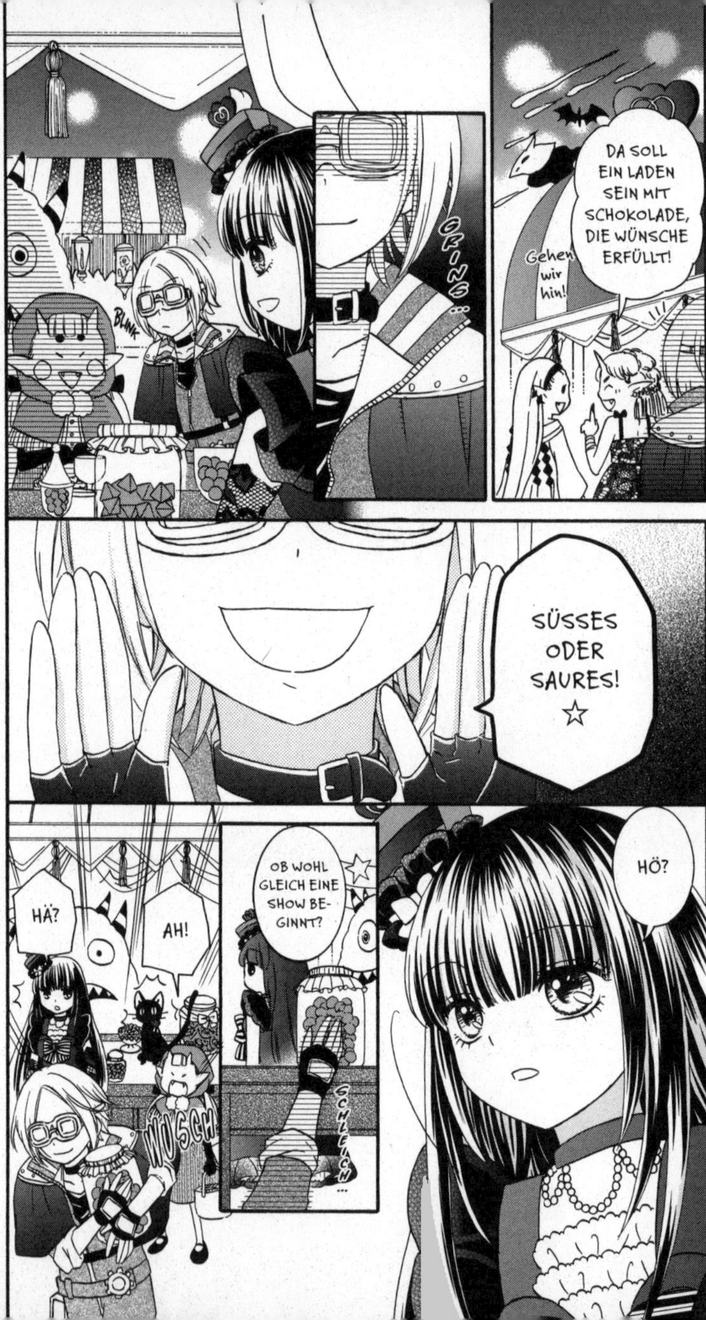
DA SOLL EIN LADEN SEIN MIT SCHOKOLADE, DIE WÜNSCHE ERFÜLLT!
Gehen wir hin!
GRINS …
BLINK
SÜSSES ODER SAURES! ☆
HÖ?
OB WOHL GLEICH EINE SHOW BE-GINNT?
SCHLEICH …
AH!
HÄ?
WUSCH

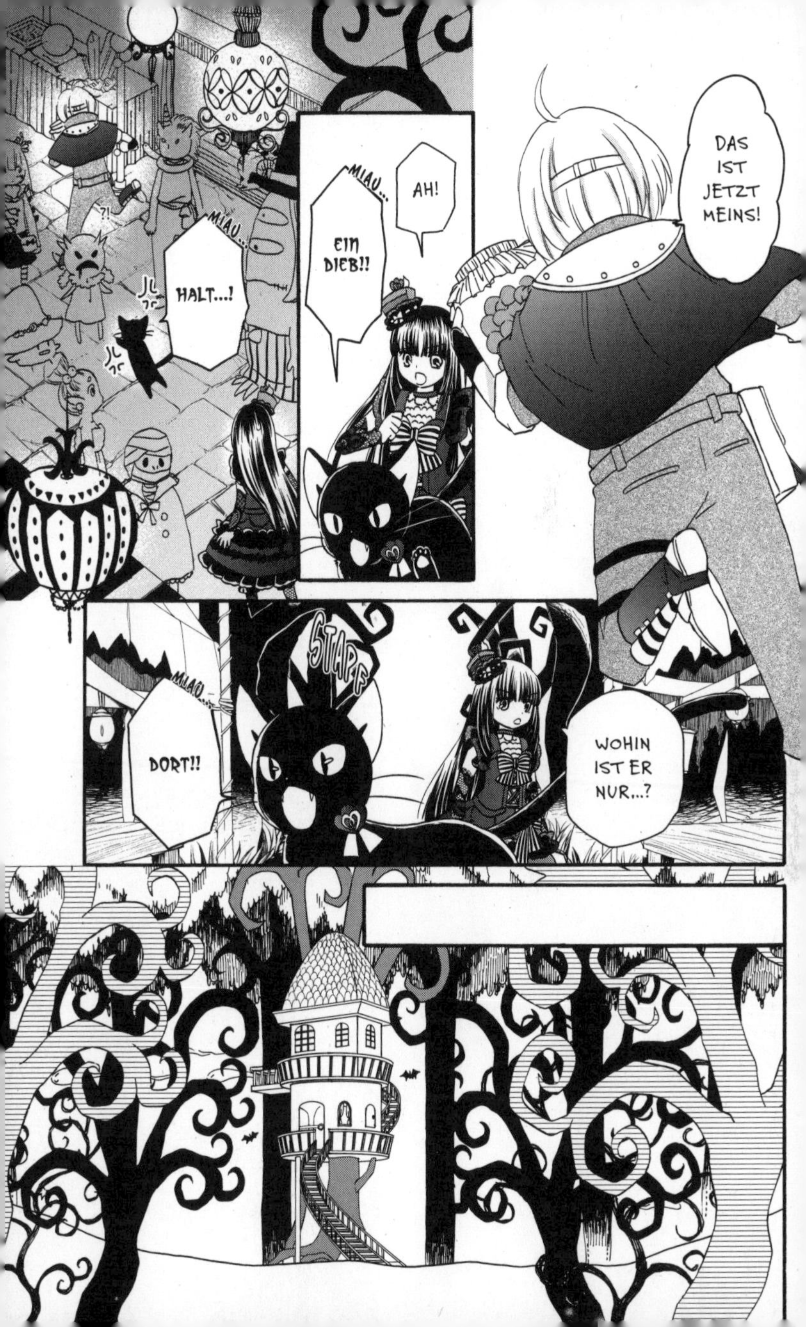
DAS IST JETZT MEINS!
AH!
MIAU...
EIN DIEB!!
MIAU...
HALT...!
?!
WOHIN IST ER NUR...?
STAPF
MIAU~
DORT!!

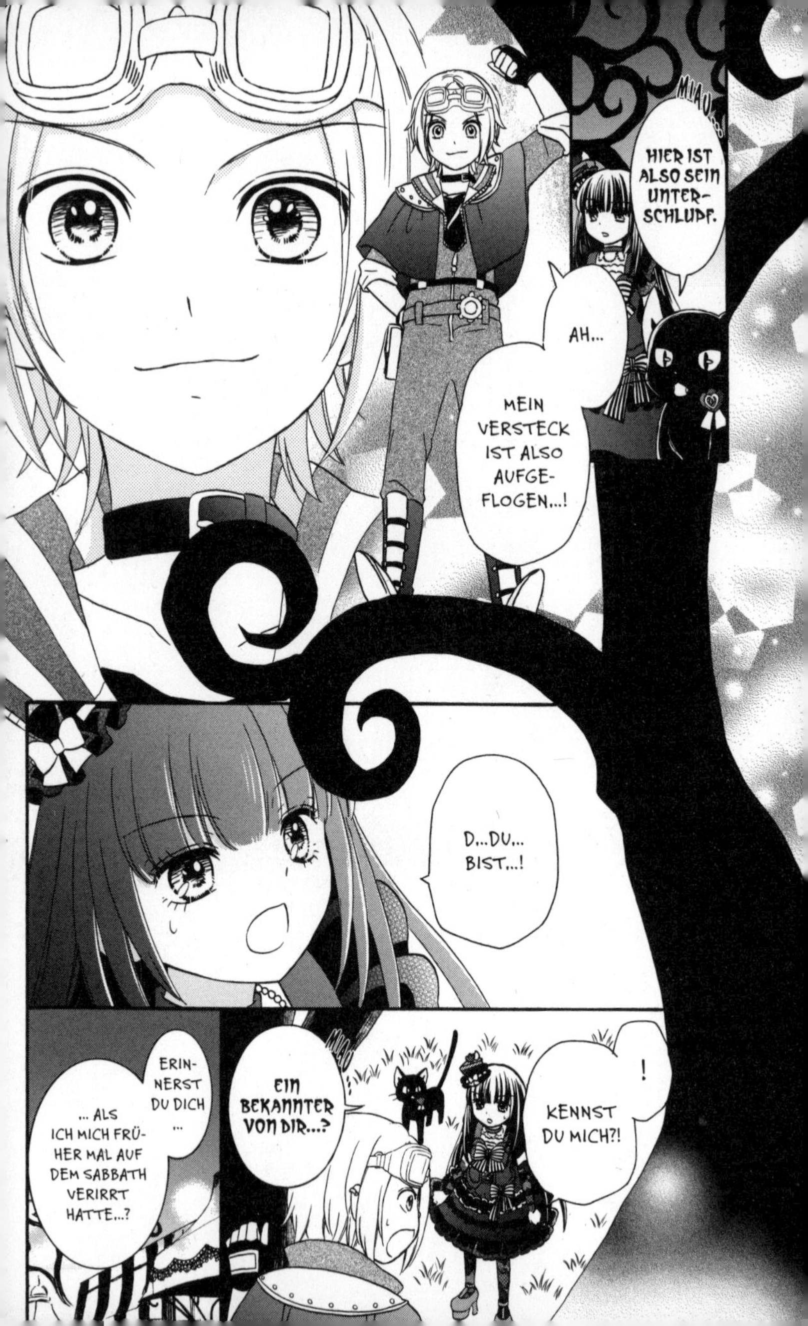
MIAU...!
HIER IST ALSO SEIN UNTER-SCHLUPF.
AH...
MEIN VERSTECK IST ALSO AUFGE-FLOGEN...!
D...DU... BIST...!
!
KENNST DU MICH?!
MIAU
EIN BEKANNTER VON DIR...?
ERIN-NERST DU DICH ...
... ALS ICH MICH FRÜ-HER MAL AUF DEM SABBATH VERIRRT HATTE...?

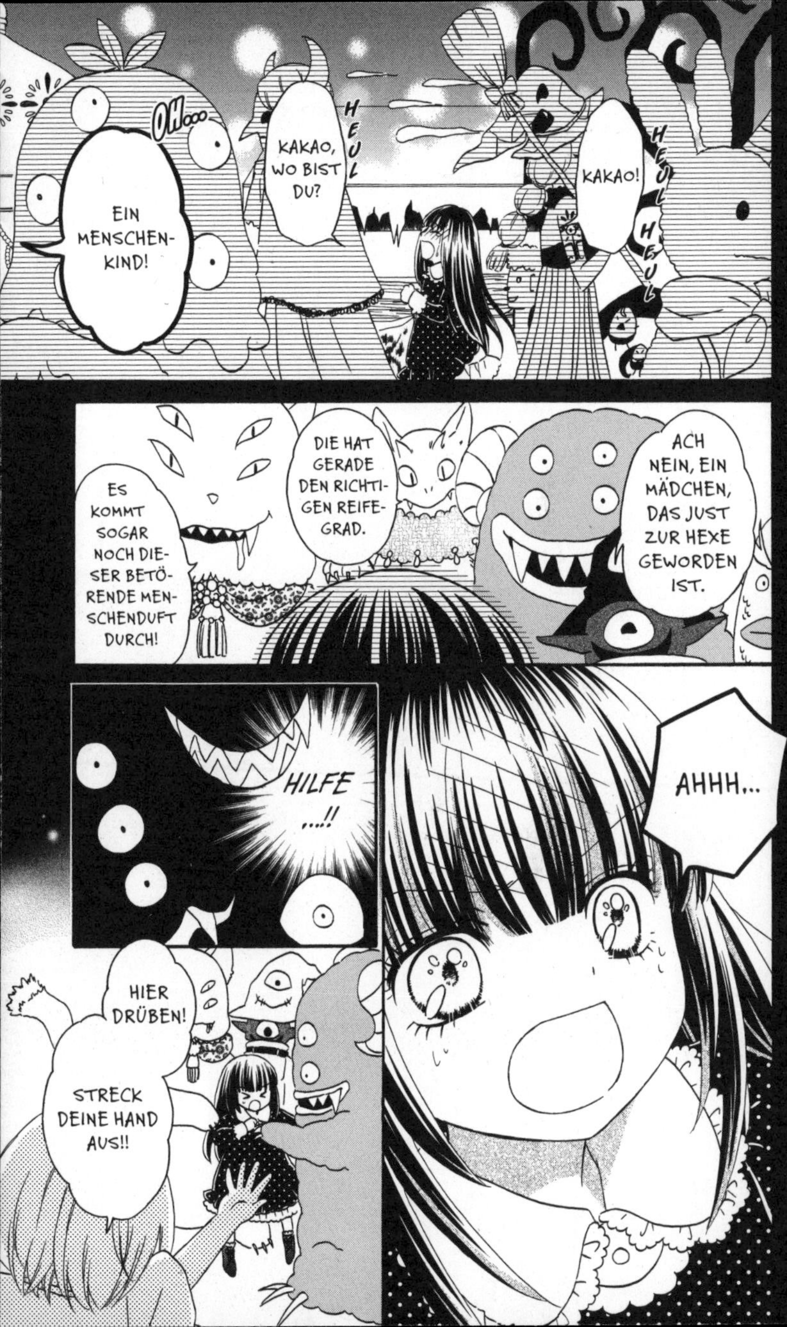
KAKAO!
HEUL HEUL HEUL
KAKAO, WO BIST DU?
HEUL
OH...
EIN MENSCHENKIND!
ACH NEIN, EIN MÄDCHEN, DAS JUST ZUR HEXE GEWORDEN IST.
DIE HAT GERADE DEN RICHTIGEN REIFEGRAD.
ES KOMMT SOGAR NOCH DIESER BETÖRENDE MENSCHENDUFT DURCH!
AHHH...
HILFE ...!!
HIER DRÜBEN!
STRECK DEINE HAND AUS!!

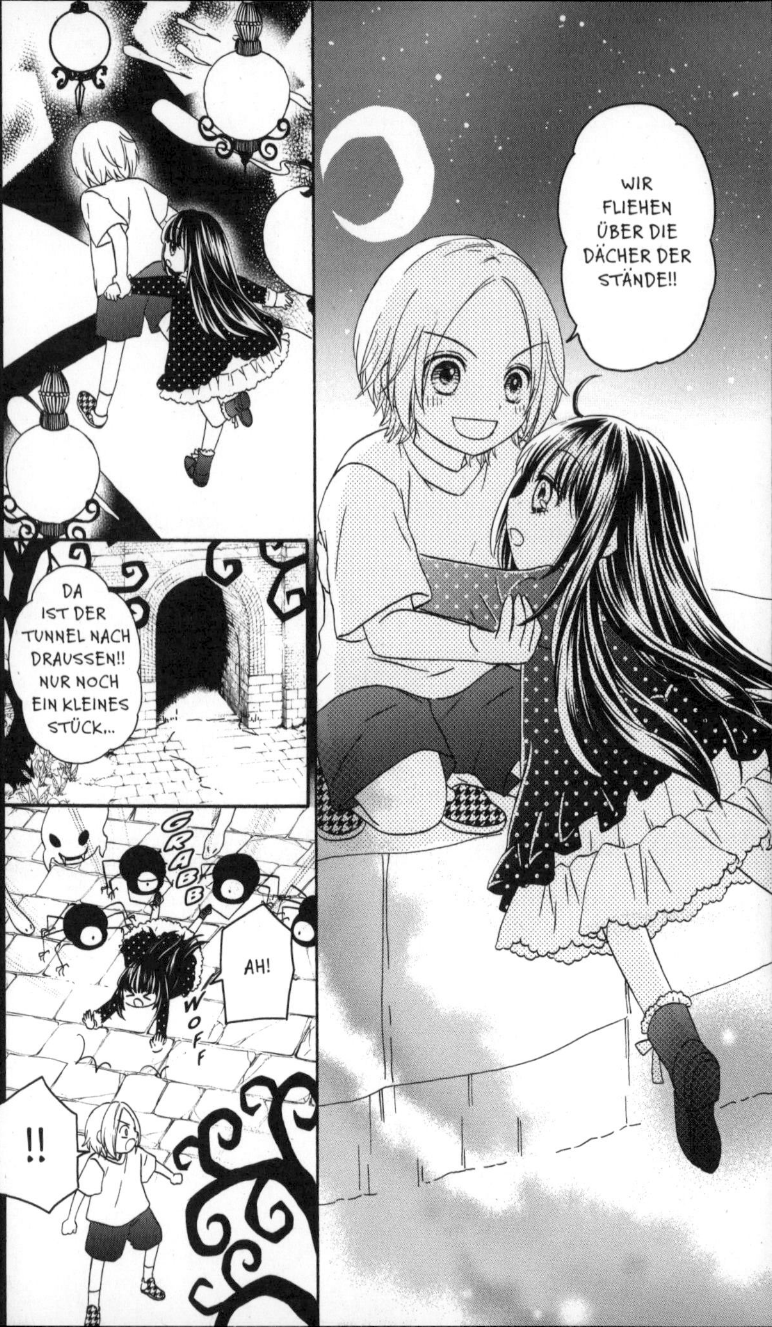
WIR FLIEHEN ÜBER DIE DÄCHER DER STÄNDE!!
DA IST DER TUNNEL NACH DRAUSSEN!! NUR NOCH EIN KLEINES STÜCK...
GRABB
AH!
WOFF
!!

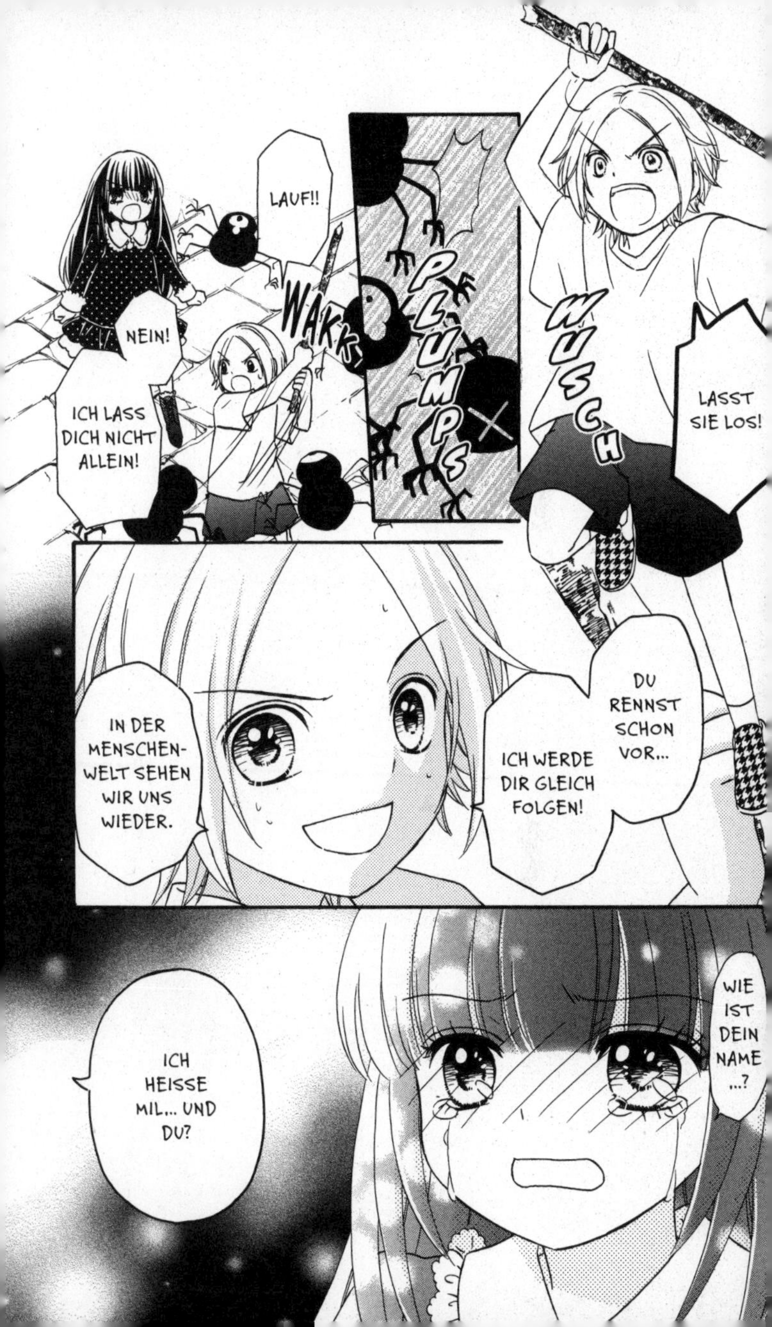
LASST SIE LOS!
WUSCH
PLUMPS
WAKK
LAUF!!
NEIN!
ICH LASS DICH NICHT ALLEIN!
DU RENNST SCHON VOR...
ICH WERDE DIR GLEICH FOLGEN!
IN DER MENSCHEN-WELT SEHEN WIR UNS WIEDER.
WIE IST DEIN NAME ...?
ICH HEISSE MIL... UND DU?

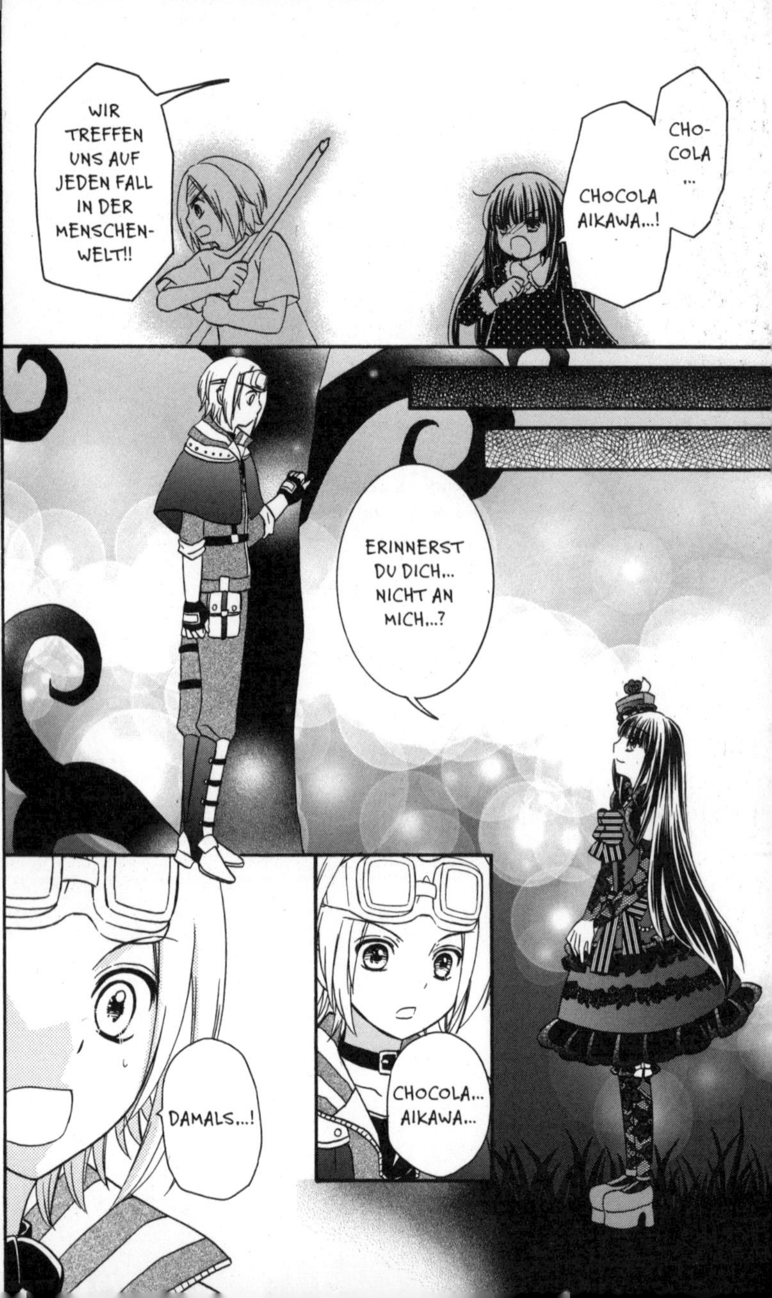
CHO-
COLA
...
CHOCOLA
AIKAWA...!
WIR TREFFEN UNS AUF JEDEN FALL IN DER MENSCHEN-WELT!!
ERINNERST DU DICH... NICHT AN MICH...?
CHOCOLA... AIKAWA...
DAMALS...!

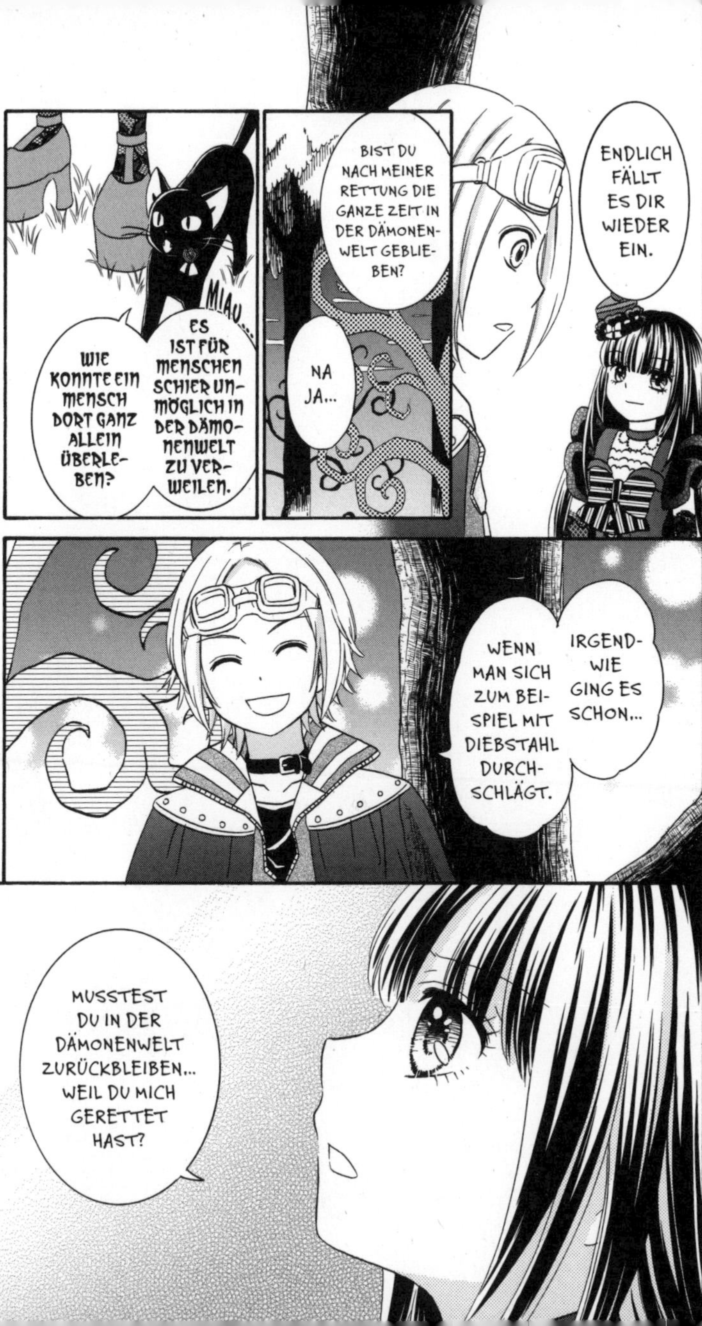
ENDLICH FÄLLT ES DIR WIEDER EIN.
BIST DU NACH MEINER RETTUNG DIE GANZE ZEIT IN DER DÄMONENWELT GEBLIEBEN?
NA JA...
MIAU...
ES IST FÜR MENSCHEN SCHIER UNMÖGLICH IN DER DÄMONENWELT ZU VERWEILEN.
WIE KONNTE EIN MENSCH DORT GANZ ALLEIN ÜBERLEBEN?
IRGENDWIE GING ES SCHON...
WENN MAN SICH ZUM BEISPIEL MIT DIEBSTAHL DURCHSCHLÄGT.
MUSSTEST DU IN DER DÄMONENWELT ZURÜCKBLEIBEN... WEIL DU MICH GERETTET HAST?

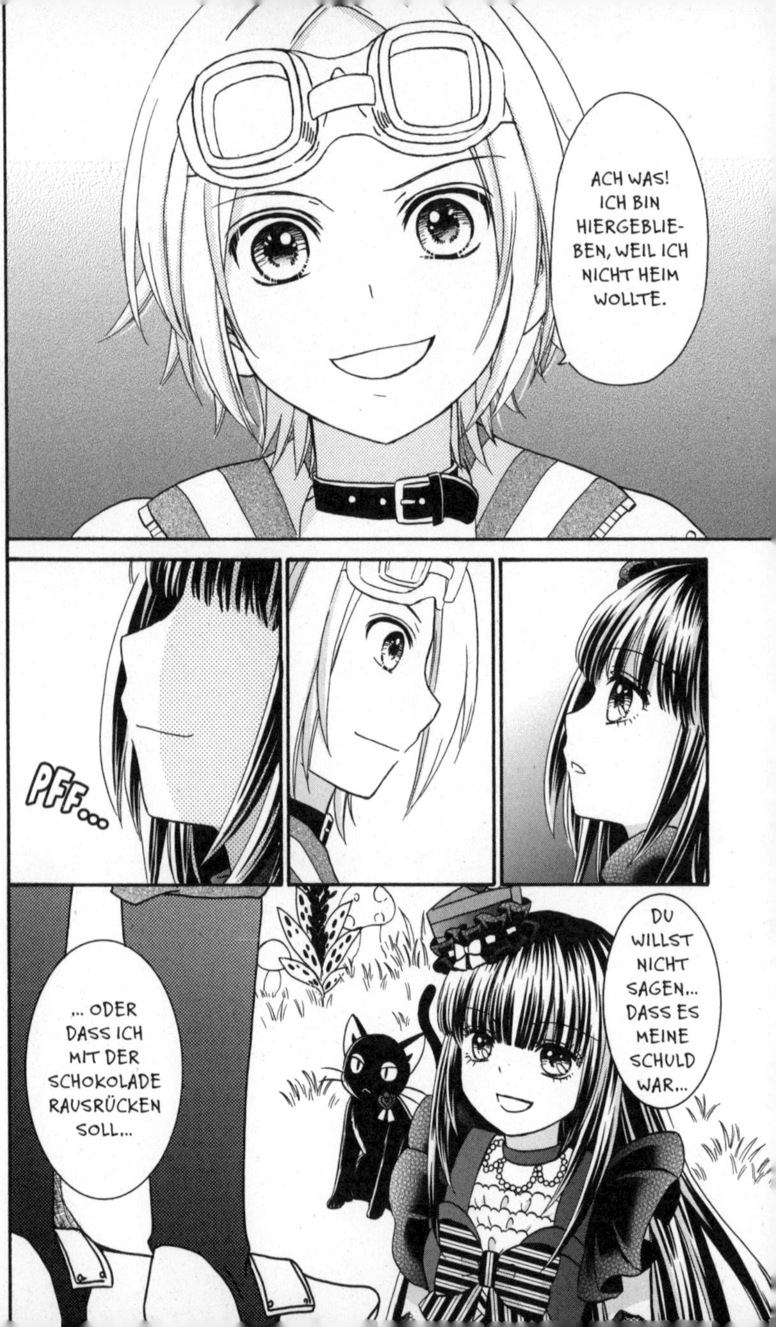
ACH WAS! ICH BIN HIERGEBLIE-BEN, WEIL ICH NICHT HEIM WOLLTE.
PFF...
DU WILLST NICHT SAGEN... DASS ES MEINE SCHULD WAR...
... ODER DASS ICH MIT DER SCHOKOLADE RAUSRÜCKEN SOLL...

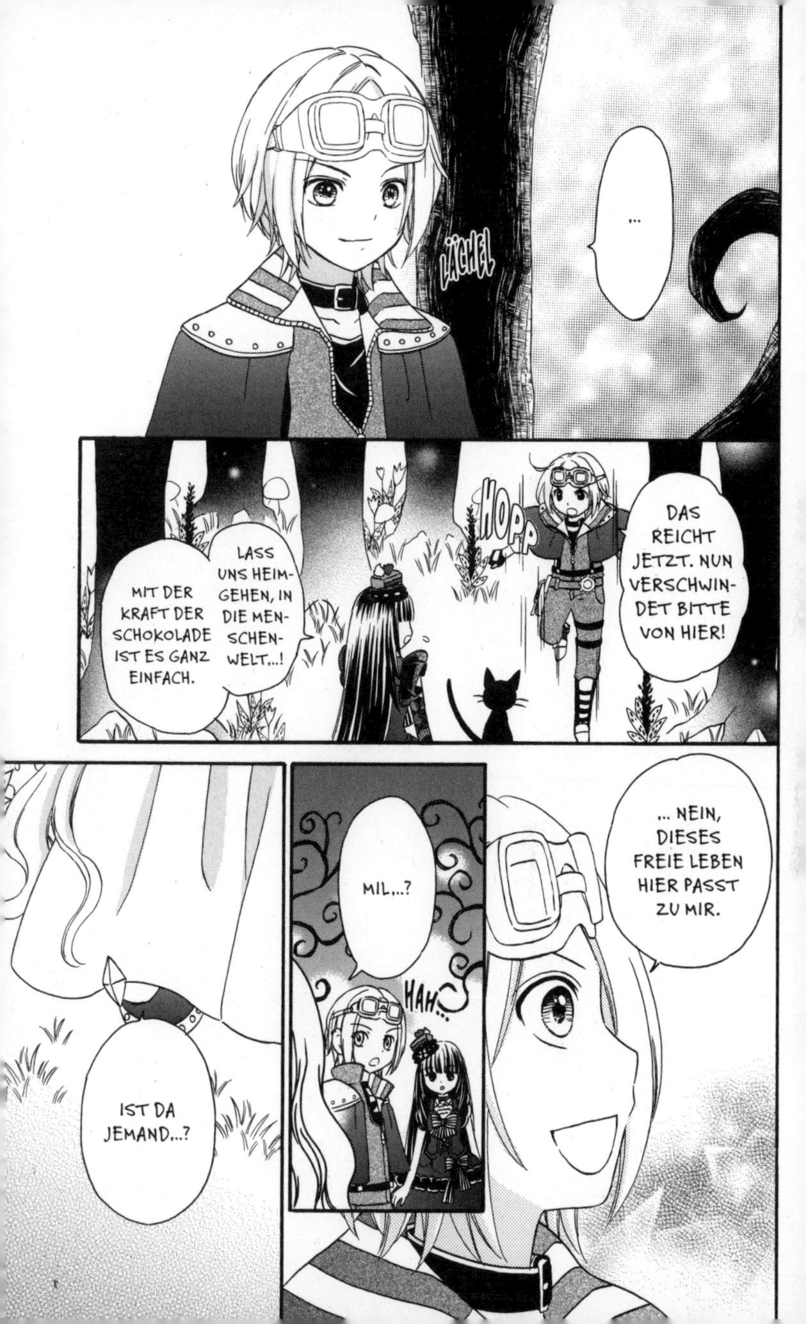
...
LÄCHEL
DAS REICHT JETZT. NUN VERSCHWINDET BITTE VON HIER!
HOPP
LASS UNS HEIMGEHEN, IN DIE MENSCHENWELT...!
MIT DER KRAFT DER SCHOKOLADE IST ES GANZ EINFACH.
... NEIN, DIESES FREIE LEBEN HIER PASST ZU MIR.
MIL...?
HAH?
IST DA JEMAND...?

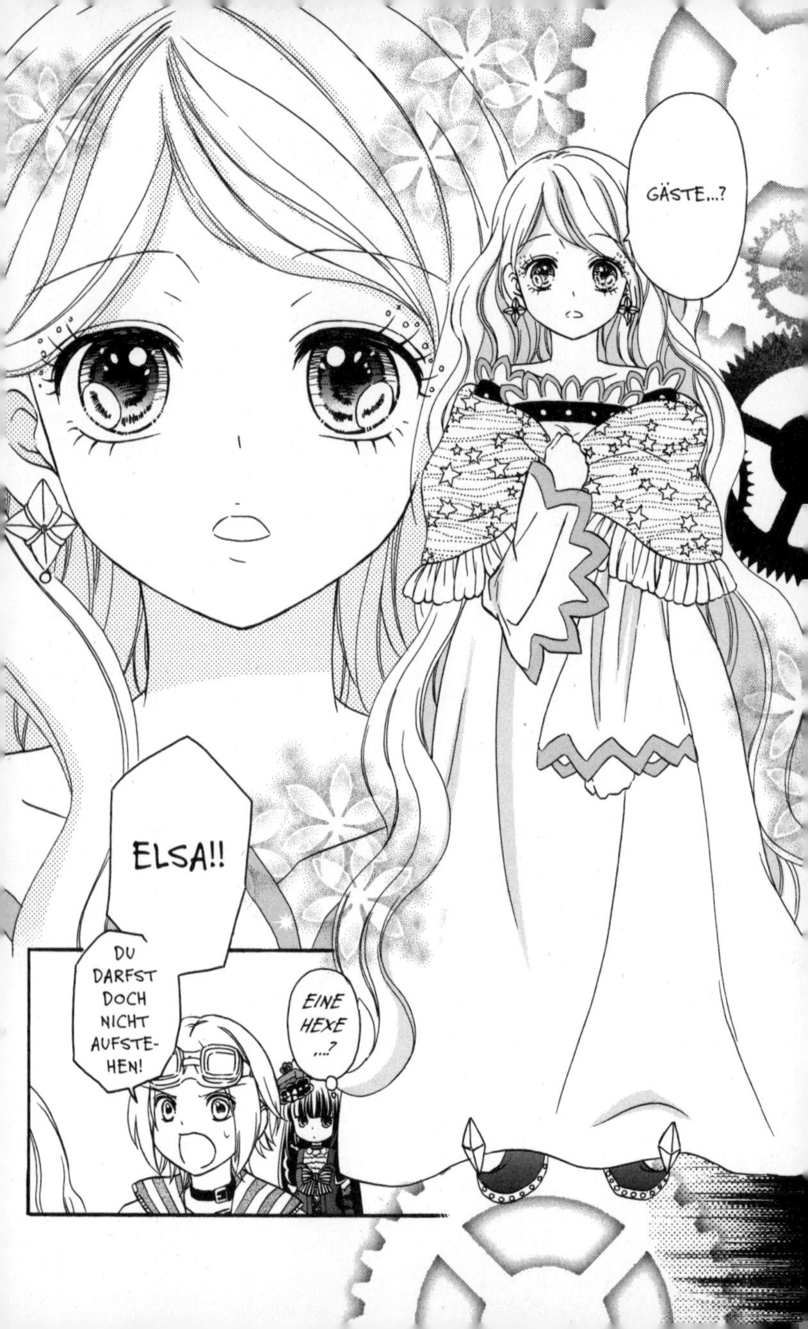
GÄSTE...?
ELSA!!
DU DARFST DOCH NICHT AUFSTE-HEN!
EINE HEXE ...?

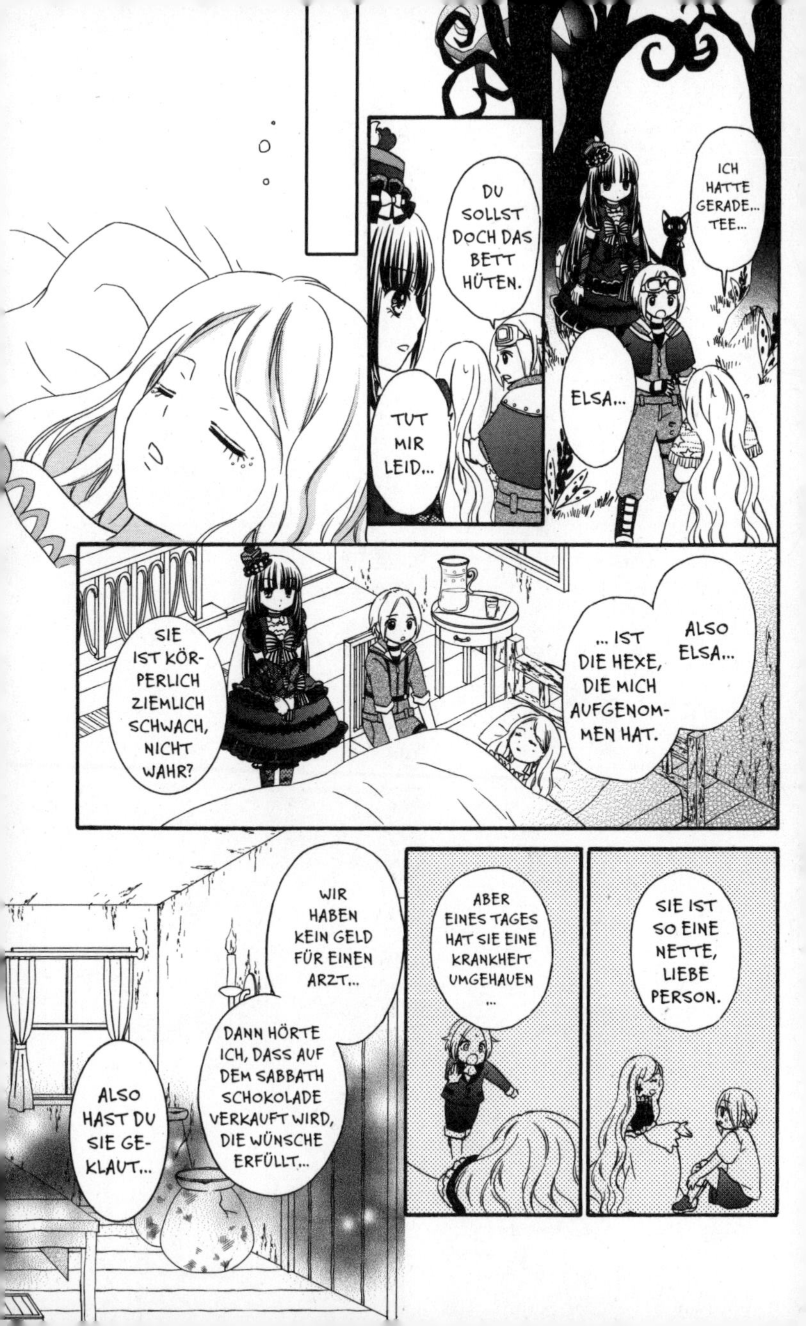

ICH HATTE GERADE... TEE...
ELSA...
DU SOLLST DOCH DAS BETT HÜTEN.
TUT MIR LEID...
ALSO ELSA...
... IST DIE HEXE, DIE MICH AUFGENOMMEN HAT.
SIE IST KÖRPERLICH ZIEMLICH SCHWACH, NICHT WAHR?
SIE IST SO EINE NETTE, LIEBE PERSON.
ABER EINES TAGES HAT SIE EINE KRANKHEIT UMGEHAUEN ...
WIR HABEN KEIN GELD FÜR EINEN ARZT...
DANN HÖRTE ICH, DASS AUF DEM SABBATH SCHOKOLADE VERKAUFT WIRD, DIE WÜNSCHE ERFÜLLT...
ALSO HAST DU SIE GEKLAUT...

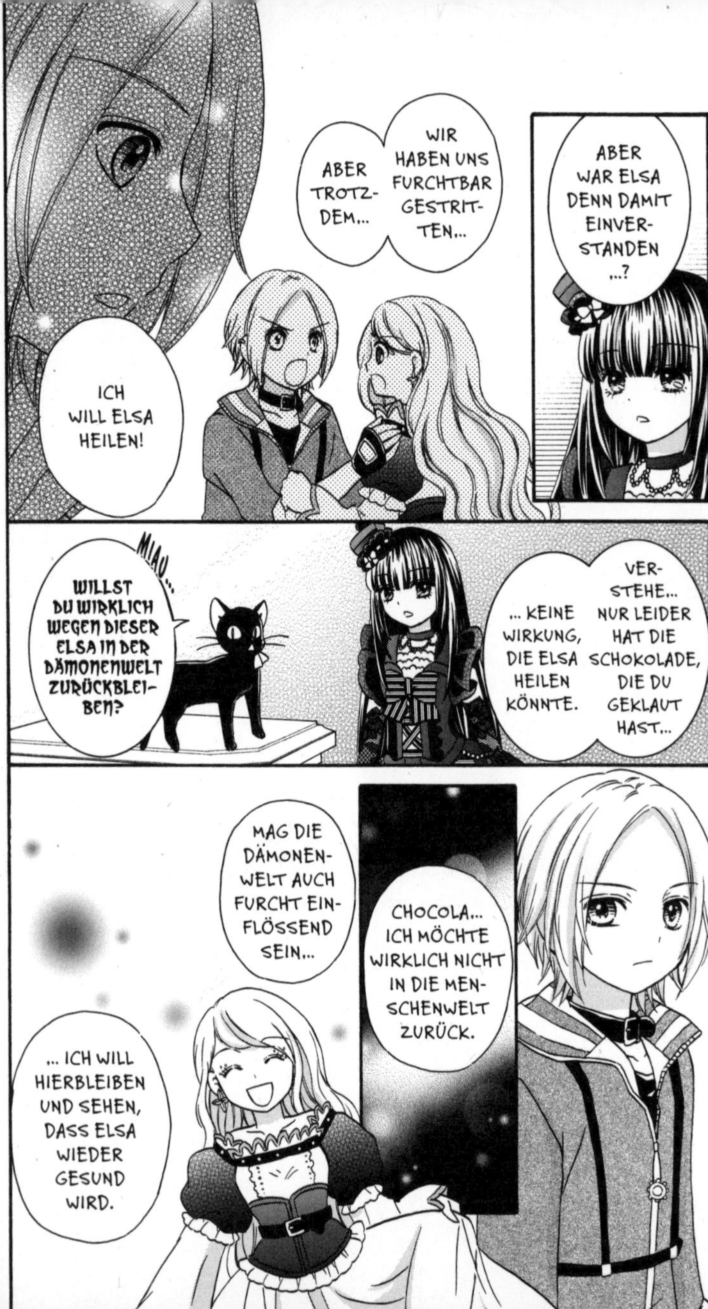
ABER WAR ELSA DENN DAMIT EINVER-STANDEN ...?
WIR HABEN UNS FURCHTBAR GESTRIT-TEN...
ABER TROTZ-DEM...
ICH WILL ELSA HEILEN!
VER-STEHE... NUR LEIDER HAT DIE SCHOKOLADE, DIE DU GEKLAUT HAST...
... KEINE WIRKUNG, DIE ELSA HEILEN KÖNNTE.
MIAU...
WILLST DU WIRKLICH WEGEN DIESER ELSA IN DER DÄMONENWELT ZURÜCKBLEI-BEN?
CHOCOLA... ICH MÖCHTE WIRKLICH NICHT IN DIE MEN-SCHENWELT ZURÜCK.
MAG DIE DÄMONEN-WELT AUCH FURCHT EIN-FLÖSSEND SEIN...
... ICH WILL HIERBLEIBEN UND SEHEN, DASS ELSA WIEDER GESUND WIRD.

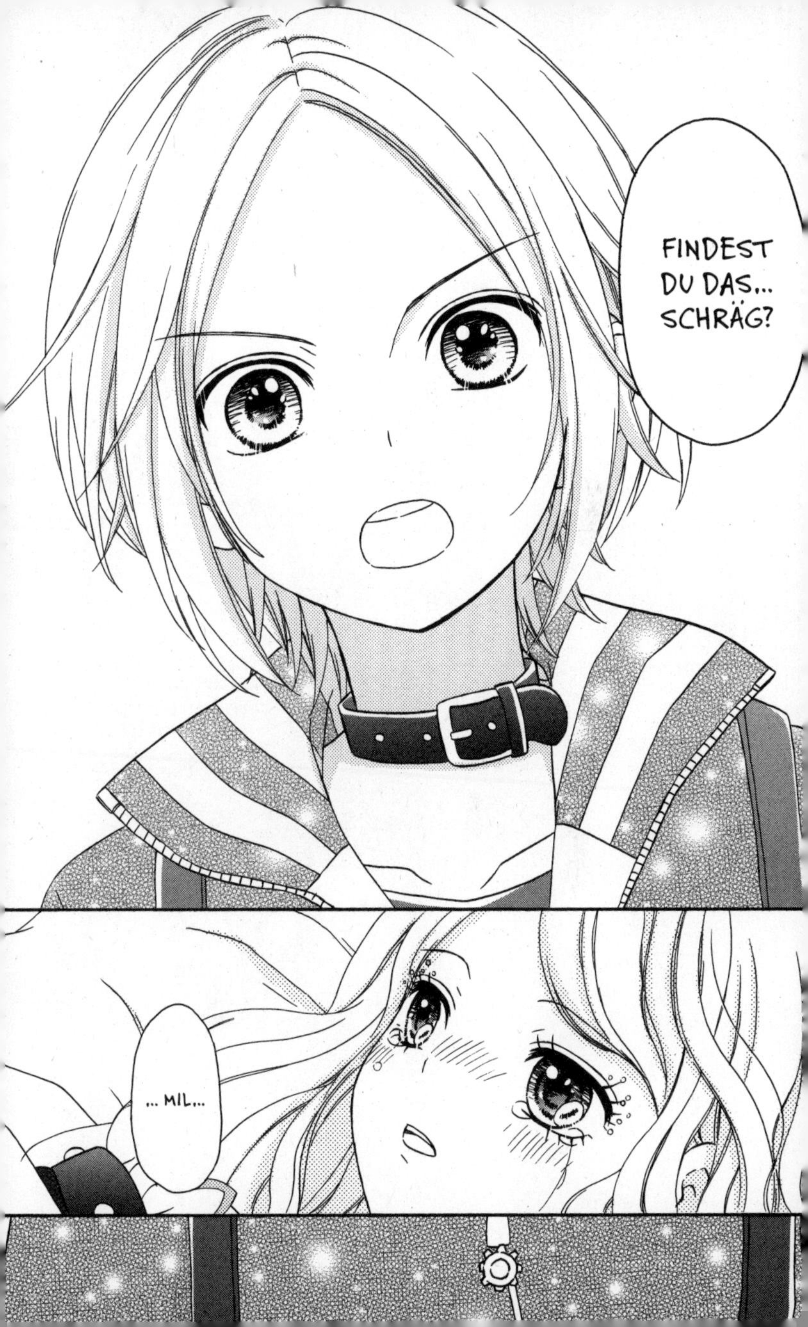

FINDEST DU DAS... SCHRÄG?
... MIL...

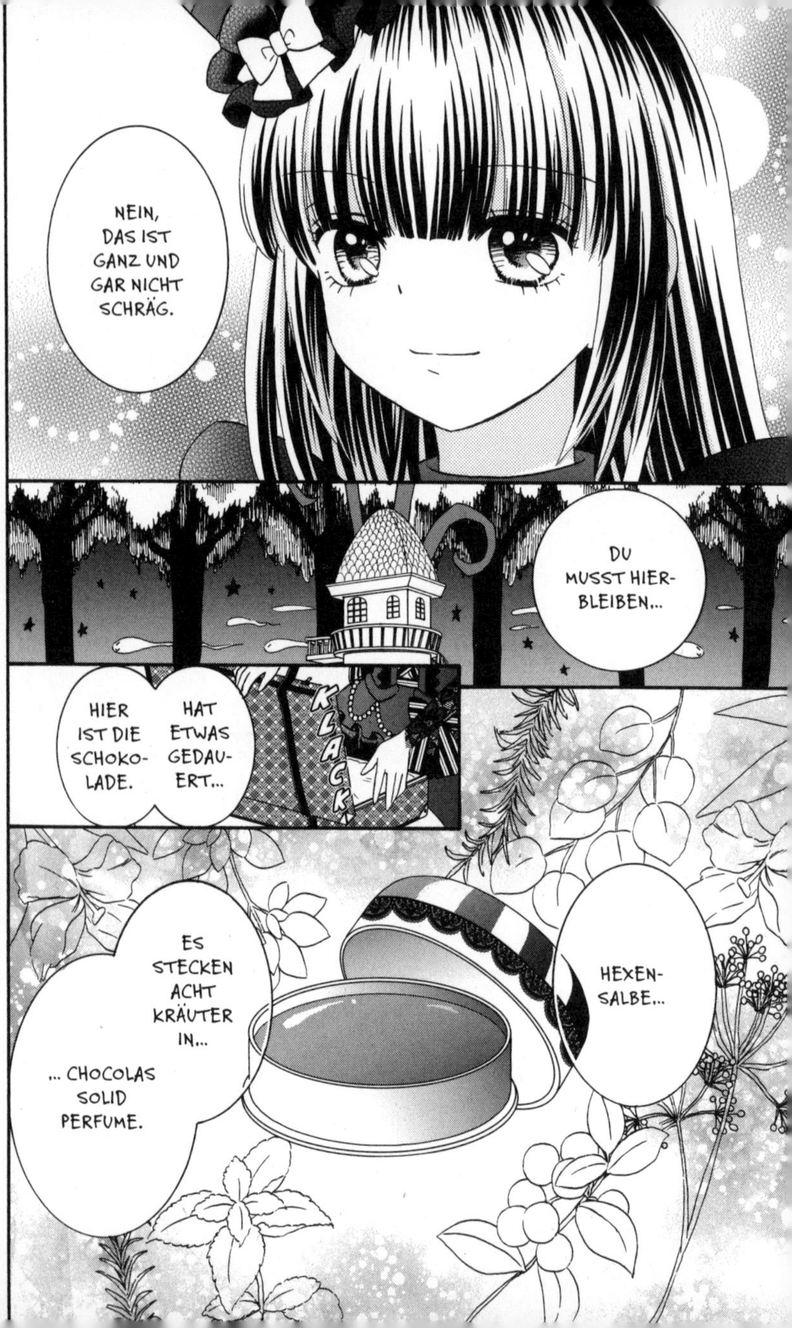
NEIN, DAS IST GANZ UND GAR NICHT SCHRÄG.
DU MUSST HIER-BLEIBEN...
HAT ETWAS GEDAU-ERT...
HIER IST DIE SCHOKO-LADE.
KLACK
HEXEN-SALBE...
ES STECKEN ACHT KRÄUTER IN...
... CHOCOLAS SOLID PERFUME.

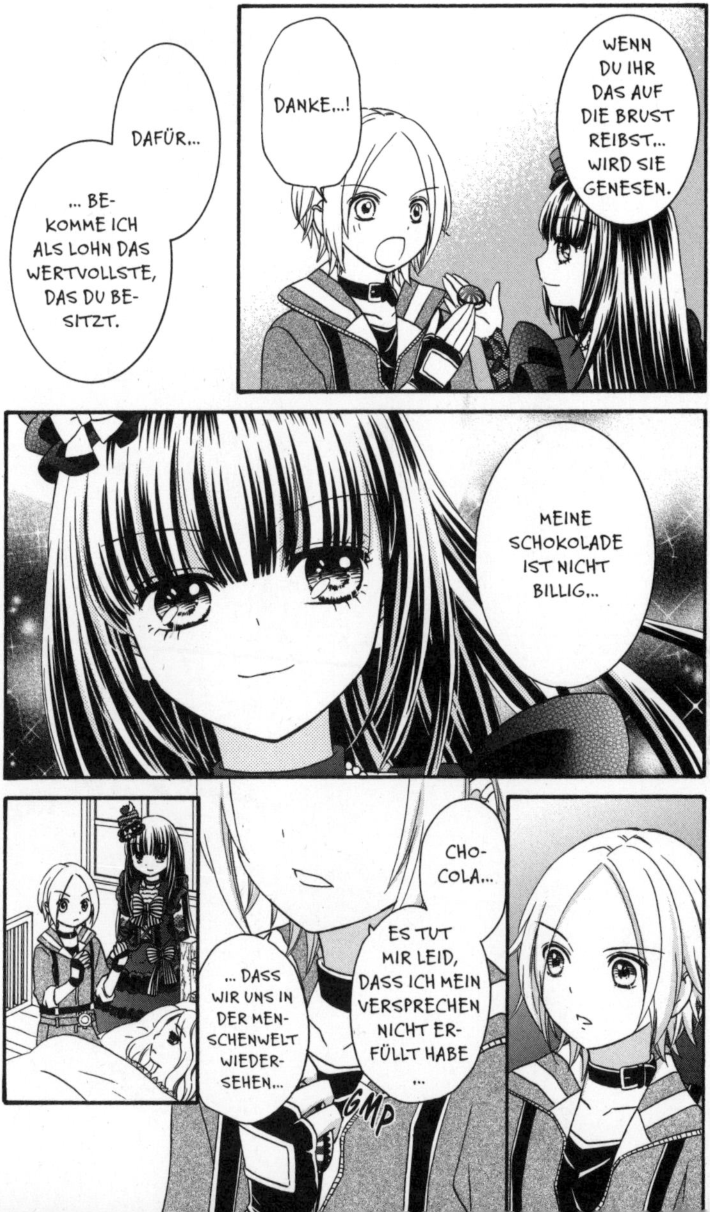
WENN DU IHR DAS AUF DIE BRUST REIBST... WIRD SIE GENESEN.
DANKE...!
DAFÜR...
... BE-KOMME ICH ALS LOHN DAS WERTVOLLSTE, DAS DU BE-SITZT.
MEINE SCHOKOLADE IST NICHT BILLIG...
CHO-COLA...
ES TUT MIR LEID, DASS ICH MEIN VERSPRECHEN NICHT ER-FÜLLT HABE ...
... DASS WIR UNS IN DER MEN-SCHENWELT WIEDER-SEHEN...
GMP

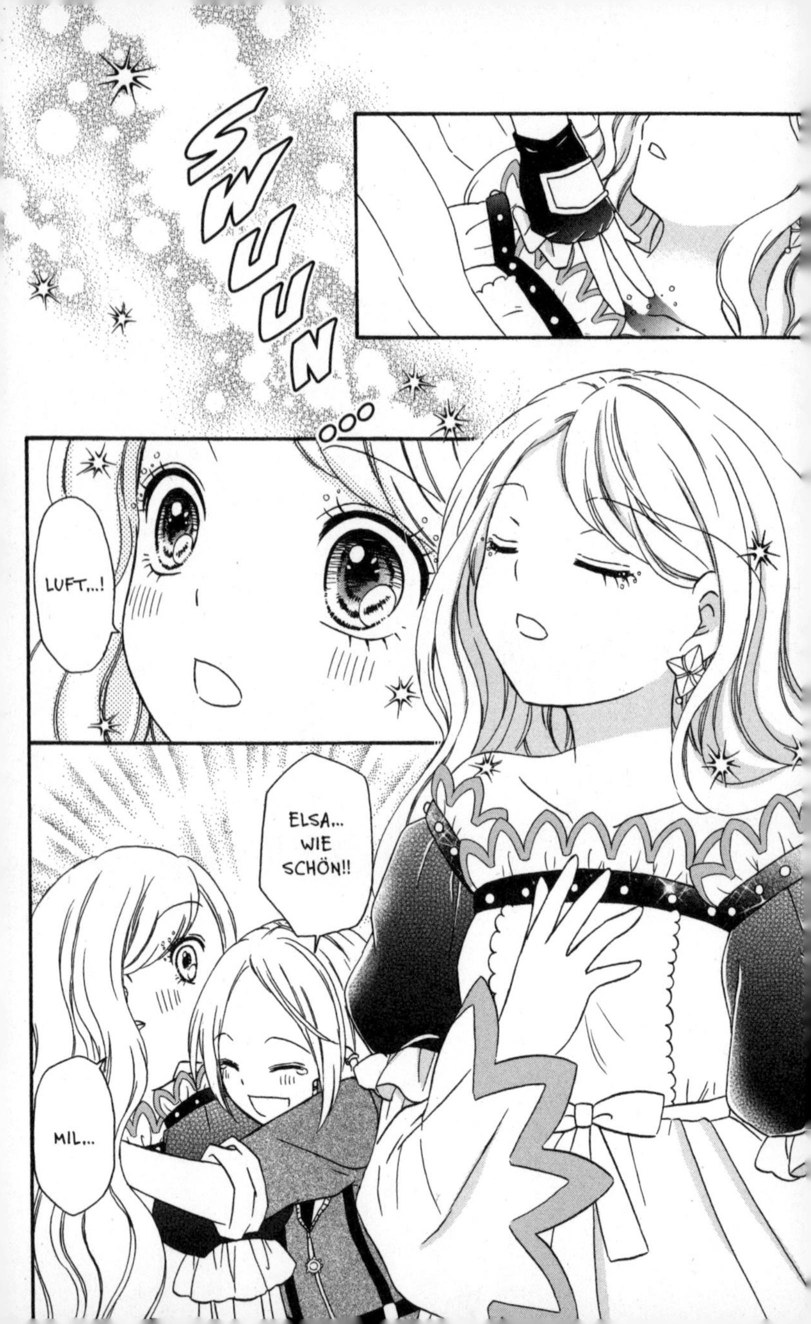
SWUUN
ooo
LUFT...!
ELSA... WIE SCHÖN!!
MIL...

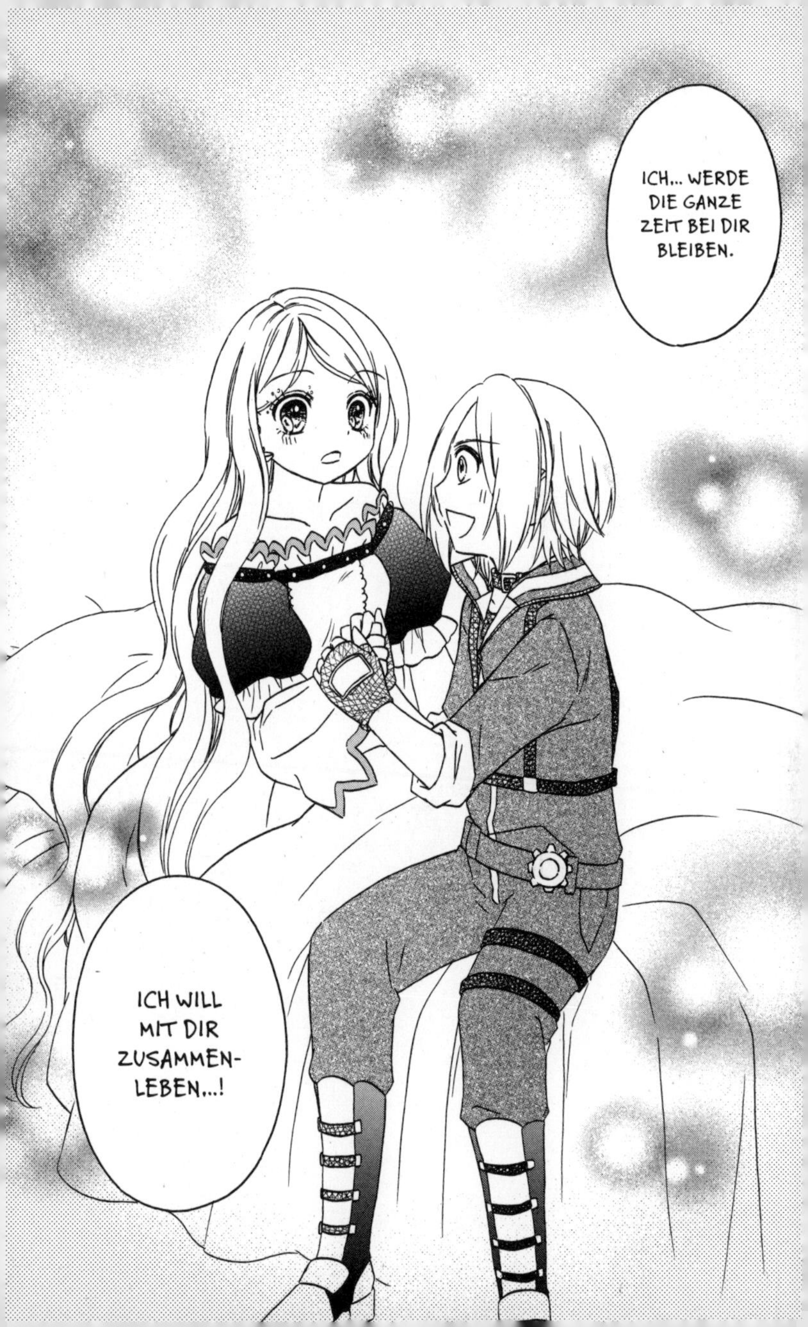
ICH... WERDE DIE GANZE ZEIT BEI DIR BLEIBEN.
ICH WILL MIT DIR ZUSAMMEN-LEBEN...!

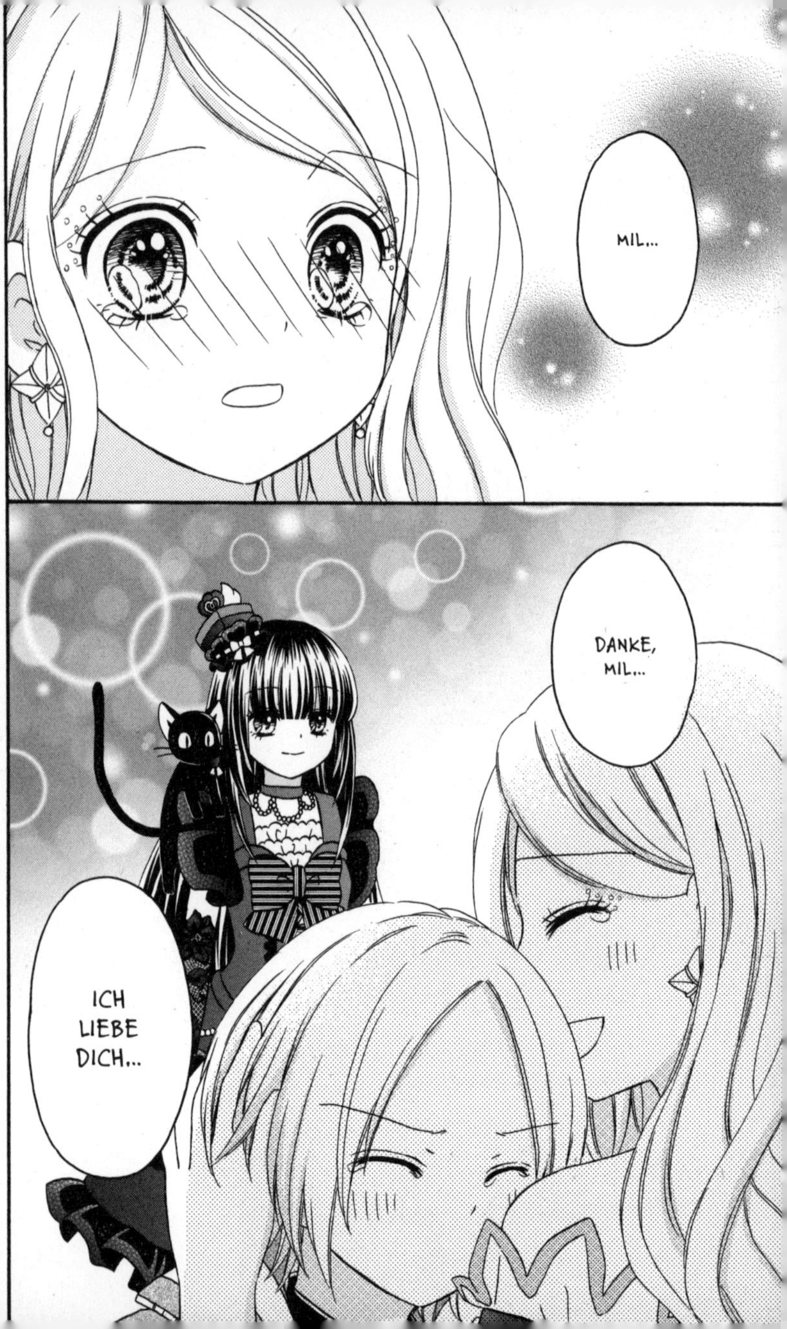
MIL...
DANKE, MIL...
ICH LIEBE DICH...

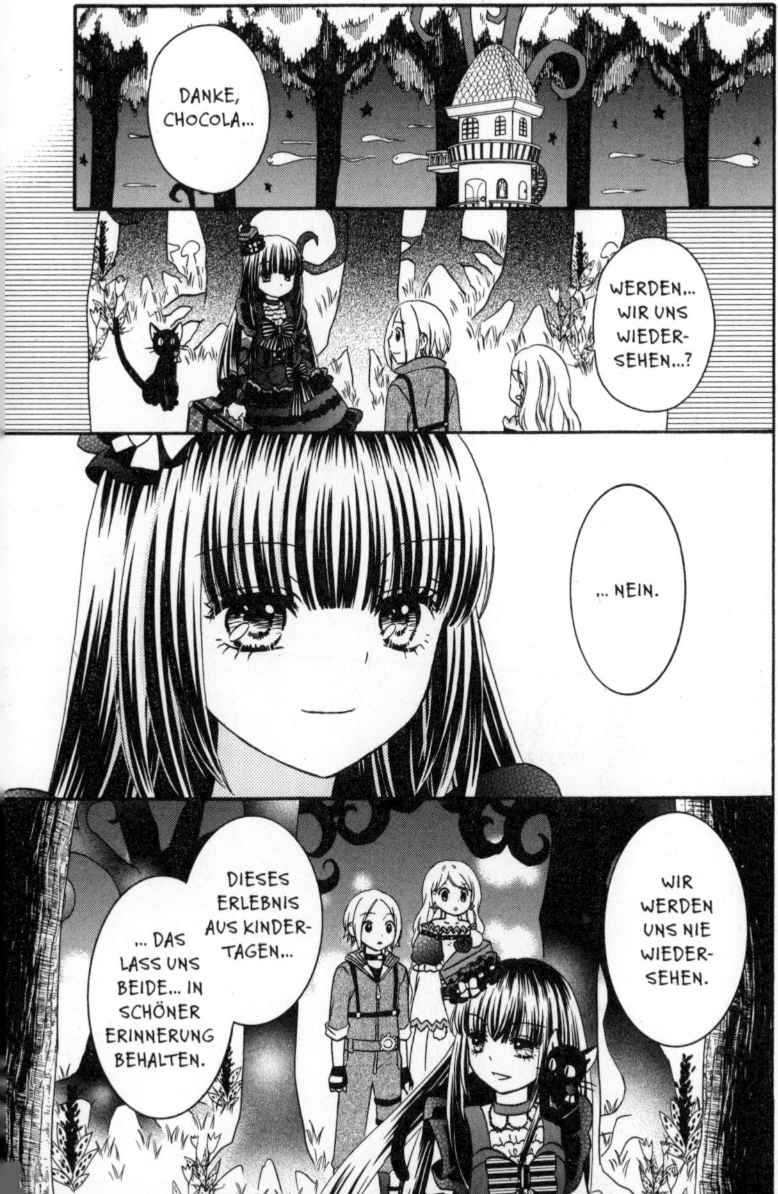
DANKE, CHOCOLA...
WERDEN... WIR UNS WIEDER-SEHEN...?
... NEIN.
WIR WERDEN UNS NIE WIEDER-SEHEN.
DIESES ERLEBNIS AUS KINDER-TAGEN...
... DAS LASS UNS BEIDE... IN SCHÖNER ERINNERUNG BEHALTEN.

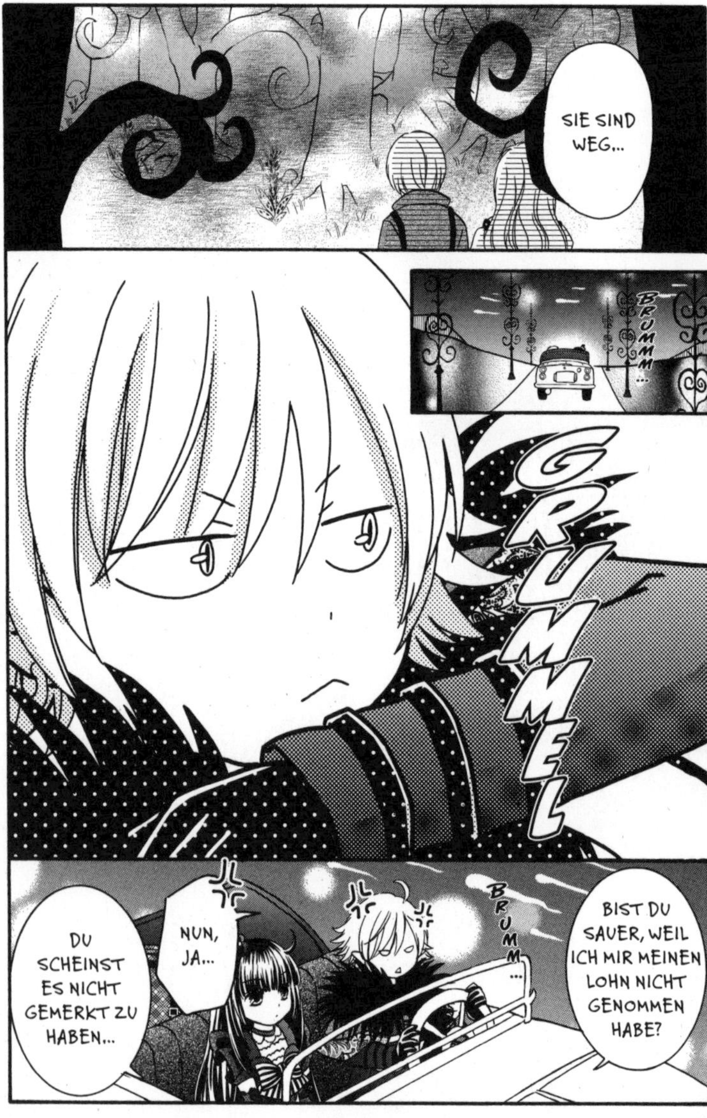
SIE SIND WEG...
BRUMMM...
GRUMMEL
BIST DU SAUER, WEIL ICH MIR MEINEN LOHN NICHT GENOMMEN HABE?
BRUMM...
NUN, JA...
DU SCHEINST ES NICHT GEMERKT ZU HABEN...

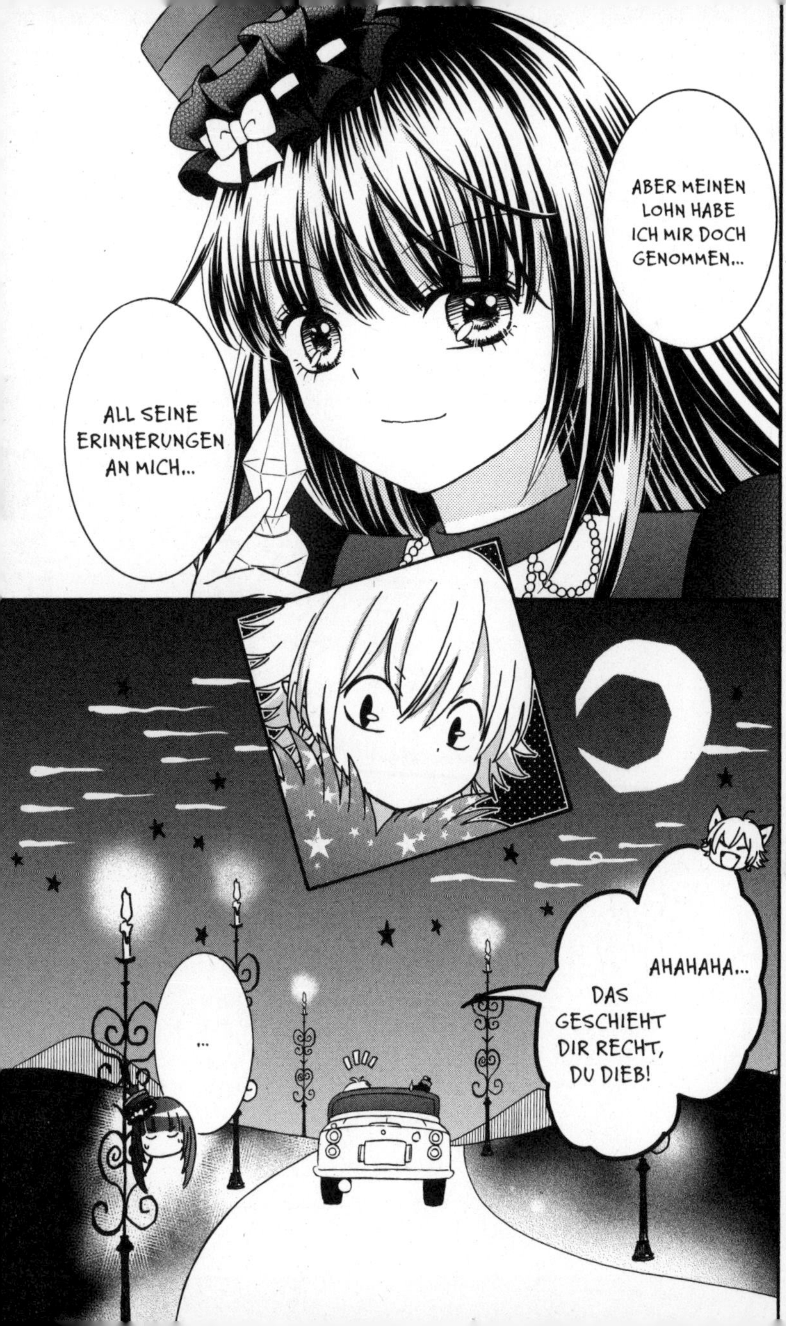
ABER MEINEN LOHN HABE ICH MIR DOCH GENOMMEN...
ALL SEINE ERINNERUNGEN AN MICH...
AHAHAHA... DAS GESCHIEHT DIR RECHT, DU DIEB!
...

## WILLKOMMEN BEI CHOCOLAT NOIR

# 4

ÜBER DIE SCHOKOLADE
IN DER GESCHICHTE

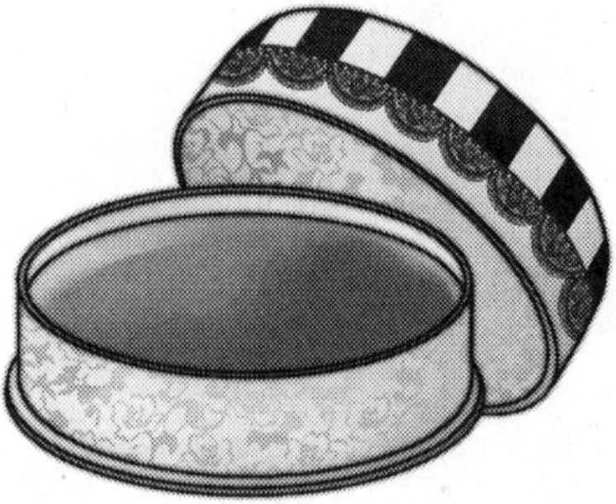

♦♦♦

# CHOCOLAS SOLID PERFUME

EIN PARFÜM ZUM EINREIBEN MIT SCHOKOLADENDUFT. OFT GIBT ES IN LÄDEN KOSMETIK IN GENAU SO SÜSSEN DÖSCHEN WIE DIE VON SÜSSIGKEITEN. DER ANBLICK ERFREUT MICH JEDES MAL. ICH HABE DAS DÖSCHEN SO GESTALTET, WIE ICH SELBER ES MIR WÜNSCHTE. DIES IST MEIN FAVORIT.

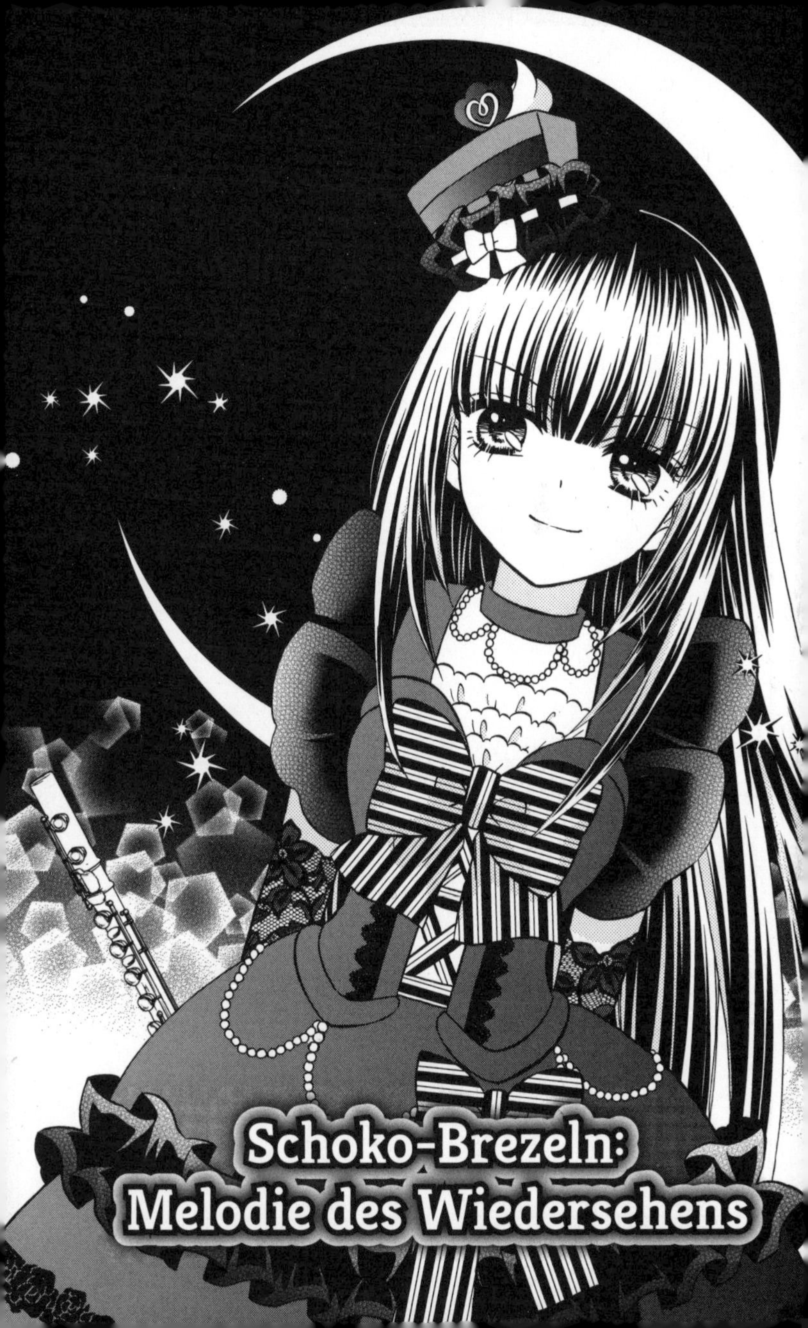
Schoko-Brezeln:
Melodie des Wiedersehens

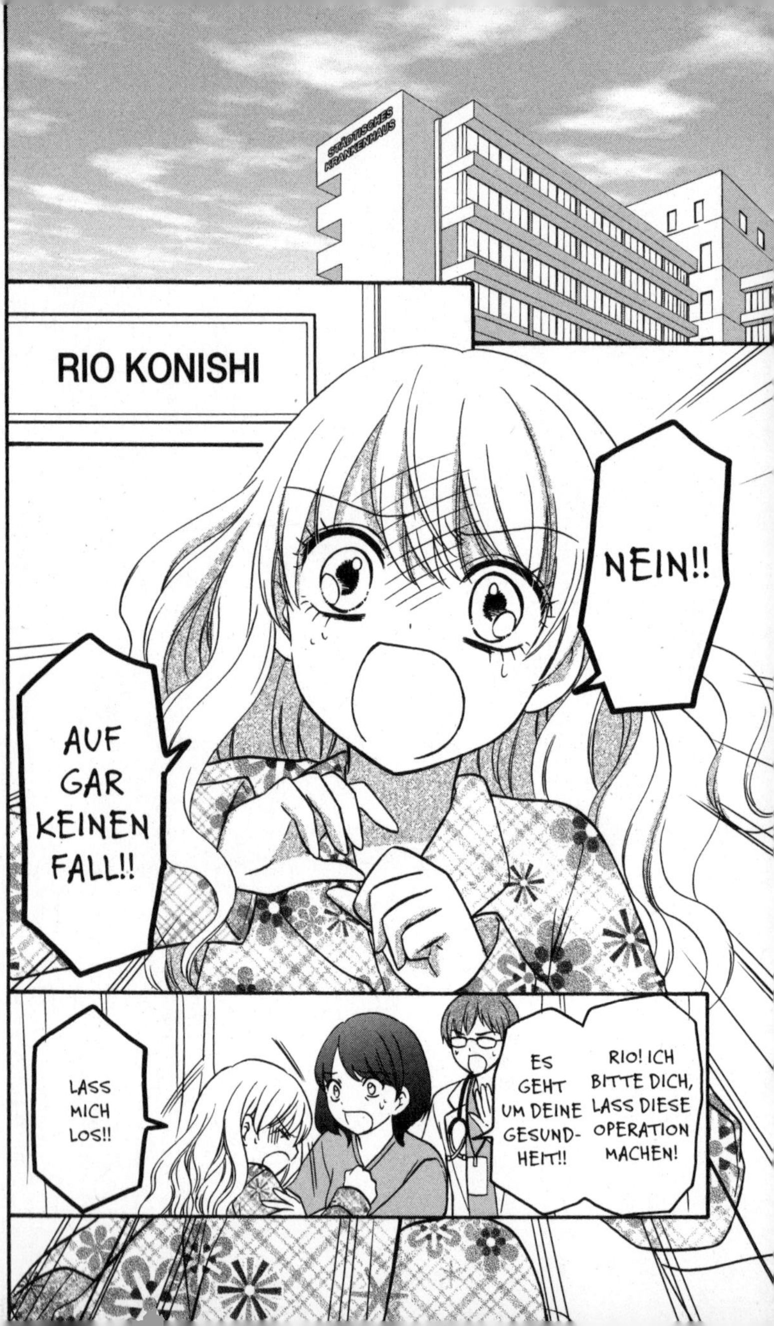
STÄDTISCHES KRANKENHAUS
RIO KONISHI
NEIN!!
AUF GAR KEINEN FALL!!
RIO! ICH BITTE DICH, LASS DIESE OPERATION MACHEN!
ES GEHT UM DEINE GESUNDHEIT!!
LASS MICH LOS!!

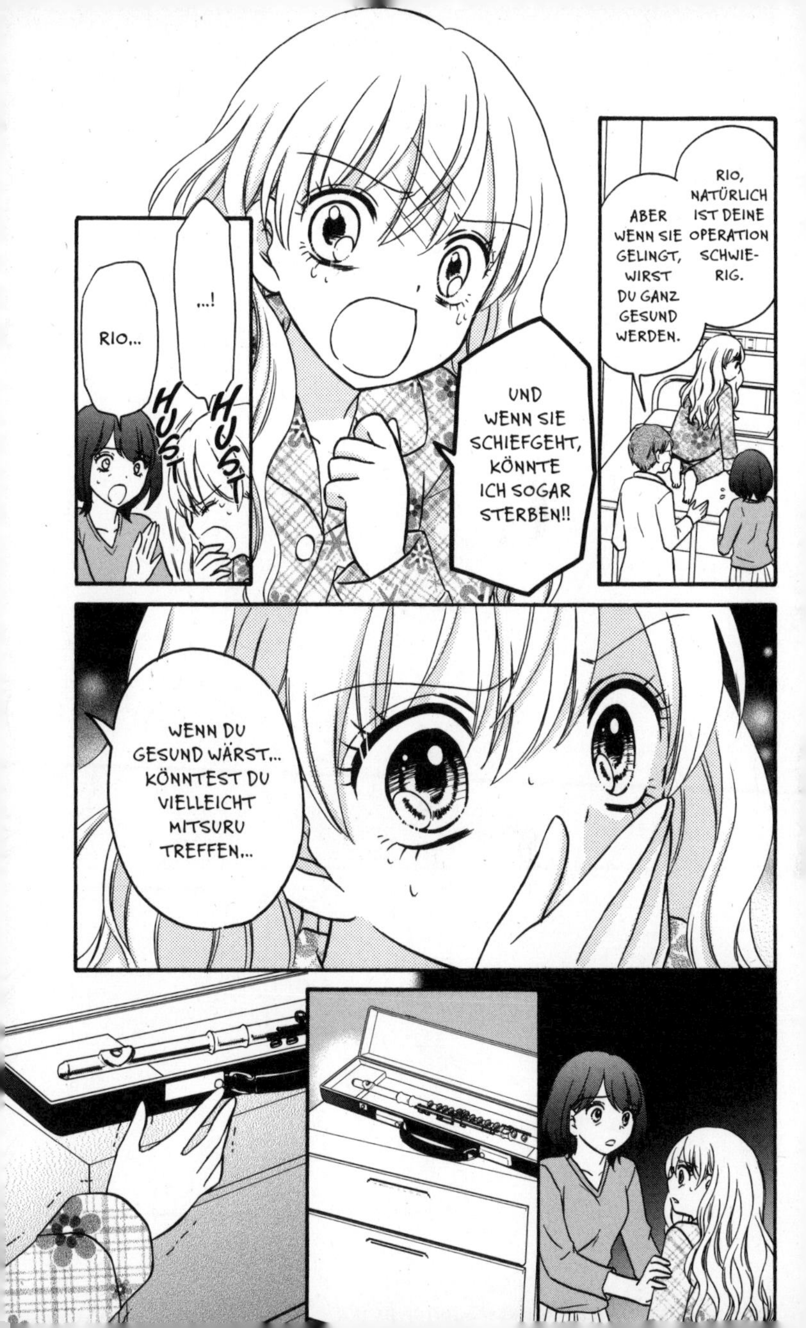
RIO, NATÜRLICH IST DEINE OPERATION SCHWIERIG.
ABER WENN SIE GELINGT, WIRST DU GANZ GESUND WERDEN.
UND WENN SIE SCHIEFGEHT, KÖNNTE ICH SOGAR STERBEN!!
...!
RIO...
HUST
HUST
WENN DU GESUND WÄRST... KÖNNTEST DU VIELLEICHT MITSURU TREFFEN...

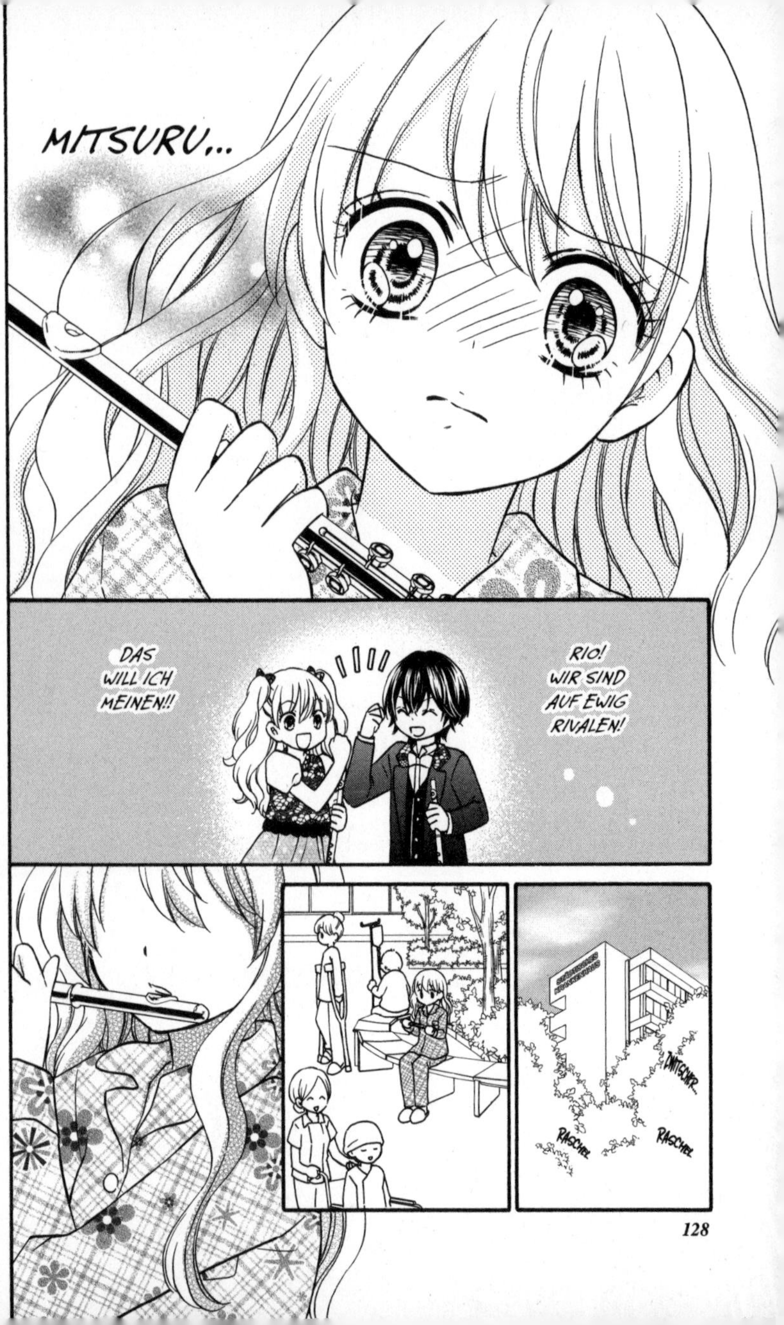
MITSURU...
RIO! WIR SIND AUF EWIG RIVALEN!
DAS WILL ICH MEINEN!!
STÄDTISCHES KRANKENHAUS
ZWITSCHR...
RASCHEL
RASCHEL

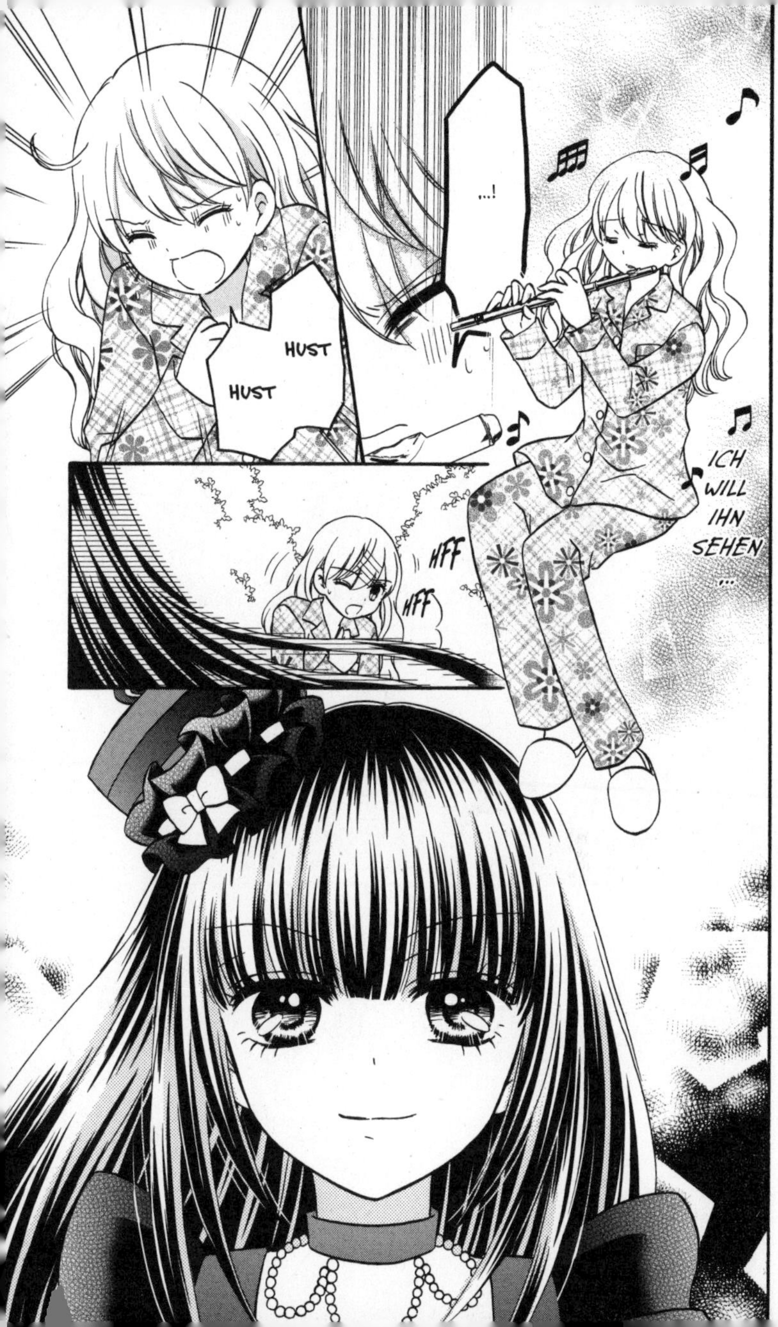
...!
HUST
HUST
ICH WILL IHN SEHEN ...
HFF
HFF

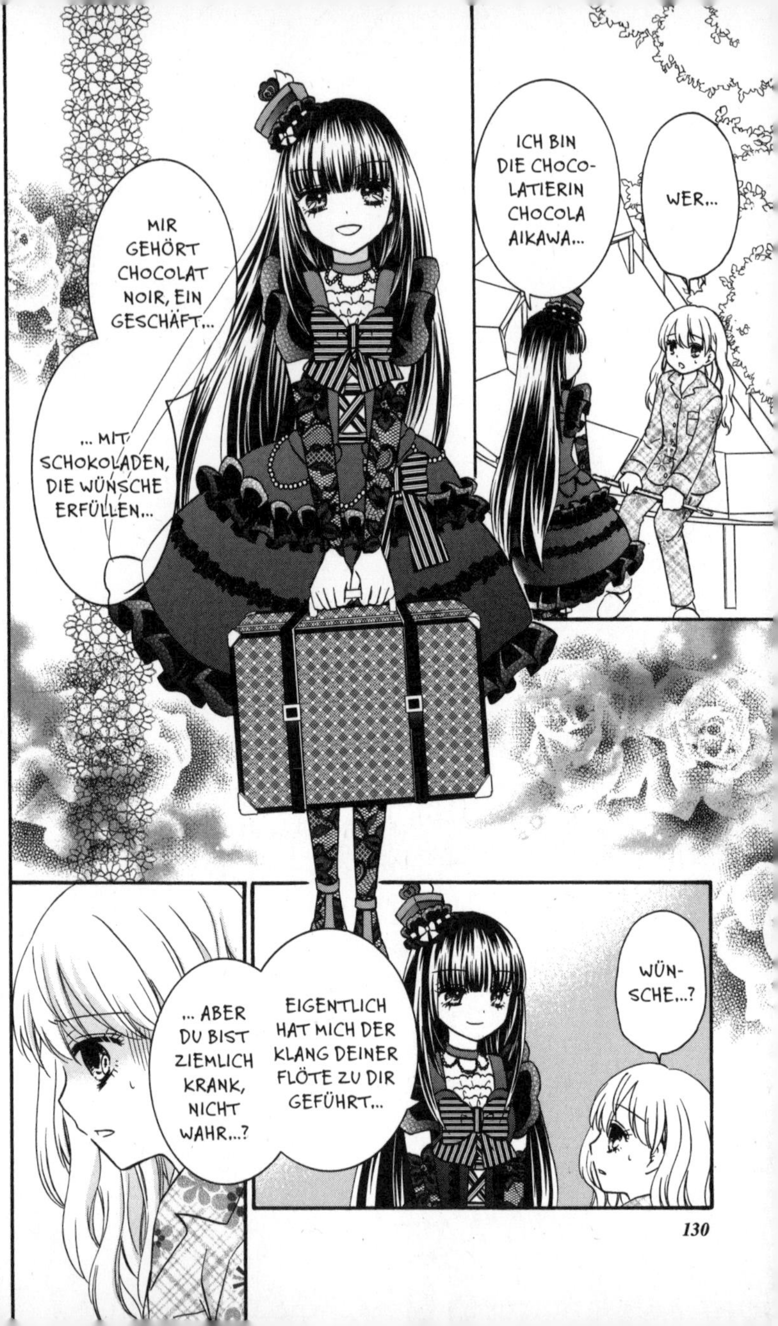
WER...
ICH BIN DIE CHOCO-LATIERIN CHOCOLA AIKAWA...
MIR GEHÖRT CHOCOLAT NOIR, EIN GESCHÄFT...
... MIT SCHOKOLADEN, DIE WÜNSCHE ERFÜLLEN...
WÜN-SCHE...?
EIGENTLICH HAT MICH DER KLANG DEINER FLÖTE ZU DIR GEFÜHRT...
... ABER DU BIST ZIEMLICH KRANK, NICHT WAHR...?

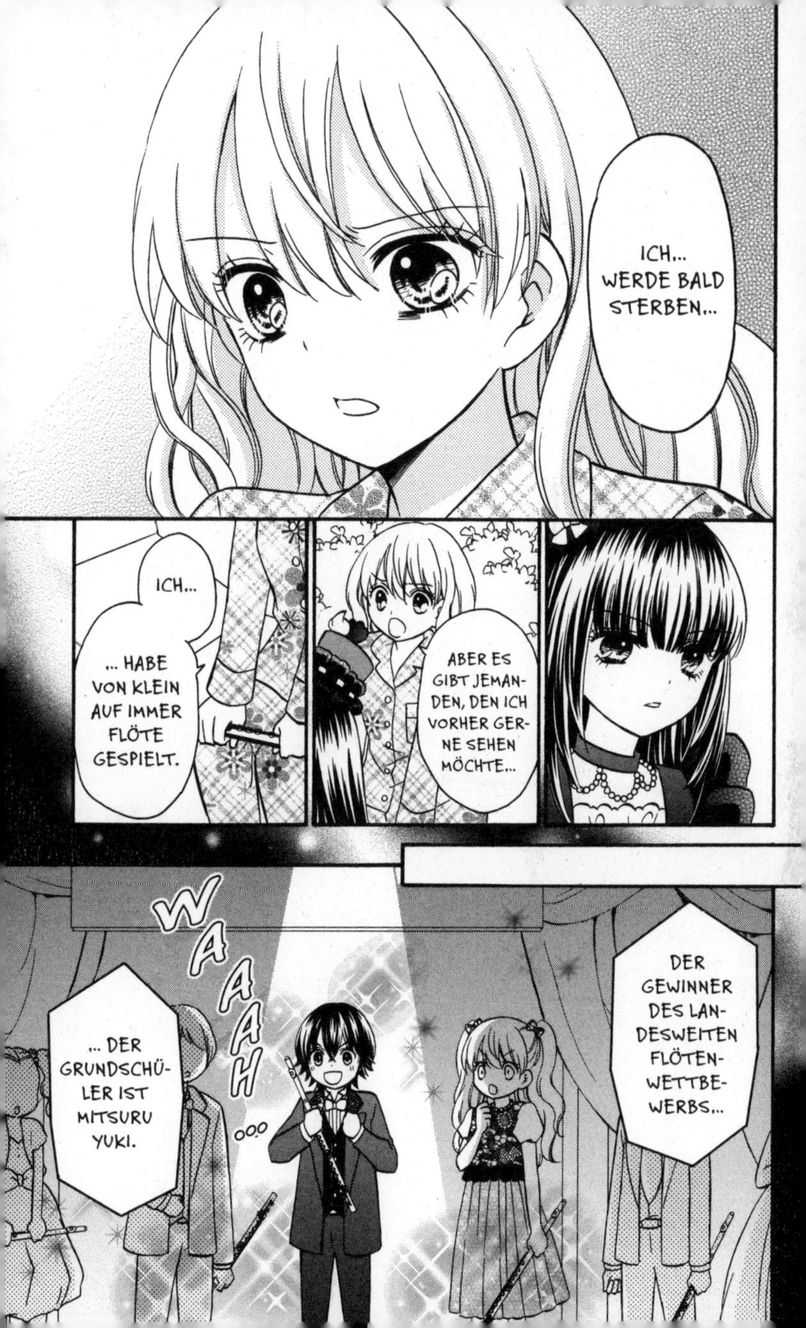
ICH... WERDE BALD STERBEN...
ABER ES GIBT JEMANDEN, DEN ICH VORHER GERNE SEHEN MÖCHTE...
ICH...
... HABE VON KLEIN AUF IMMER FLÖTE GESPIELT.
DER GEWINNER DES LANDESWEITEN FLÖTENWETTBEWERBS...
WAAAH
OOO
... DER GRUNDSCHÜLER IST MITSURU YUKI.

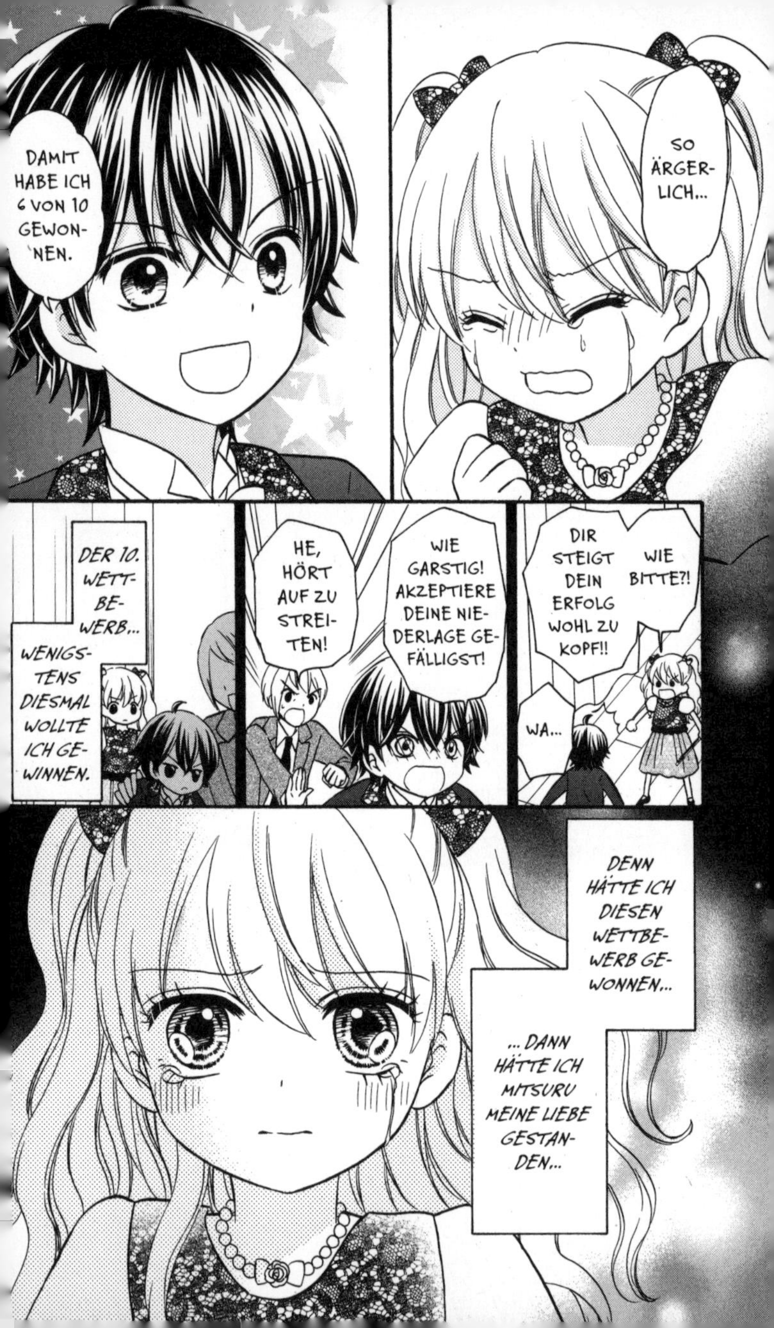

SO ÄRGER-LICH...
DAMIT HABE ICH 6 VON 10 GEWON-NEN.
WIE BITTE?!
DIR STEIGT DEIN ERFOLG WOHL ZU KOPF!!
WA...
WIE GARSTIG! AKZEPTIERE DEINE NIE-DERLAGE GE-FÄLLIGST!
HE, HÖRT AUF ZU STREI-TEN!
DER 10. WETT-BE-WERB...
WENIGS-TENS DIESMAL WOLLTE ICH GE-WINNEN.
DENN HÄTTE ICH DIESEN WETTBE-WERB GE-WONNEN...
... DANN HÄTTE ICH MITSURU MEINE LIEBE GESTAN-DEN...

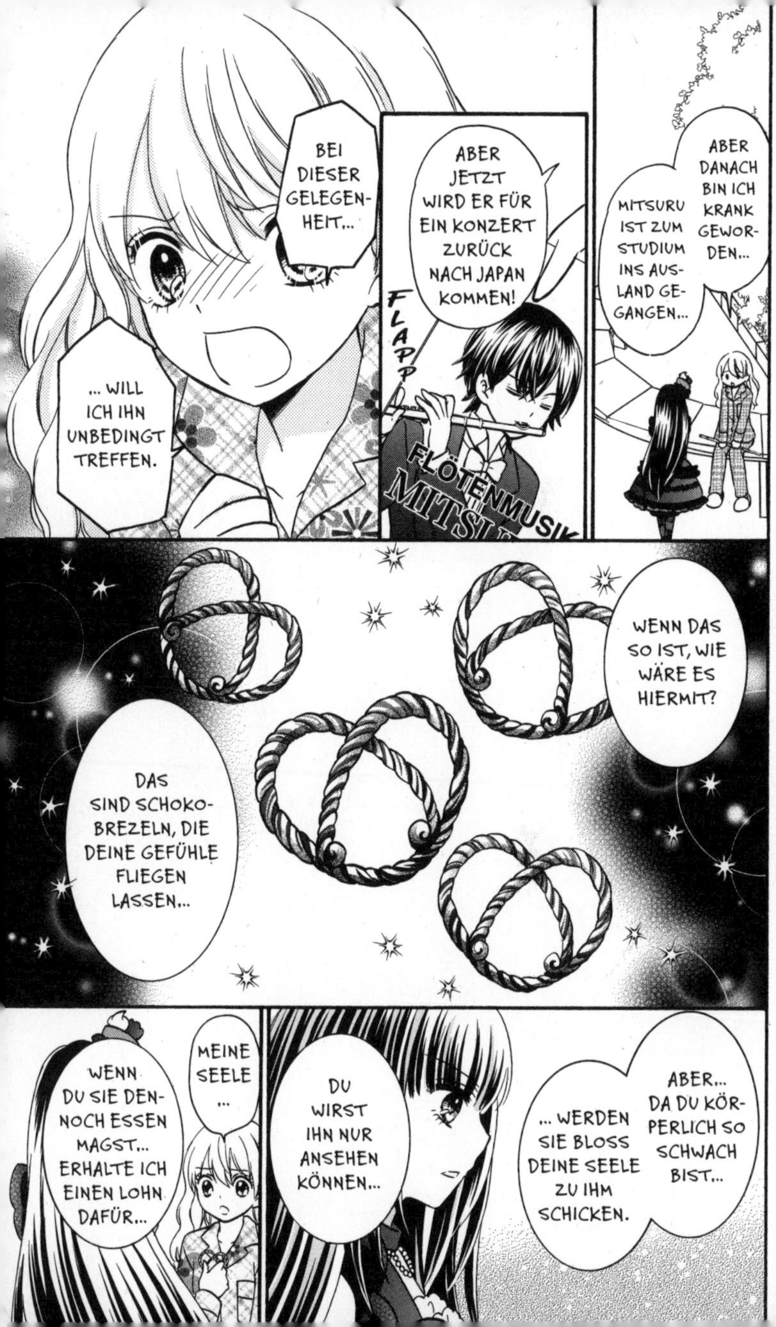
MITSURU IST ZUM STUDIUM INS AUSLAND GEGANGEN...
ABER DANACH BIN ICH KRANK GEWORDEN...
ABER JETZT WIRD ER FÜR EIN KONZERT ZURÜCK NACH JAPAN KOMMEN!
FLAPP
FLÖTENMUSIK
BEI DIESER GELEGENHEIT...
... WILL ICH IHN UNBEDINGT TREFFEN.
WENN DAS SO IST, WIE WÄRE ES HIERMIT?
DAS SIND SCHOKOBREZELN, DIE DEINE GEFÜHLE FLIEGEN LASSEN...
ABER... DA DU KÖRPERLICH SO SCHWACH BIST...
... WERDEN SIE BLOSS DEINE SEELE ZU IHM SCHICKEN.
DU WIRST IHN NUR ANSEHEN KÖNNEN...
MEINE SEELE ...
WENN DU SIE DENNOCH ESSEN MAGST... ERHALTE ICH EINEN LOHN DAFÜR...

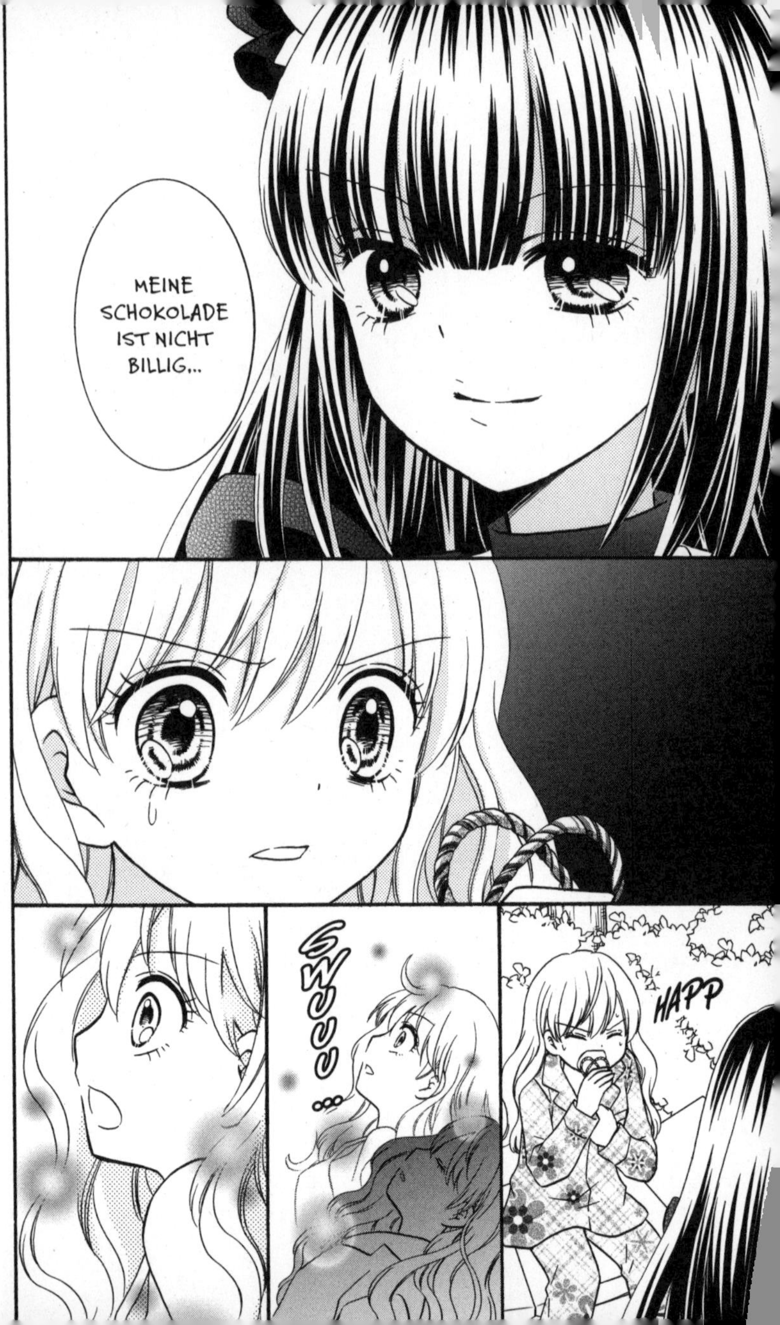

MEINE SCHOKOLADE IST NICHT BILLIG...
SWUUU ...
HAPP

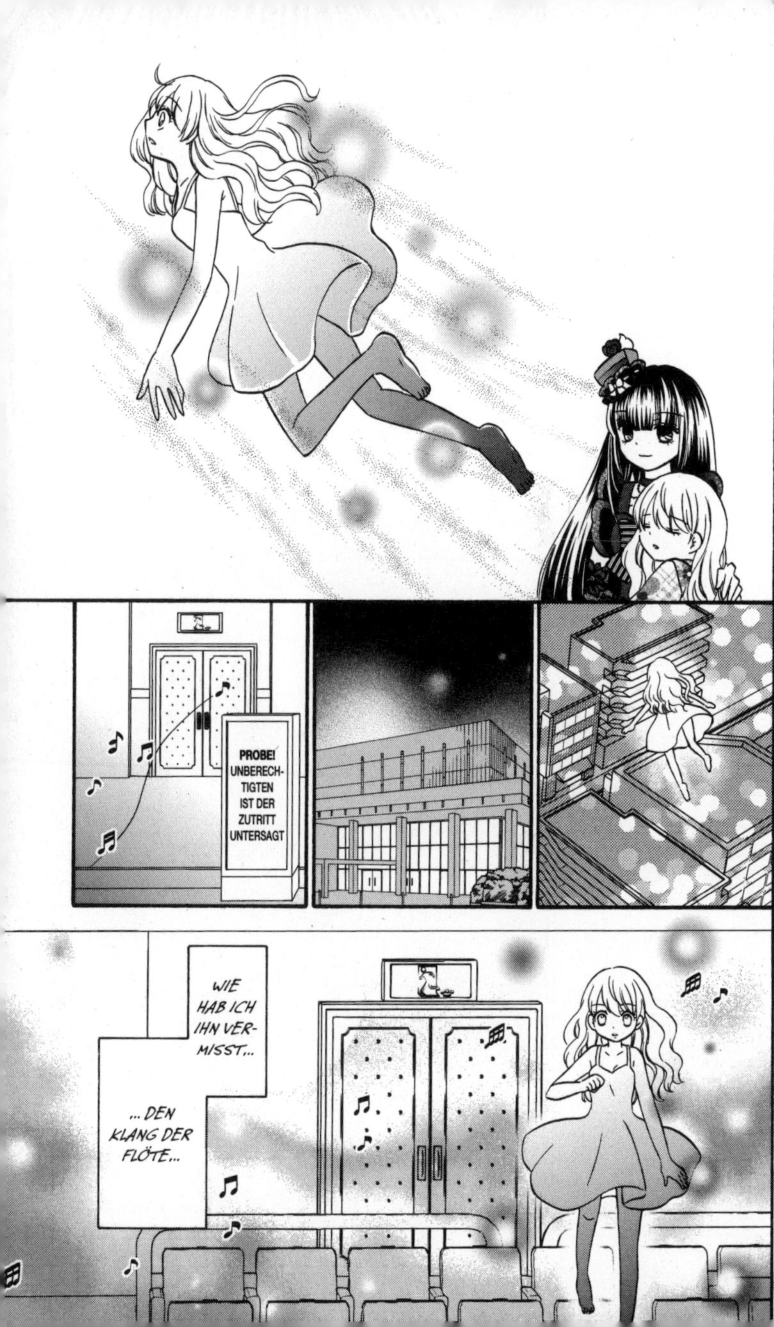
PROBE! UNBERECHTIGTEN IST DER ZUTRITT UNTERSAGT
WIE HAB ICH IHN VERMISST...
...DEN KLANG DER FLÖTE...

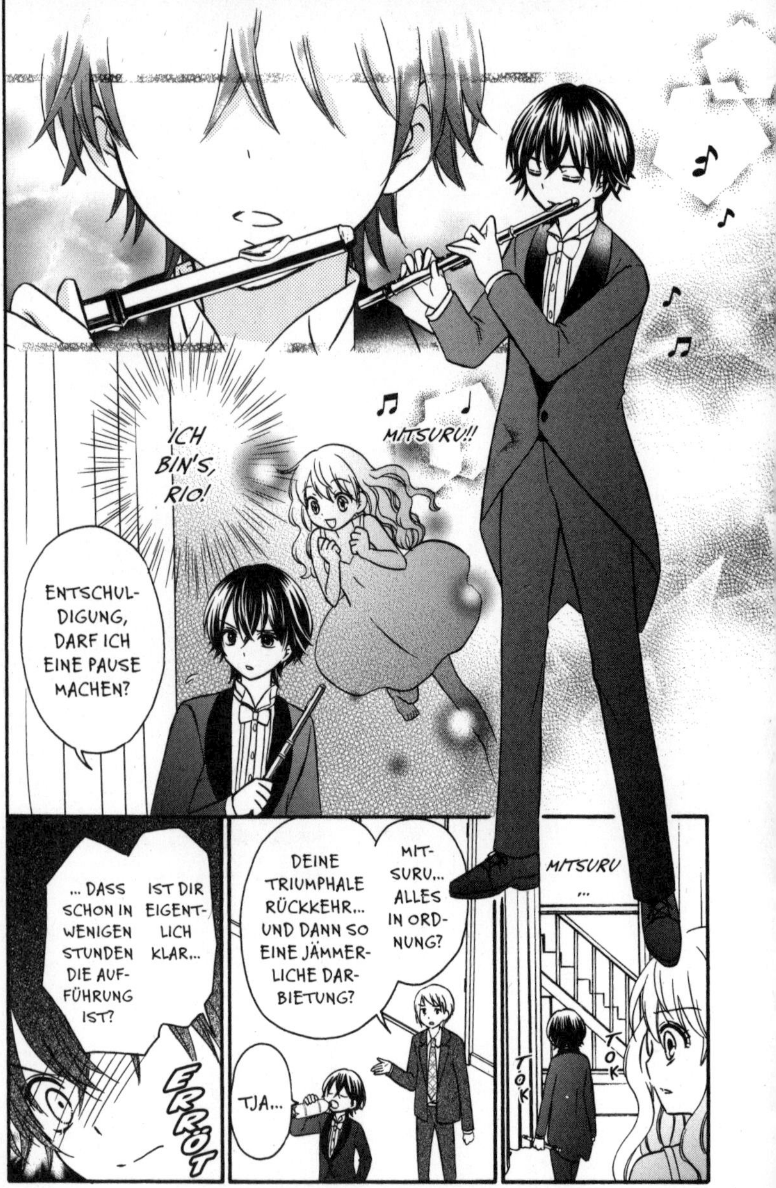
MITSURU!!
ICH BIN'S, RIO!
ENTSCHULDIGUNG, DARF ICH EINE PAUSE MACHEN?
MITSURU ...
TOK TOK
MITSURU... ALLES IN ORDNUNG?
DEINE TRIUMPHALE RÜCKKEHR... UND DANN SO EINE JÄMMERLICHE DARBIETUNG?
TJA...
IST DIR EIGENTLICH KLAR...
... DASS SCHON IN WENIGEN STUNDEN DIE AUFFÜHRUNG IST?
ERRÖT

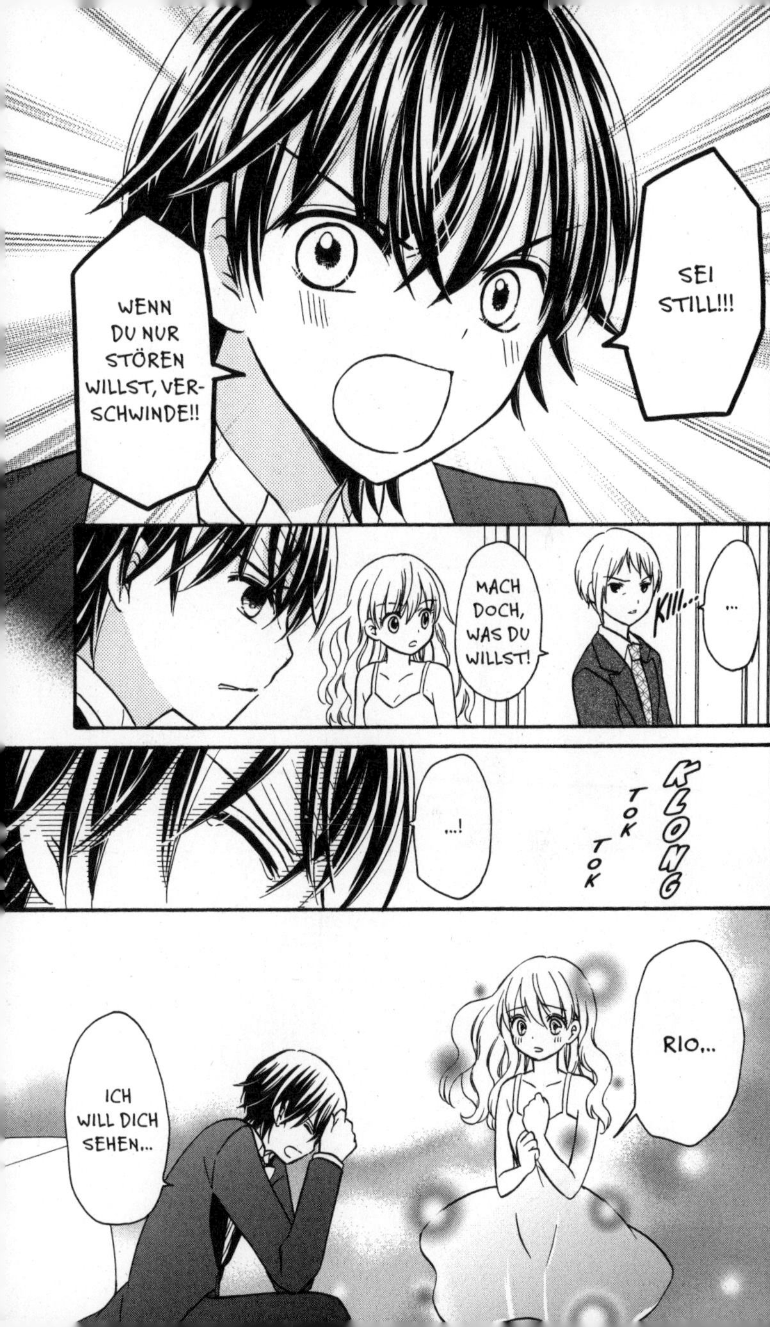
SEI STILL!!!
WENN DU NUR STÖREN WILLST, VERSCHWINDE!!
...
KIII...
MACH DOCH, WAS DU WILLST!
KLONG
TOK TOK
...!
RIO,...
ICH WILL DICH SEHEN...

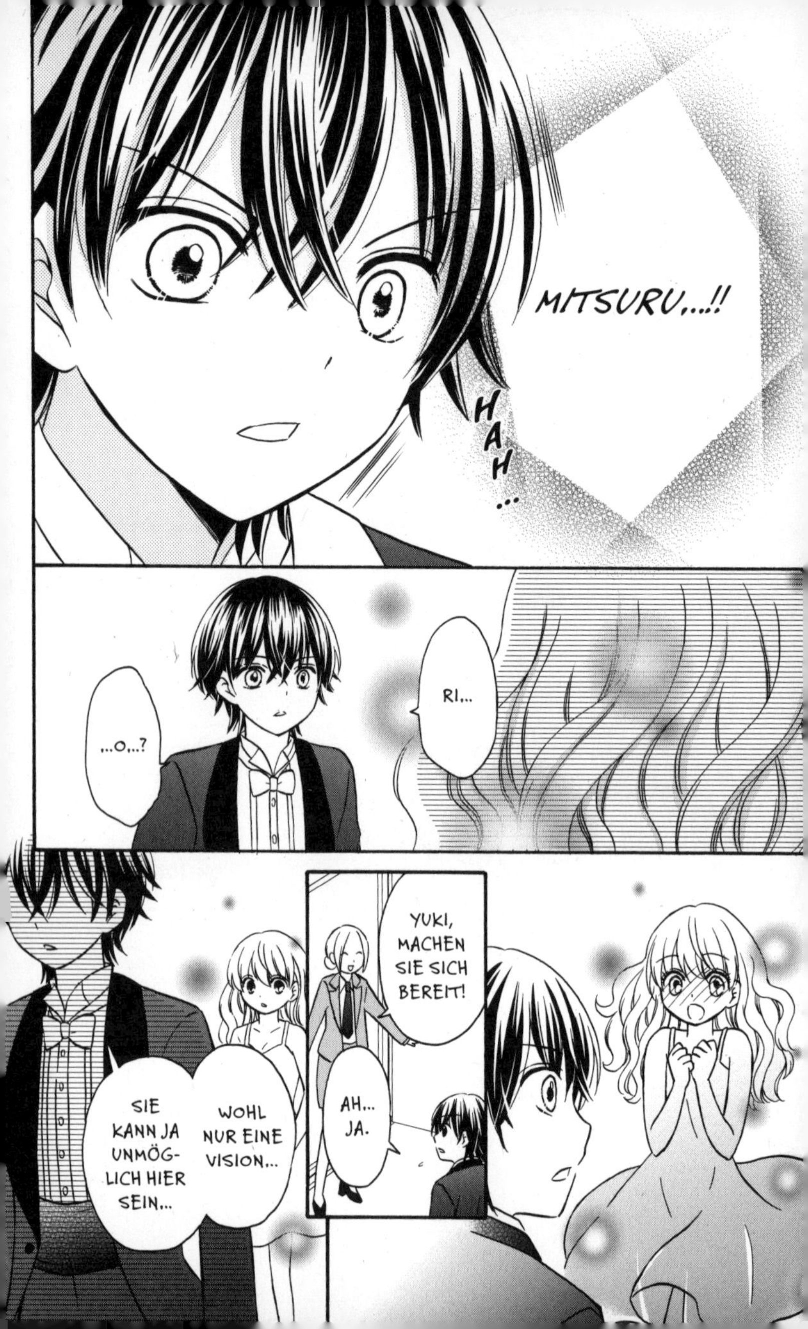
MITSURU...!!
HAH...
RI...
...O...?
YUKI, MACHEN SIE SICH BEREIT!
AH... JA.
WOHL NUR EINE VISION...
SIE KANN JA UNMÖG-LICH HIER SEIN...

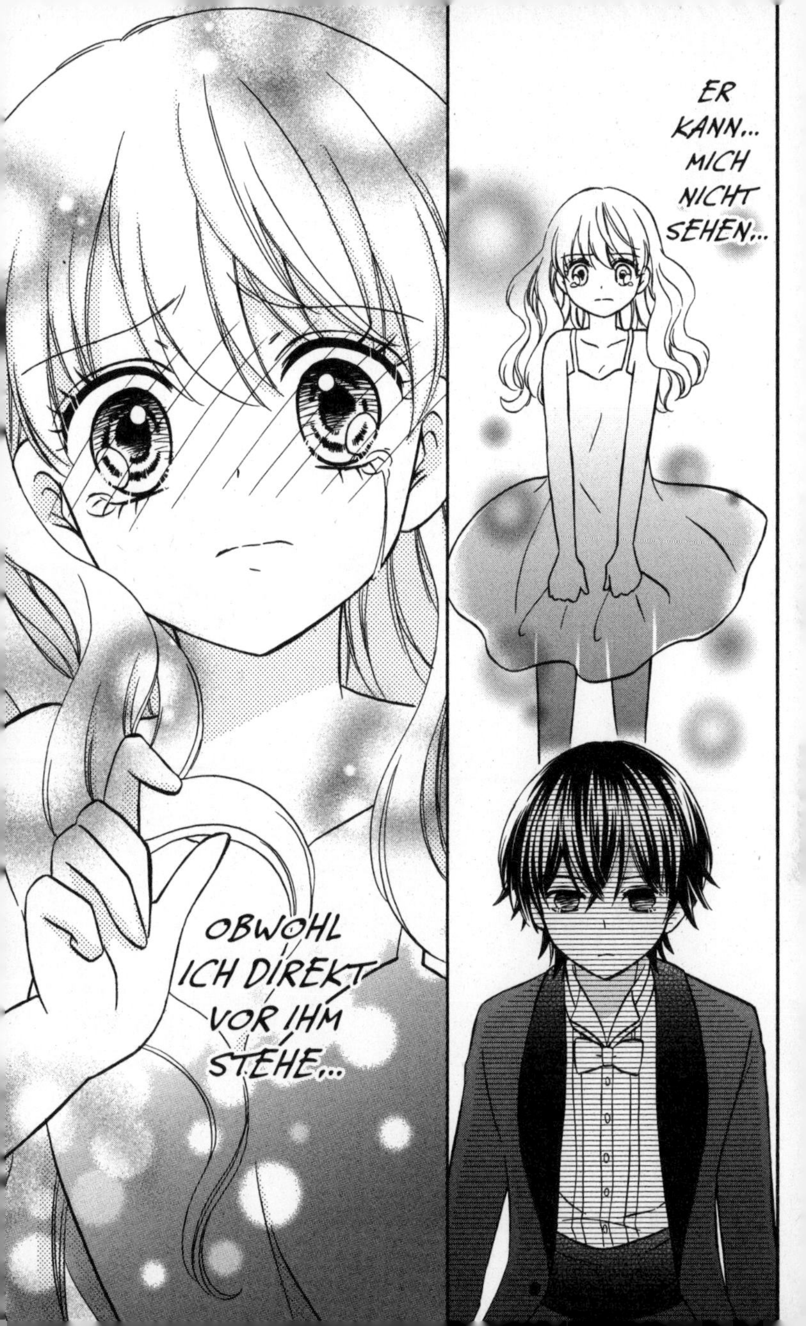
ER KANN… MICH NICHT SEHEN…
OBWOHL ICH DIREKT VOR IHM STEHE…

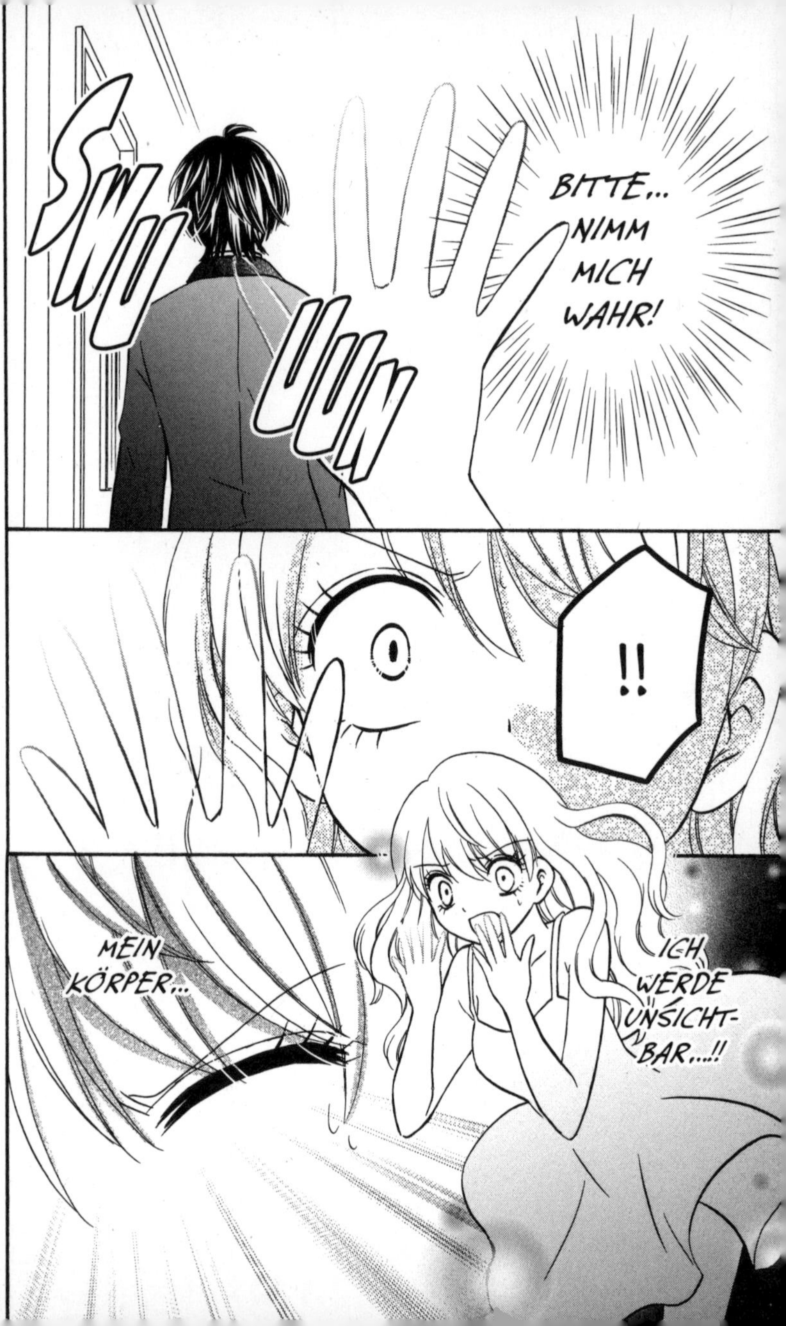

BITTE... NIMM MICH WAHR!
SWUUUN
!!
ICH WERDE UNSICHT-BAR...!!
MEIN KÖRPER...

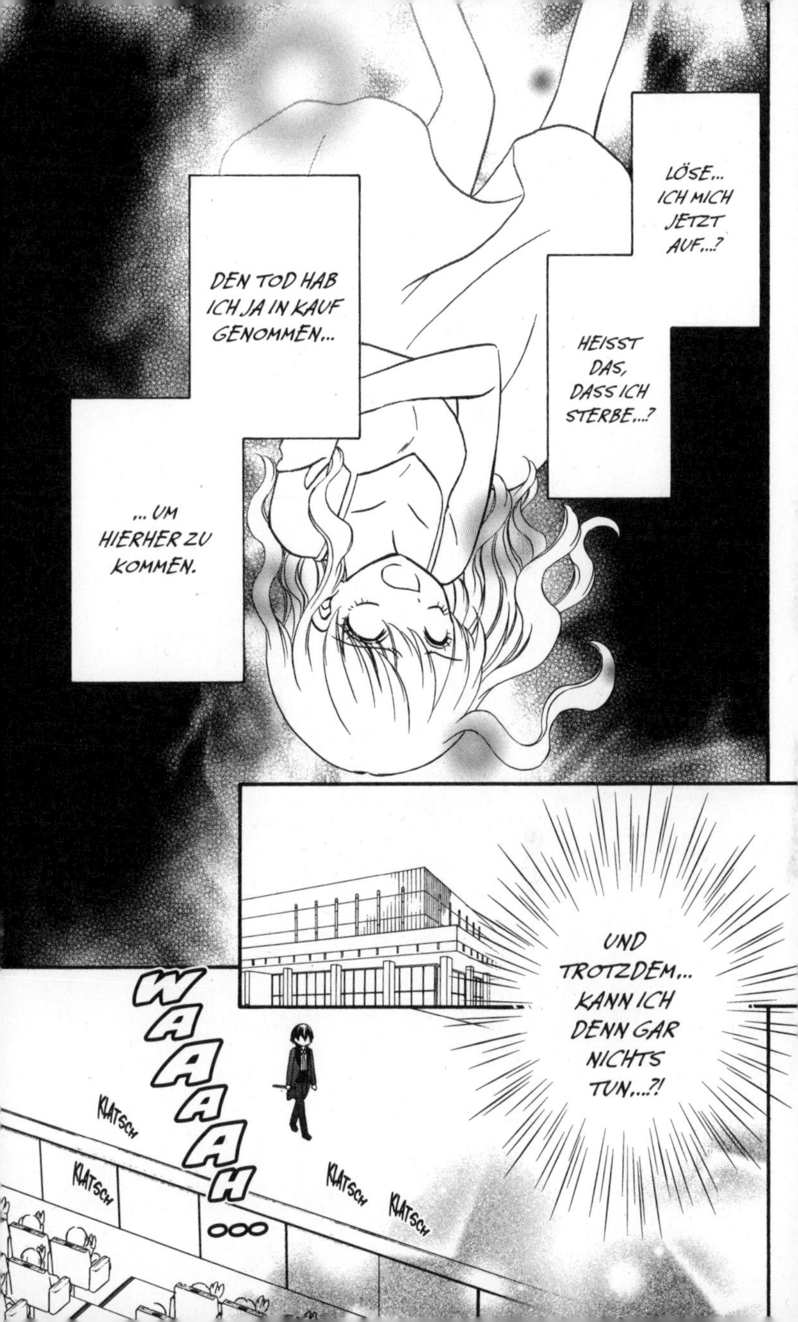
LÖSE... ICH MICH JETZT AUF...?
DEN TOD HAB ICH JA IN KAUF GENOMMEN...
HEISST DAS, DASS ICH STERBE...?
...UM HIERHER ZU KOMMEN.
UND TROTZDEM... KANN ICH DENN GAR NICHTS TUN...?!
WAAAAAAH
KLATSCH
KLATSCH
KLATSCH
KLATSCH

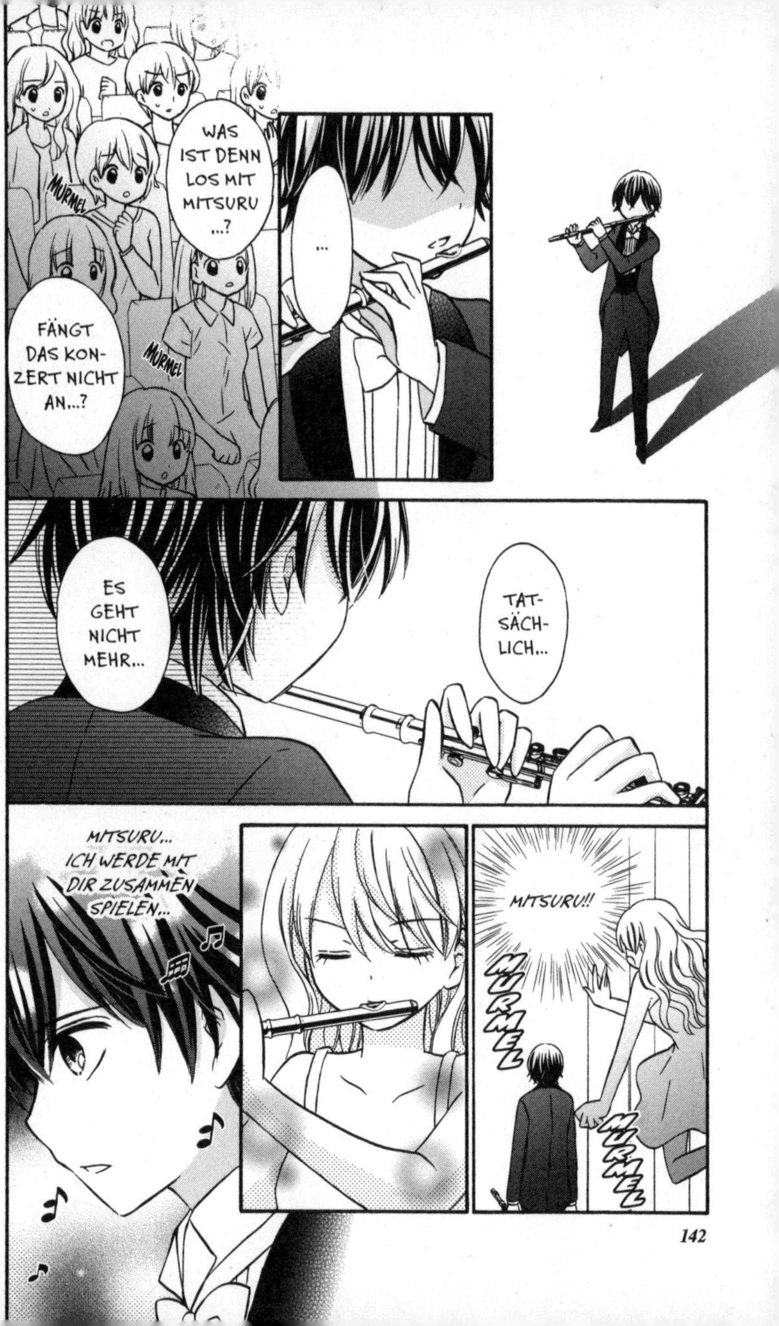
...
WAS IST DENN LOS MIT MITSURU ...?
MURMEL
FÄNGT DAS KONZERT NICHT AN...?
MURMEL
TATSÄCHLICH...
ES GEHT NICHT MEHR...
MITSURU!!
MURMEL
MURMEL
MITSURU... ICH WERDE MIT DIR ZUSAMMEN SPIELEN...

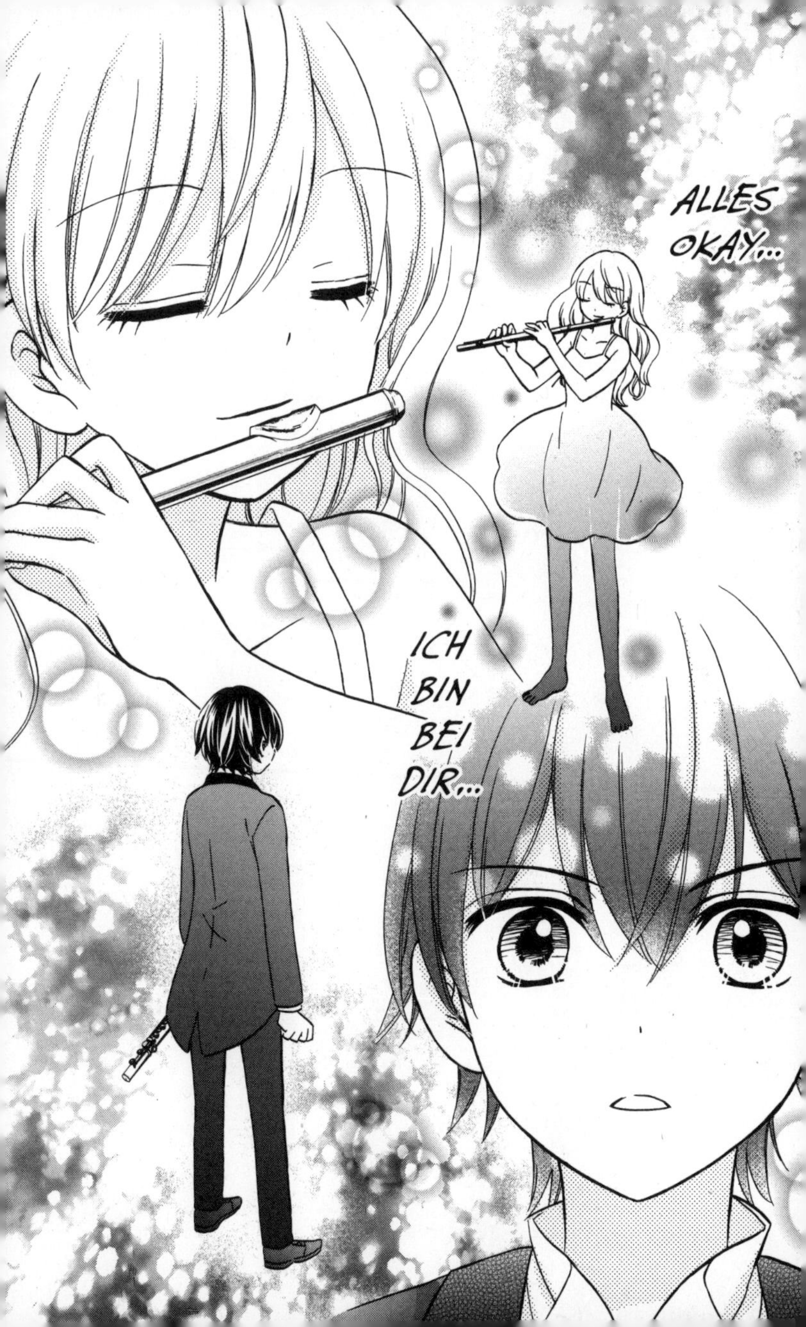
ALLES OKAY...
ICH BIN BEI DIR...

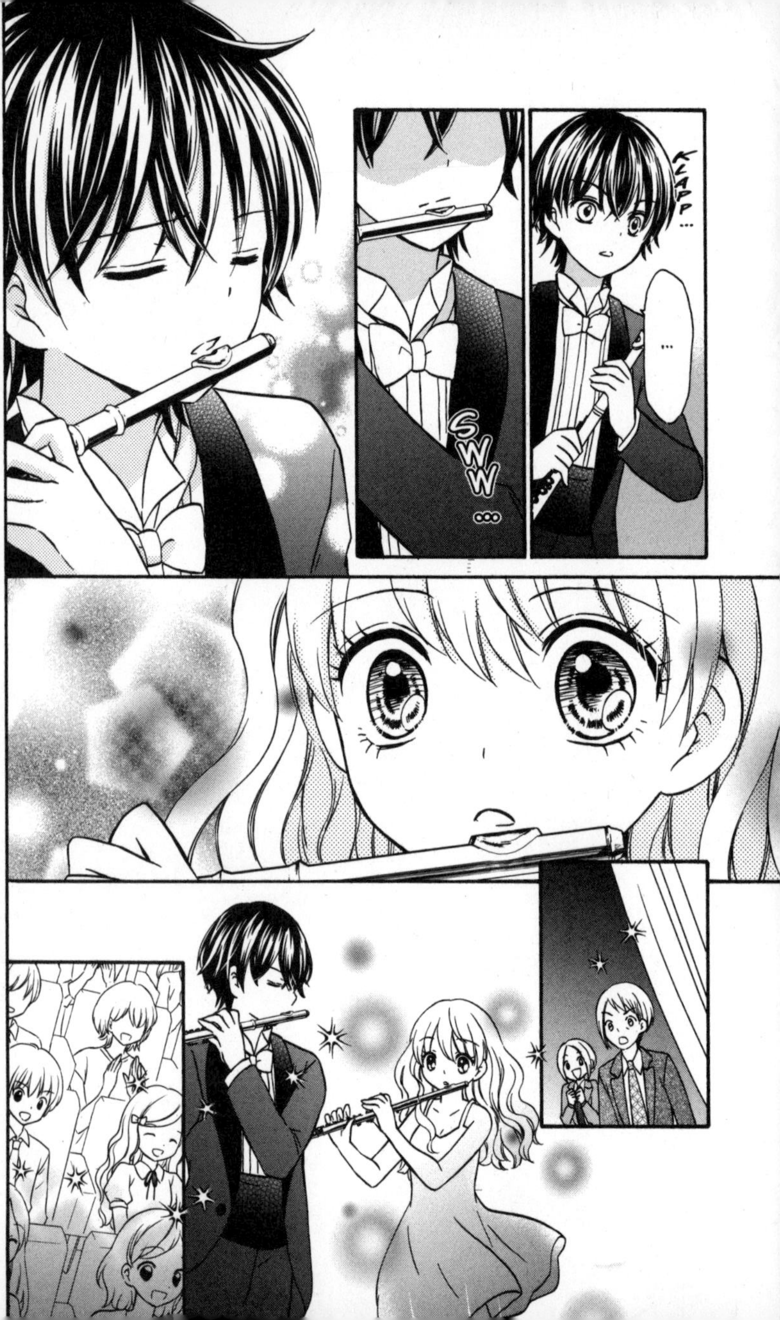
KLAPP ...
...
SWW ...

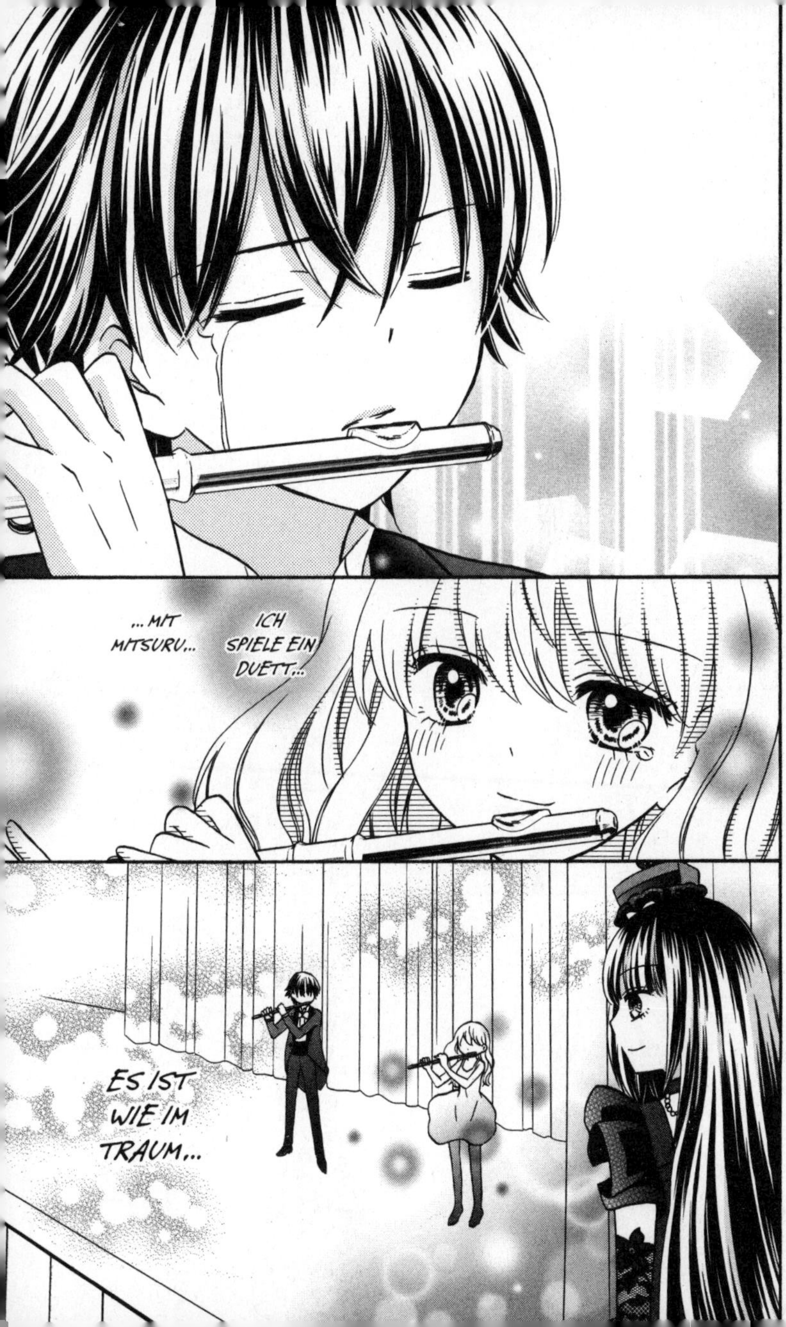
ICH SPIELE EIN DUETT...
... MIT MITSURU...
ES IST WIE IM TRAUM...

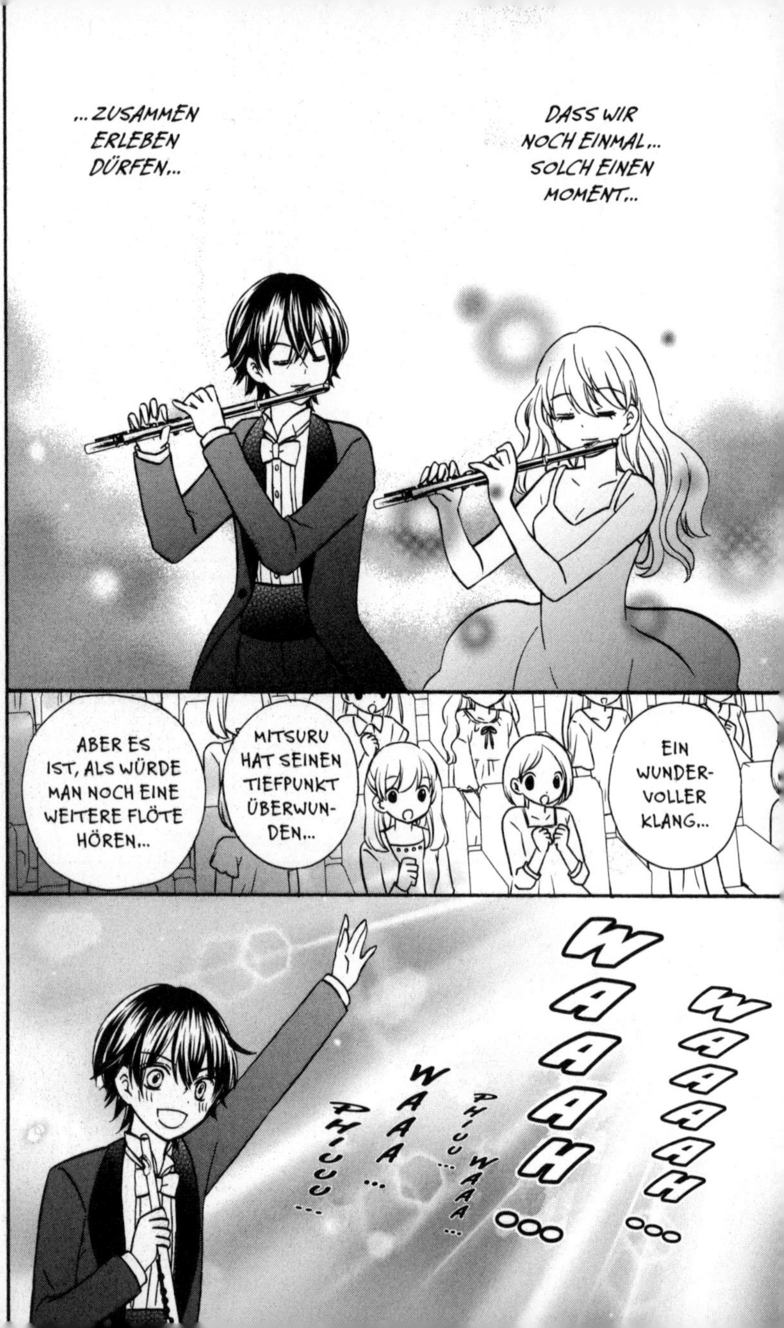
DASS WIR NOCH EINMAL... SOLCH EINEN MOMENT...
...ZUSAMMEN ERLEBEN DÜRFEN...
EIN WUNDERVOLLER KLANG...
MITSURU HAT SEINEN TIEFPUNKT ÜBERWUNDEN...
ABER ES IST, ALS WÜRDE MAN NOCH EINE WEITERE FLÖTE HÖREN...
WAAAAAH...
WAAAAH...
PHIUU...
WAAAA...
WAAA...
PHIUUU...

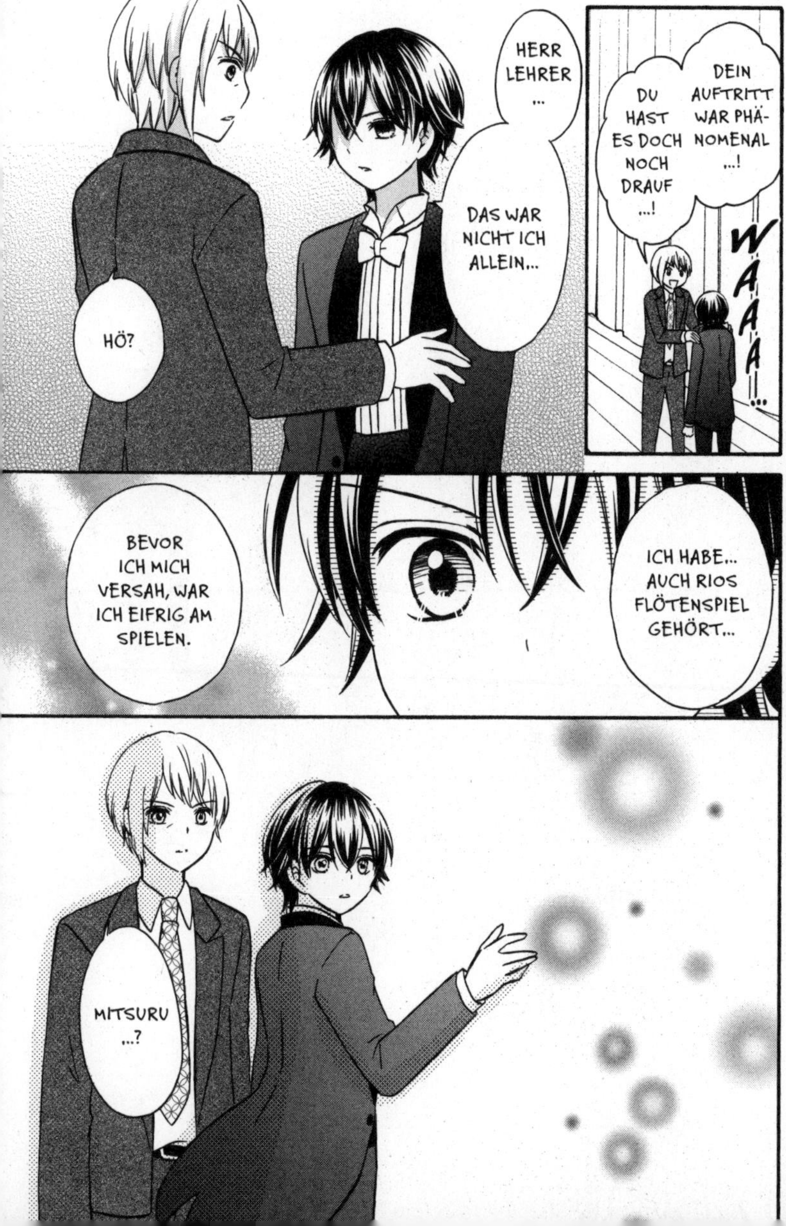
DEIN AUFTRITT WAR PHÄNOMENAL ...!
DU HAST ES DOCH NOCH DRAUF ...!
WAAAA!...
HERR LEHRER ...
DAS WAR NICHT ICH ALLEIN...
HÖ?
ICH HABE... AUCH RIOS FLÖTENSPIEL GEHÖRT...
BEVOR ICH MICH VERSAH, WAR ICH EIFRIG AM SPIELEN.
MITSURU ...?

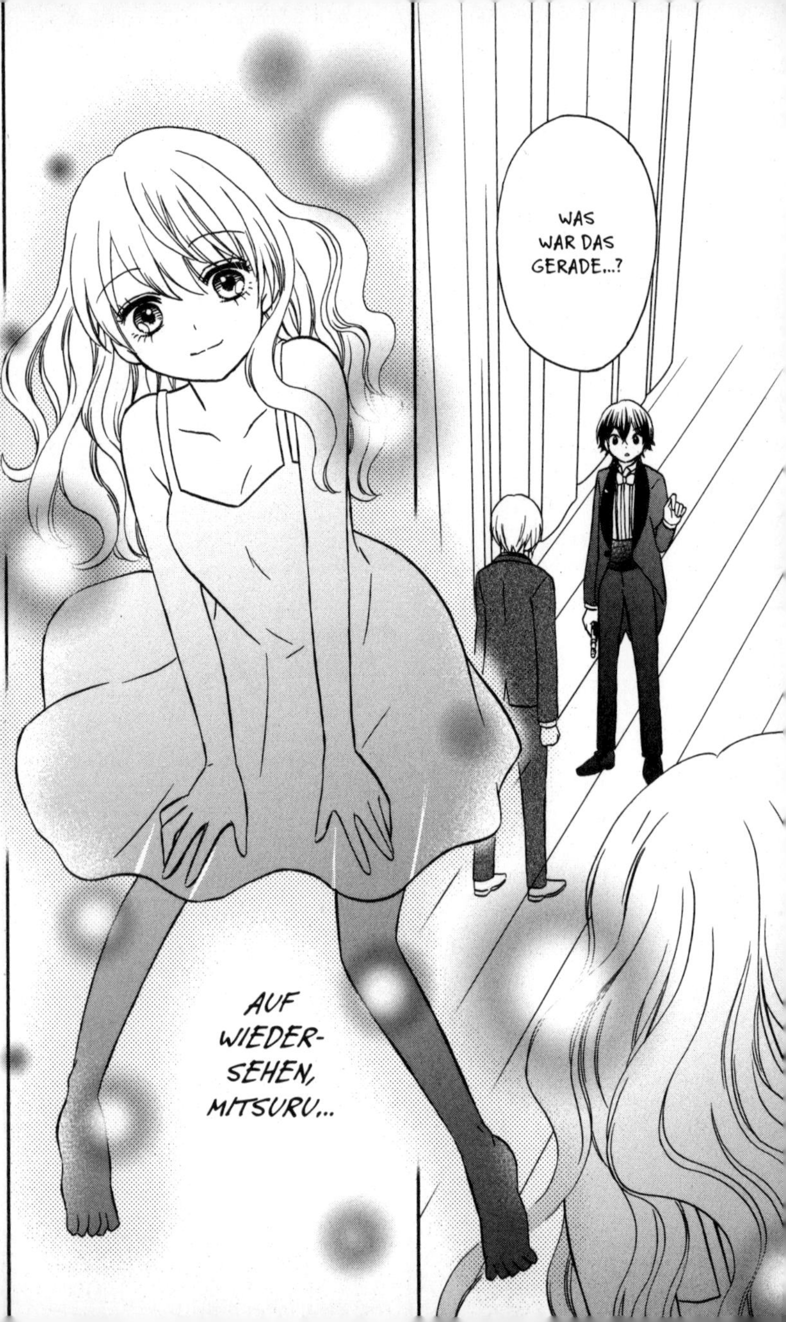
WAS WAR DAS GERADE...?
AUF WIEDER-SEHEN, MITSURU...

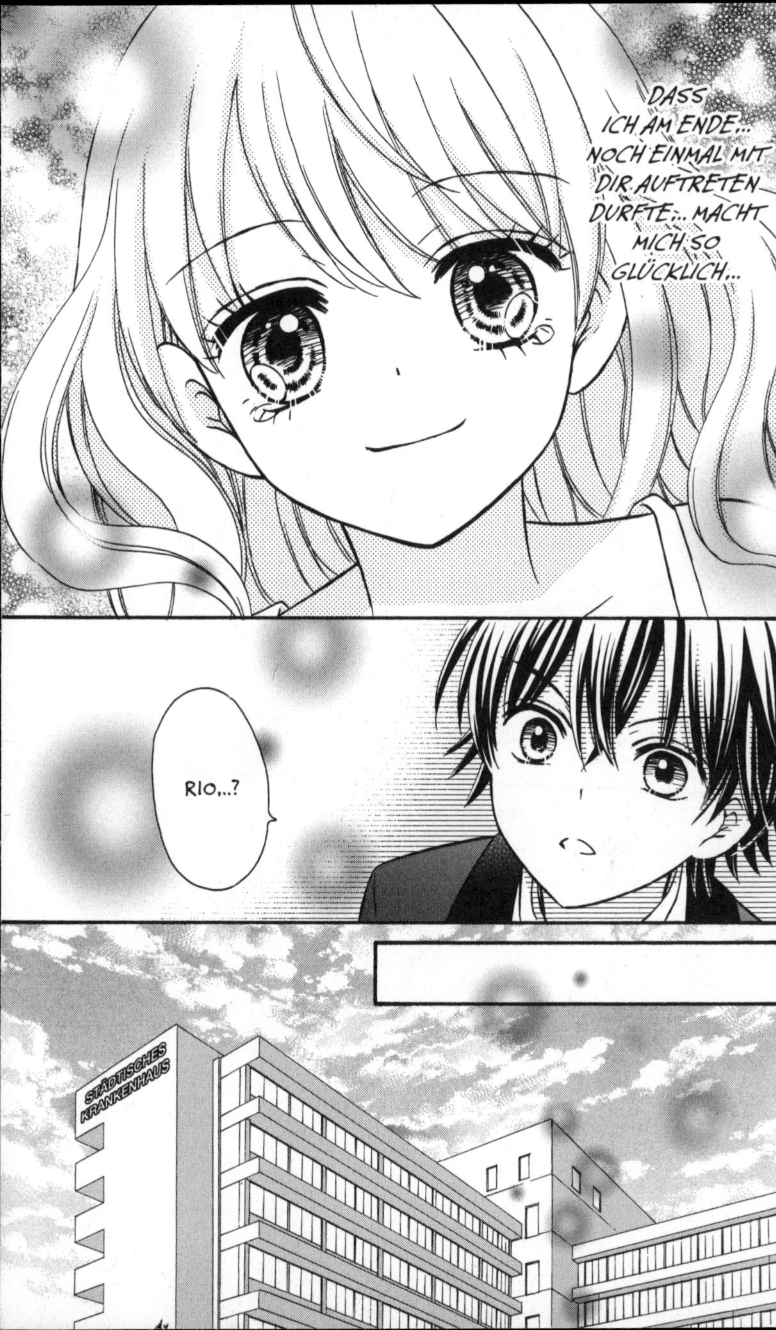
DASS ICH AM ENDE... NOCH EINMAL MIT DIR AUFTRETEN DURFTE... MACHT MICH SO GLÜCKLICH...
RIO...?
STÄDTISCHES KRANKENHAUS

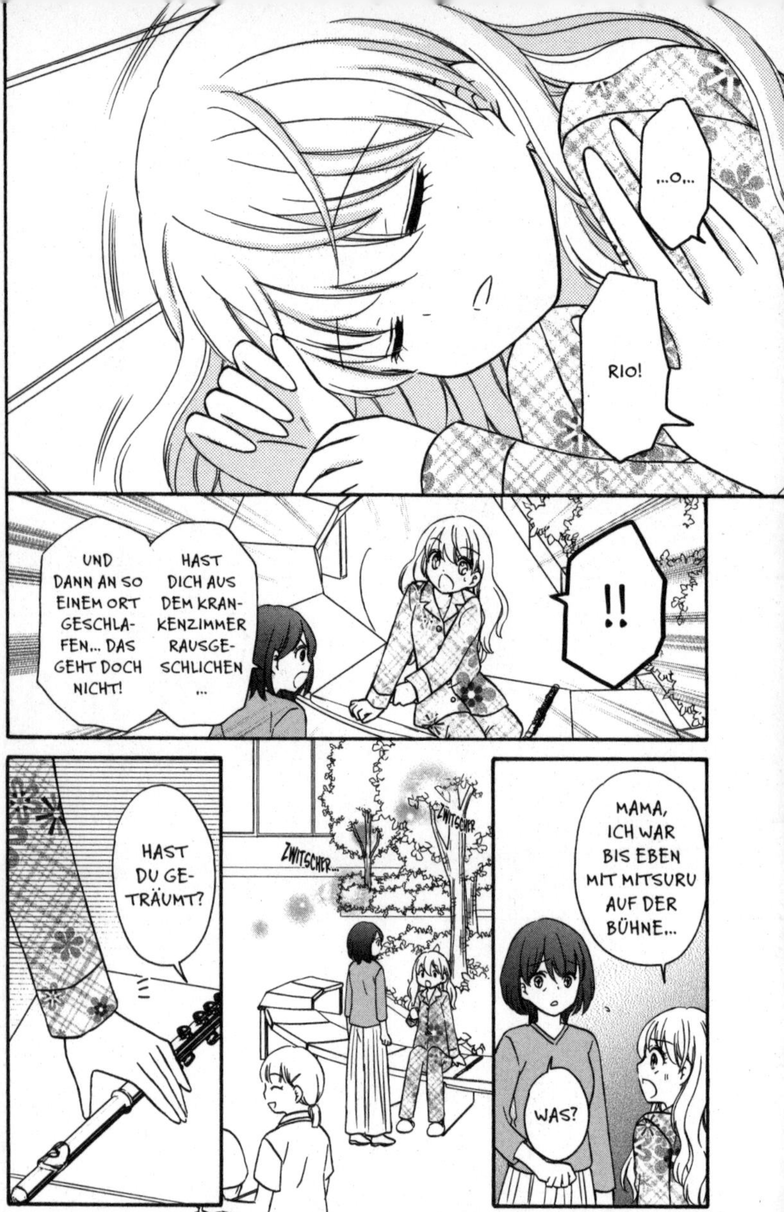
...O...
RIO!
!!
HAST DICH AUS DEM KRANKENZIMMER RAUSGESCHLICHEN ...
UND DANN AN SO EINEM ORT GESCHLAFEN... DAS GEHT DOCH NICHT!
MAMA, ICH WAR BIS EBEN MIT MITSURU AUF DER BÜHNE...
WAS?
ZWITSCHER
ZWITSCHER...
HAST DU GETRÄUMT?

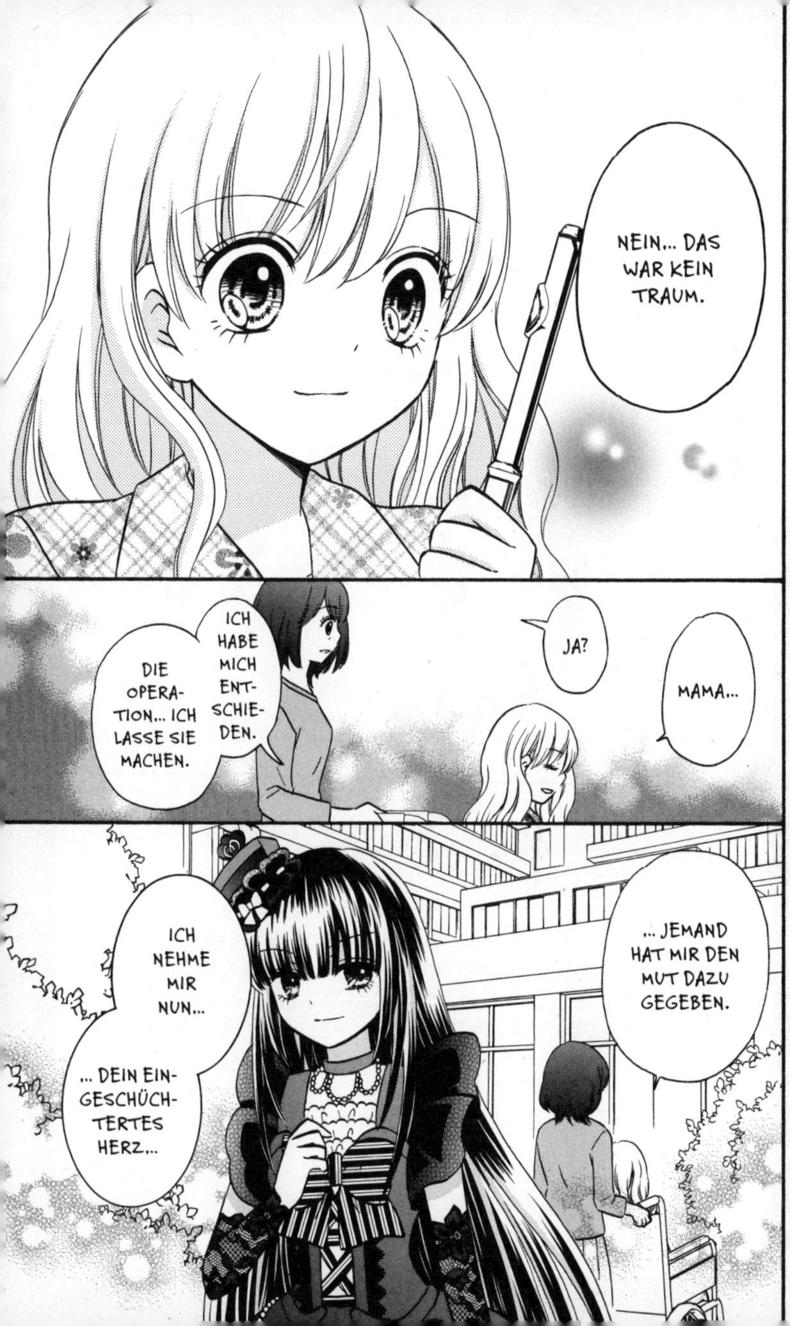
NEIN... DAS WAR KEIN TRAUM.
MAMA...
JA?
ICH HABE MICH ENT-SCHIE-DEN.
DIE OPERA-TION... ICH LASSE SIE MACHEN.
... JEMAND HAT MIR DEN MUT DAZU GEGEBEN.
ICH NEHME MIR NUN...
... DEIN EIN-GESCHÜCH-TERTES HERZ...

WILLKOMMEN BEI CHOCOLAT NOIR

5

ÜBER DIE SCHOKOLADE
IN DER GESCHICHTE

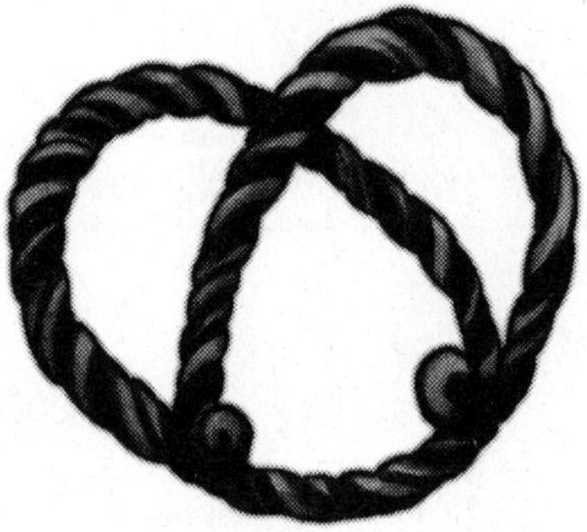

# SCHOKO-BREZELN

EINE TEIGROLLE, DIE ÜBER KREUZ IN IHRE CHARAKTERISTISCHE RUNDFORM GEBRACHT WIRD. EIN SNACK AUS DEUTSCHLAND. BEIDE ENDEN WERDEN VERBUNDEN, DER KREIS SCHLIESST SICH. EINE METAPHER FÜR ZWEI MENSCHEN, DIE VONEINANDER ENTFERNT ABER ÜBER HERZ UND MUSIK MITEINANDER VERBUNDEN SIND.

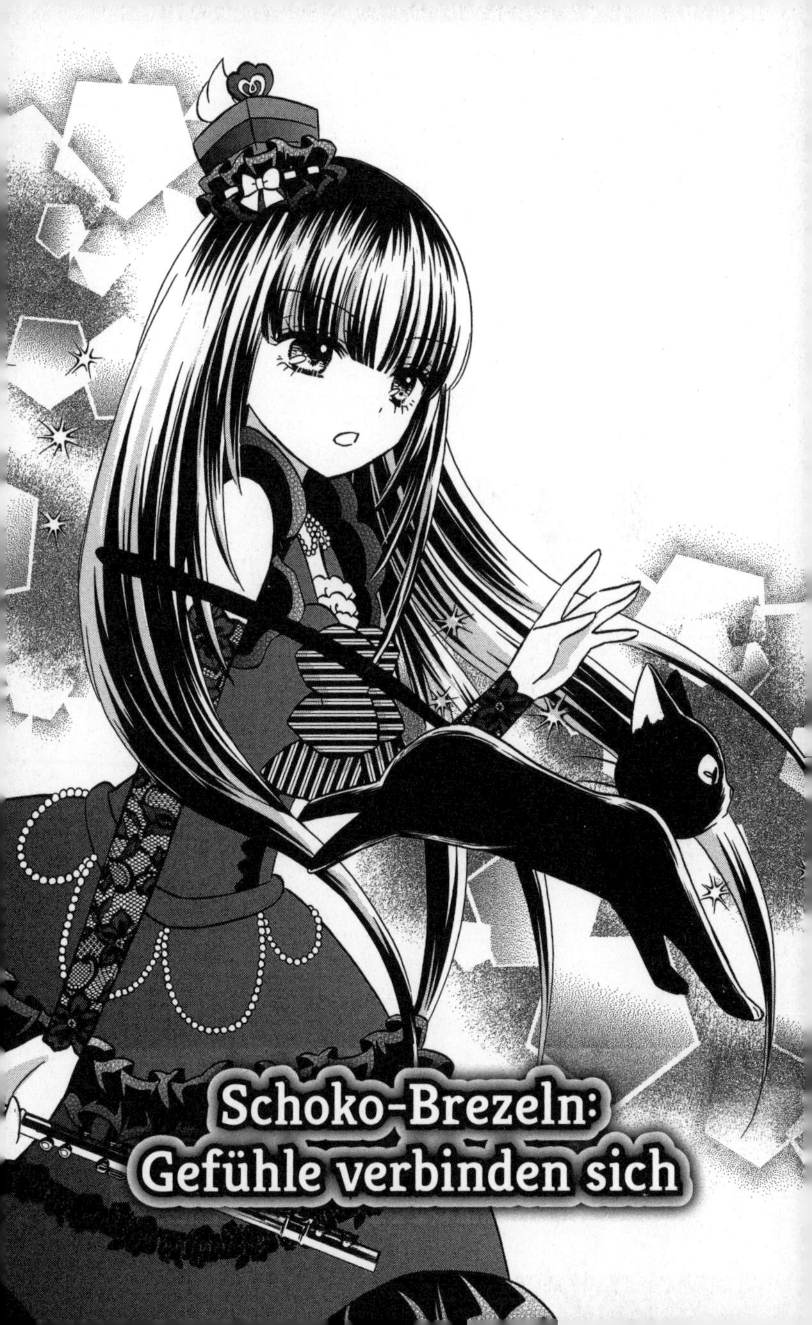
Schoko-Brezeln:
Gefühle verbinden sich

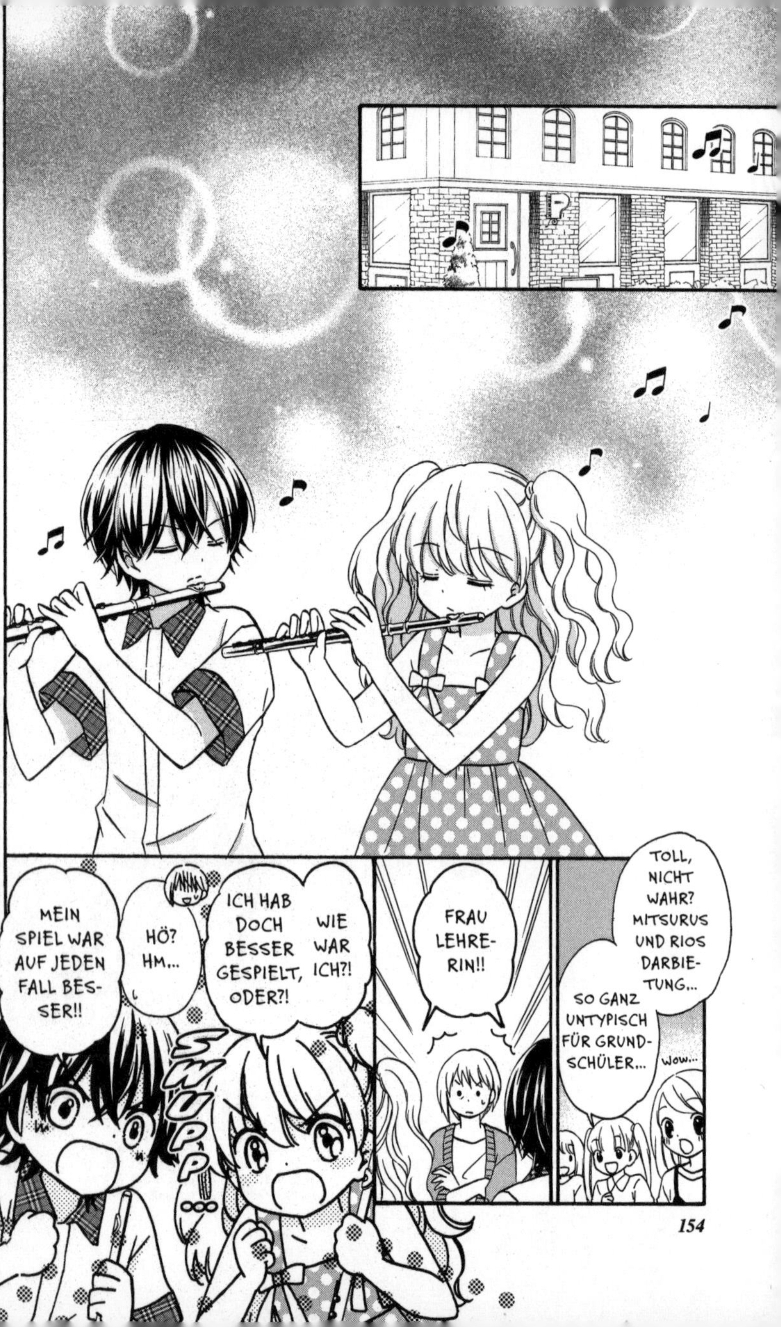
TOLL, NICHT WAHR? MITSURUS UND RIOS DARBIETUNG...
SO GANZ UNTYPISCH FÜR GRUNDSCHÜLER...
WOW...
FRAU LEHRERIN!!
WIE WAR ICH?!
ICH HAB DOCH BESSER GESPIELT, ODER?!
HÖ? HM...
MEIN SPIEL WAR AUF JEDEN FALL BESSER!!
SWUPP!!

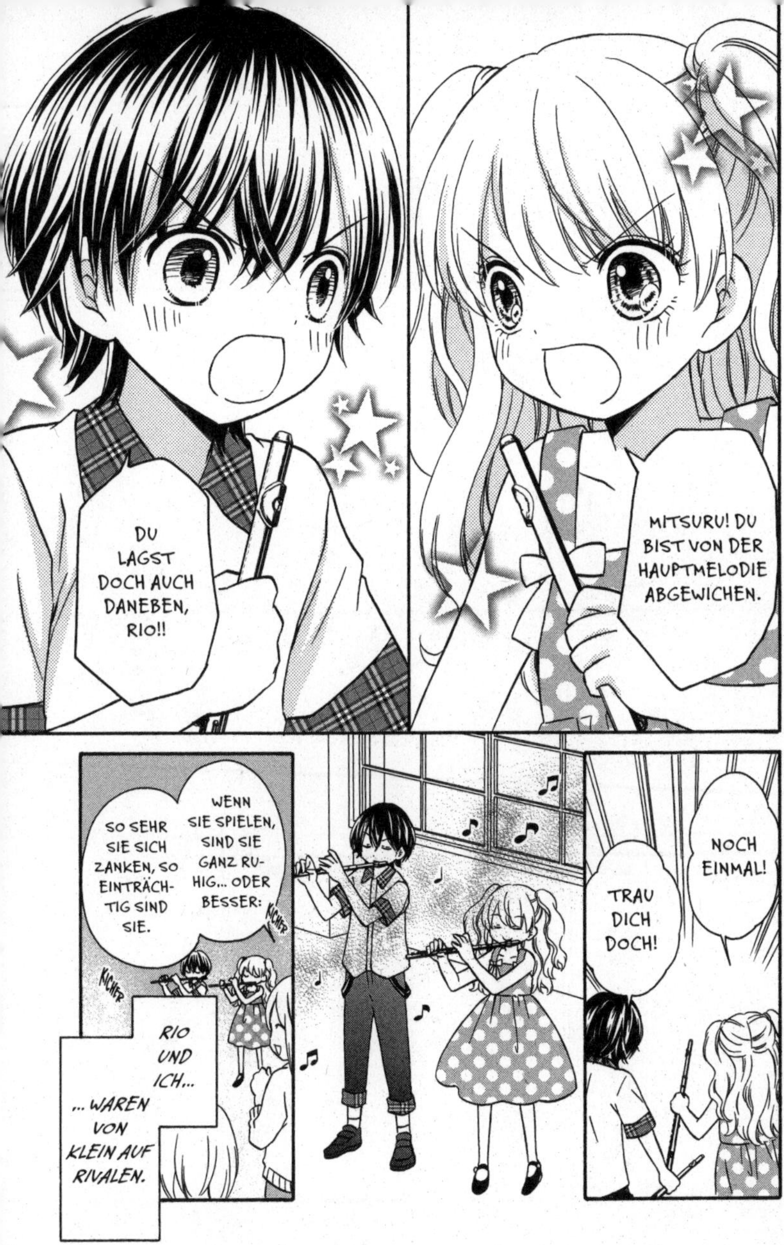
MITSURU! DU BIST VON DER HAUPTMELODIE ABGEWICHEN.
DU LAGST DOCH AUCH DANEBEN, RIO!!
NOCH EINMAL!
TRAU DICH DOCH!
WENN SIE SPIELEN, SIND SIE GANZ RU-HIG... ODER BESSER:
SO SEHR SIE SICH ZANKEN, SO EINTRÄCH-TIG SIND SIE.
KICHER
KICHER
RIO UND ICH...
... WAREN VON KLEIN AUF RIVALEN.

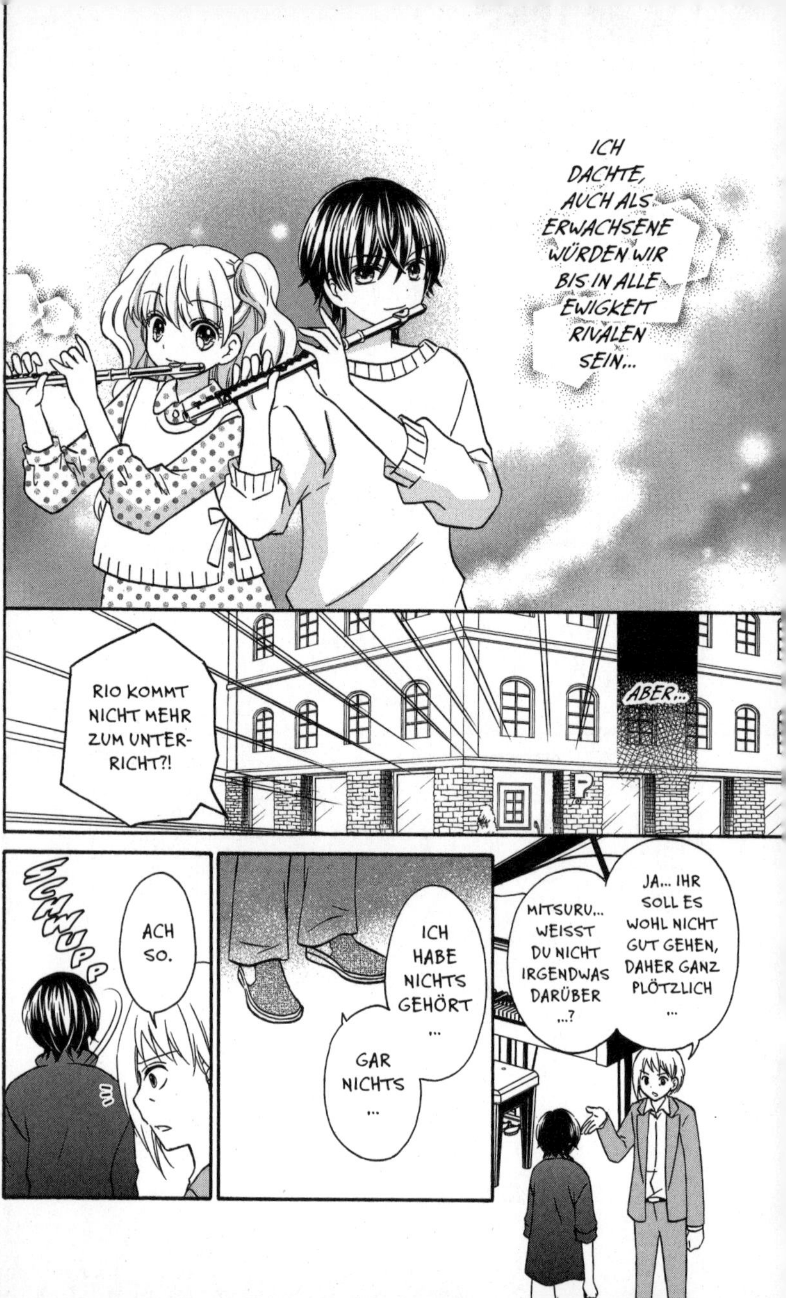
ICH DACHTE, AUCH ALS ERWACHSENE WÜRDEN WIR BIS IN ALLE EWIGKEIT RIVALEN SEIN...
ABER...
RIO KOMMT NICHT MEHR ZUM UNTER-RICHT?!
JA... IHR SOLL ES WOHL NICHT GUT GEHEN, DAHER GANZ PLÖTZLICH ...
MITSURU... WEISST DU NICHT IRGENDWAS DARÜBER ...?
ICH HABE NICHTS GEHÖRT ...
GAR NICHTS ...
ACH SO.
WUMPP

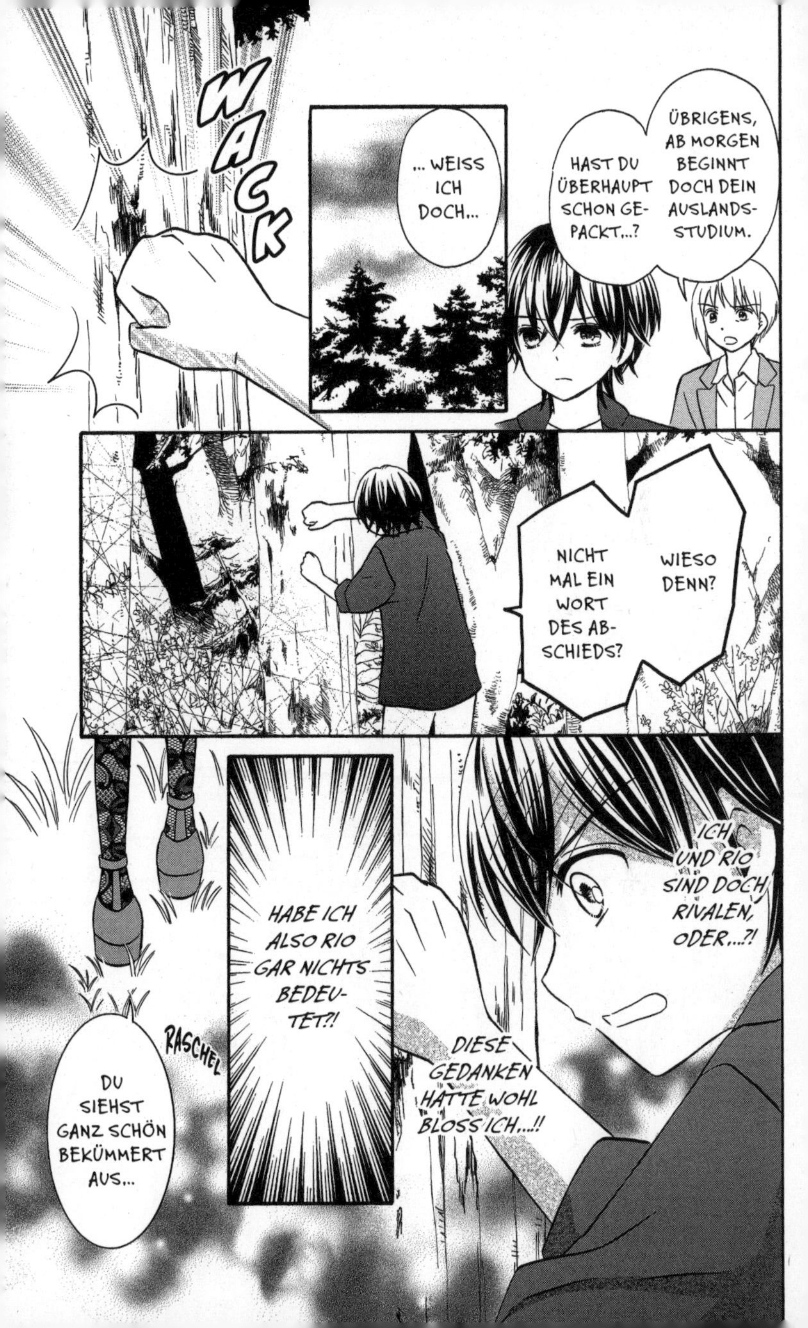
ÜBRIGENS, AB MORGEN BEGINNT DOCH DEIN AUSLANDS-STUDIUM.
HAST DU ÜBERHAUPT SCHON GE-PACKT...?
... WEISS ICH DOCH...
WACK
WIESO DENN?
NICHT MAL EIN WORT DES AB-SCHIEDS?
ICH UND RIO SIND DOCH RIVALEN, ODER...?!
DIESE GEDANKEN HATTE WOHL BLOSS ICH...!!
HABE ICH ALSO RIO GAR NICHTS BEDEU-TET?!
RASCHEL
DU SIEHST GANZ SCHÖN BEKÜMMERT AUS...

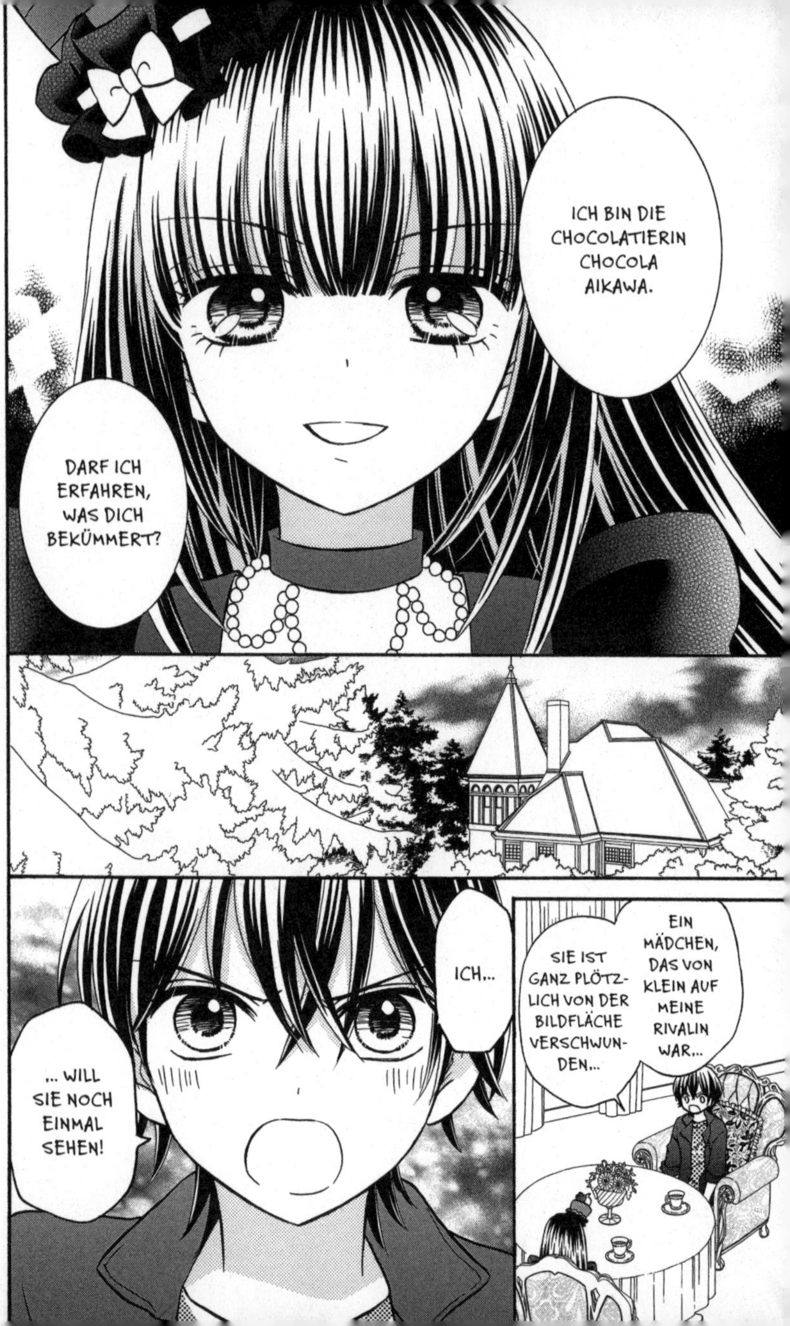
ICH BIN DIE CHOCOLATIERIN CHOCOLA AIKAWA.
DARF ICH ERFAHREN, WAS DICH BEKÜMMERT?
EIN MÄDCHEN, DAS VON KLEIN AUF MEINE RIVALIN WAR...
SIE IST GANZ PLÖTZLICH VON DER BILDFLÄCHE VERSCHWUNDEN...
ICH...
... WILL SIE NOCH EINMAL SEHEN!

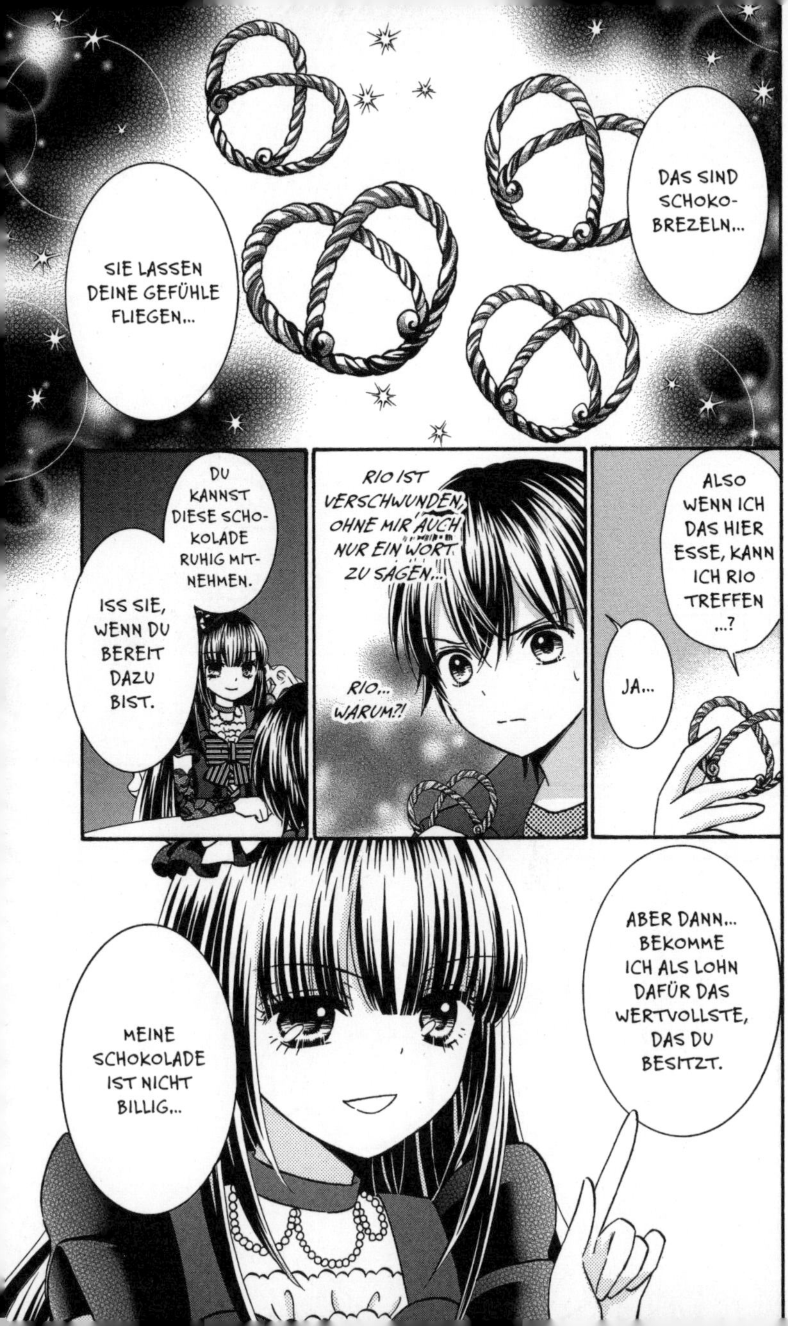
DAS SIND SCHOKO-BREZELN...
SIE LASSEN DEINE GEFÜHLE FLIEGEN...
ALSO WENN ICH DAS HIER ESSE, KANN ICH RIO TREFFEN ...?
JA...
RIO IST VERSCHWUNDEN, OHNE MIR AUCH NUR EIN WORT ZU SAGEN...
RIO... WARUM?!
DU KANNST DIESE SCHOKOLADE RUHIG MITNEHMEN.
ISS SIE, WENN DU BEREIT DAZU BIST.
ABER DANN... BEKOMME ICH ALS LOHN DAFÜR DAS WERTVOLLSTE, DAS DU BESITZT.
MEINE SCHOKOLADE IST NICHT BILLIG...

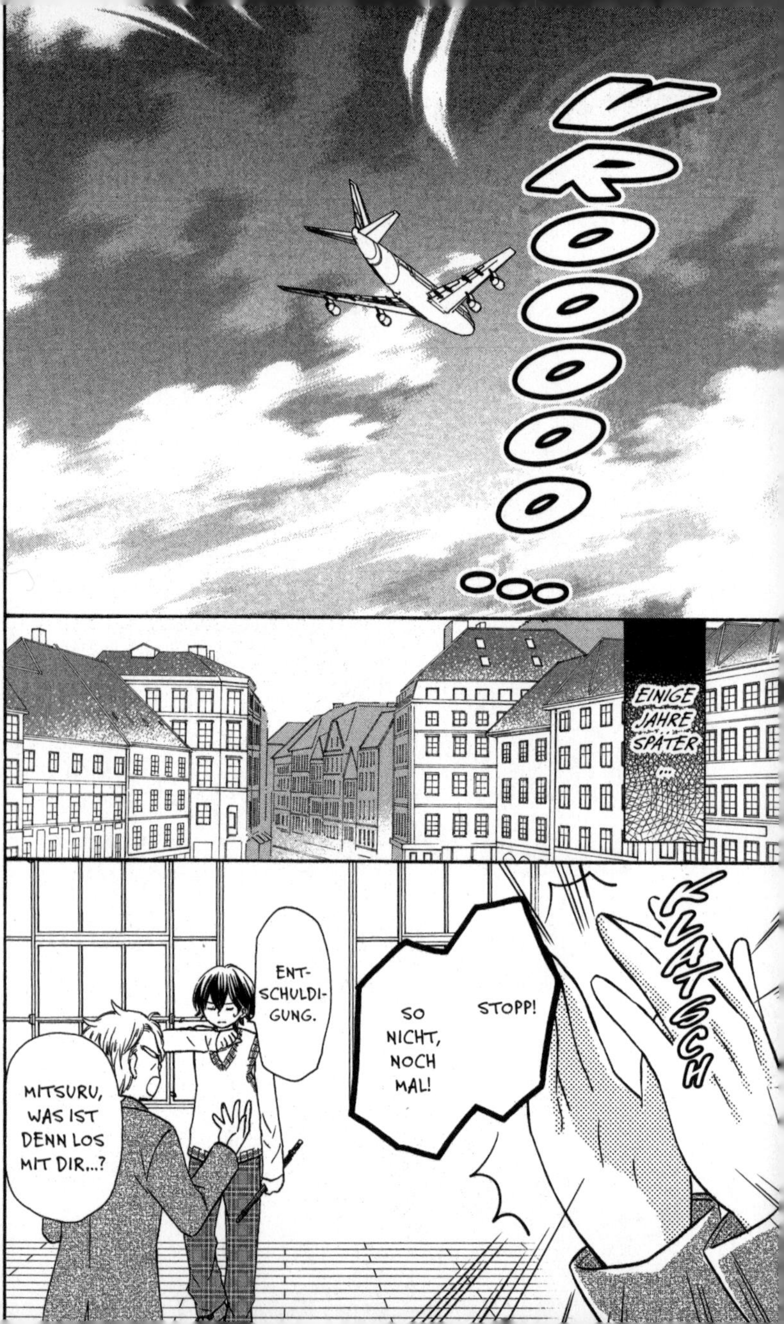
VROOOOOOO…
EINIGE JAHRE SPÄTER …
ENT-SCHULDI-GUNG.
MITSURU, WAS IST DENN LOS MIT DIR…?
STOPP!
SO NICHT, NOCH MAL!
KNAKGCH

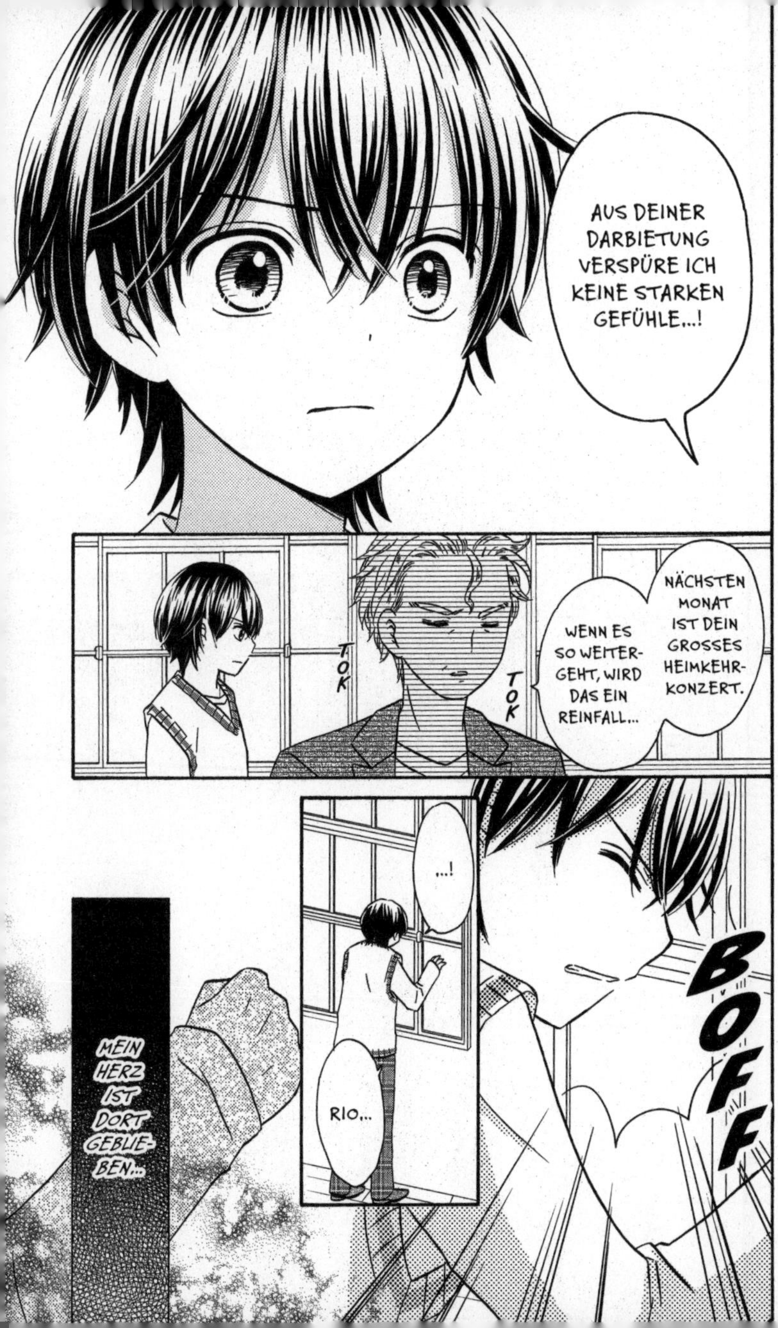
AUS DEINER DARBIETUNG VERSPÜRE ICH KEINE STARKEN GEFÜHLE...!
NÄCHSTEN MONAT IST DEIN GROSSES HEIMKEHR-KONZERT.
WENN ES SO WEITER-GEHT, WIRD DAS EIN REINFALL...
TOK
TOK
BOFF
...!
RIO...
MEIN HERZ IST DORT GEBLIE-BEN...

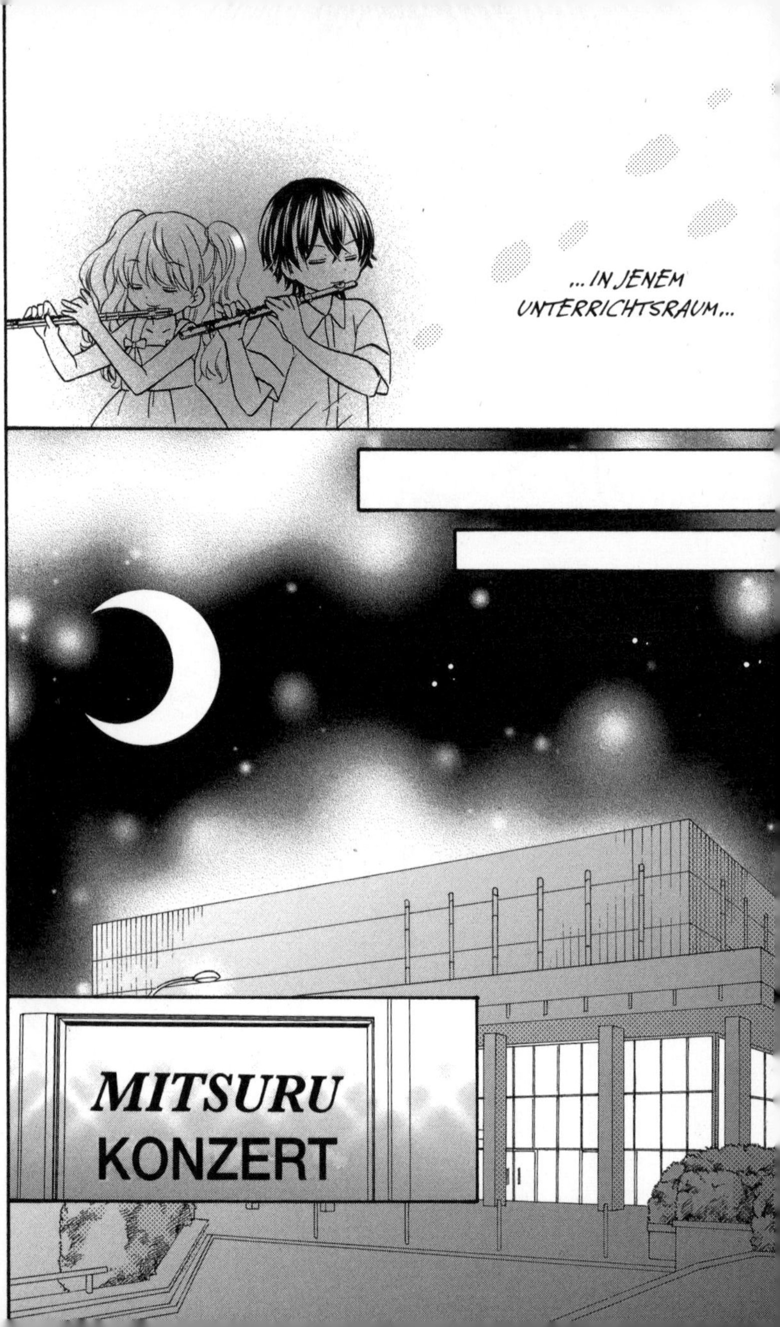
... IN JENEM
UNTERRICHTSRAUM...
MITSURU
KONZERT

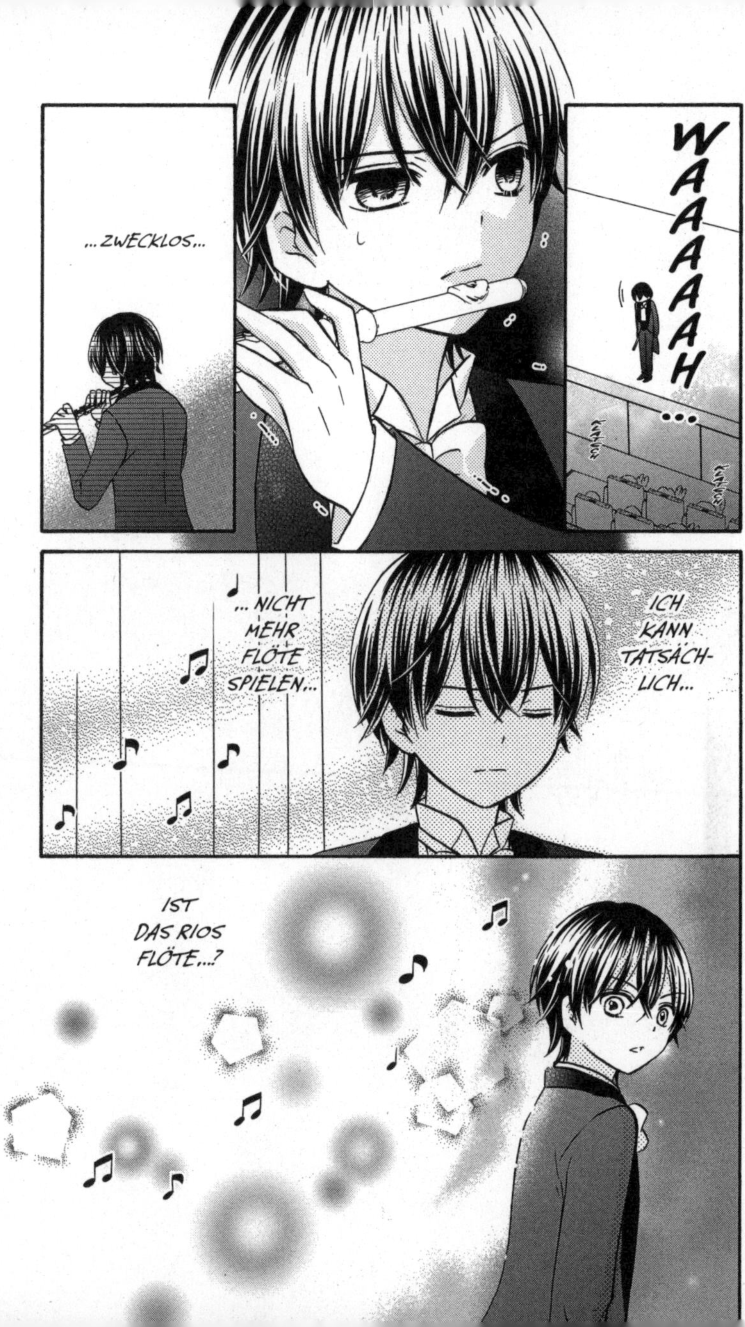
WAAAAAAH...
...ZWECKLOS...
ICH KANN TATSÄCH-LICH...
... NICHT MEHR FLÖTE SPIELEN...
IST DAS RIOS FLÖTE...?

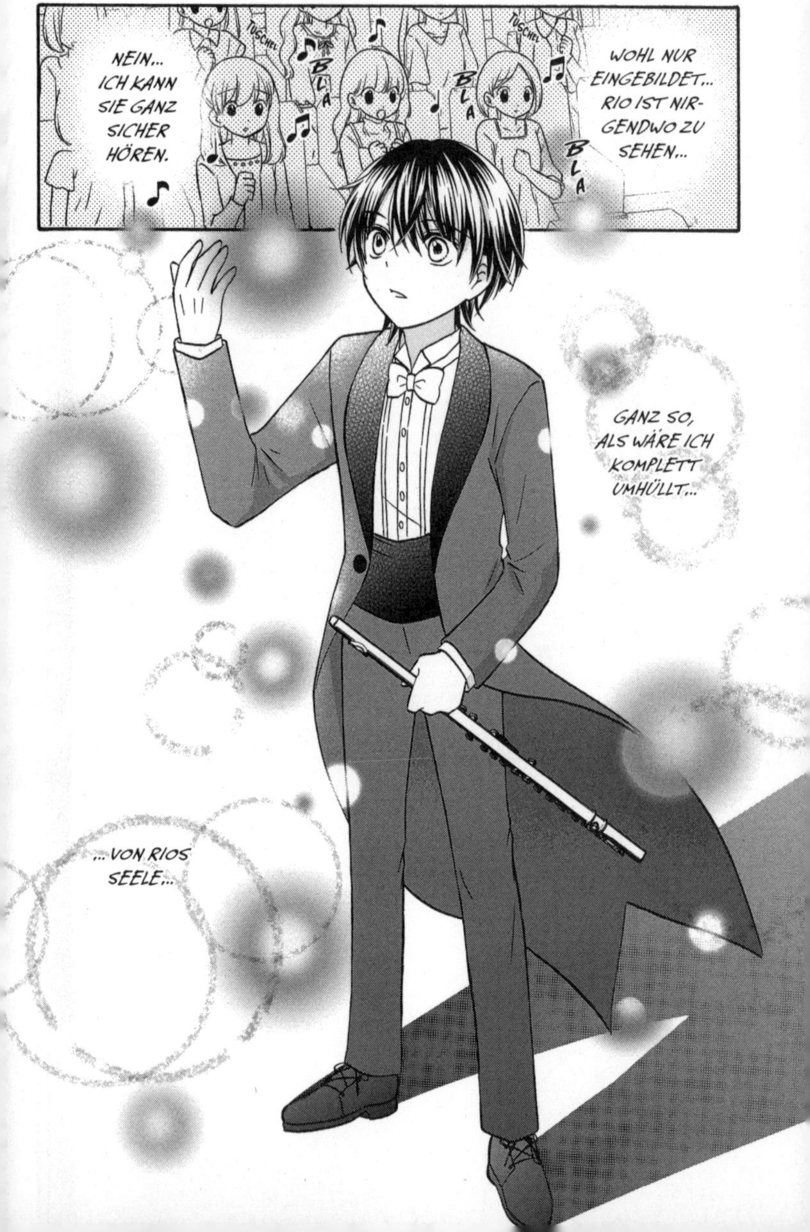
TUSCHEL
TUSCHEL
WOHL NUR EINGEBILDET... RIO IST NIRGENDWO ZU SEHEN...
BLA
BLA
BLA
NEIN... ICH KANN SIE GANZ SICHER HÖREN.
GANZ SO, ALS WÄRE ICH KOMPLETT UMHÜLLT...
...VON RIOS SEELE...

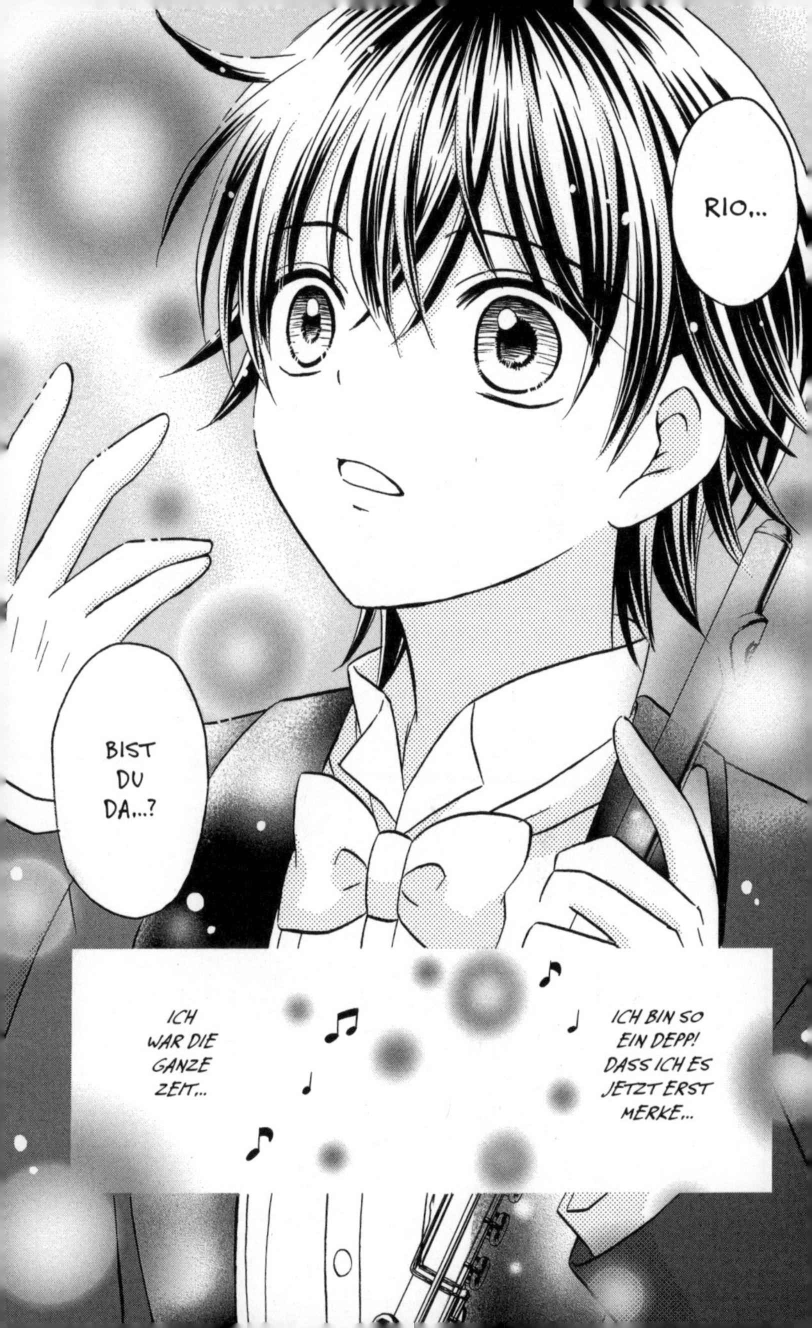
RIO...
BIST DU DA...?
ICH BIN SO EIN DEPP! DASS ICH ES JETZT ERST MERKE...
ICH WAR DIE GANZE ZEIT...

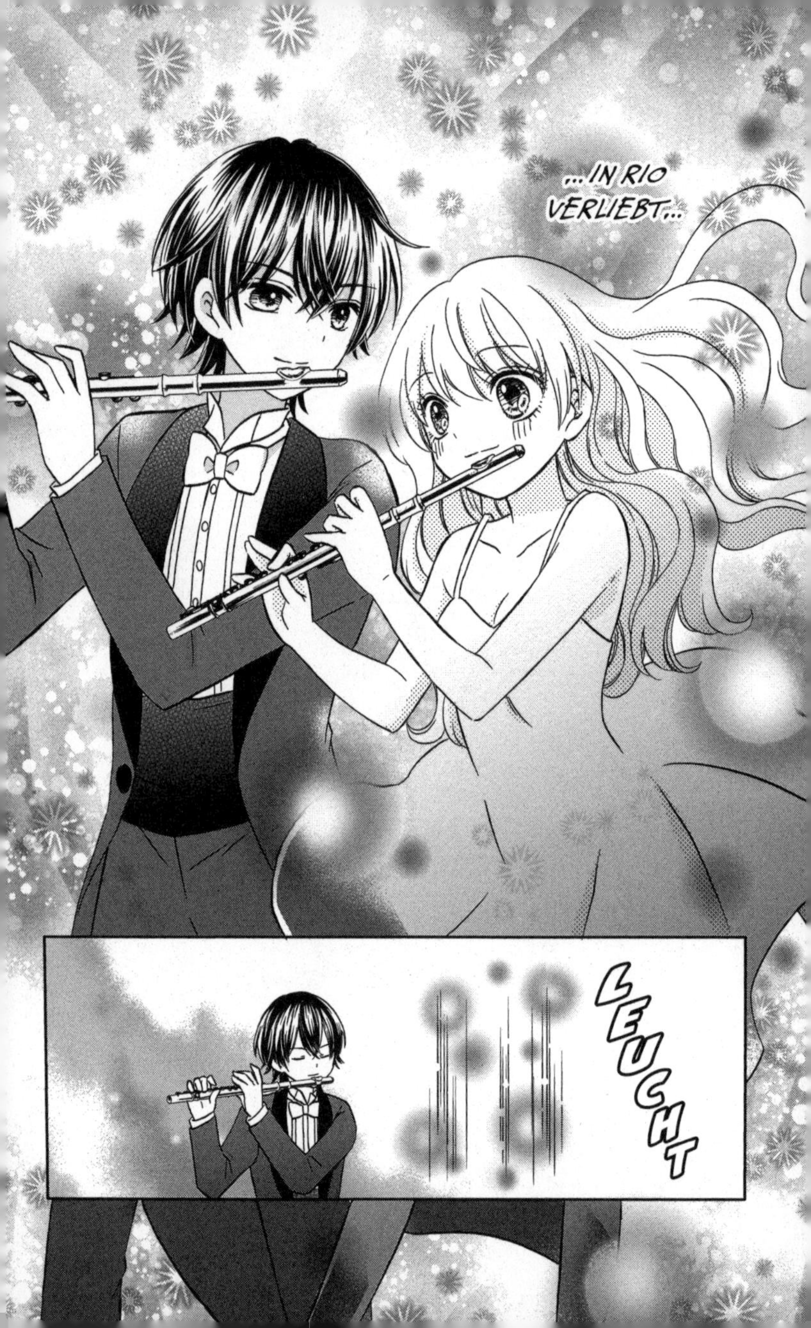
...IN RIO VERLIEBT...
LEUCHT

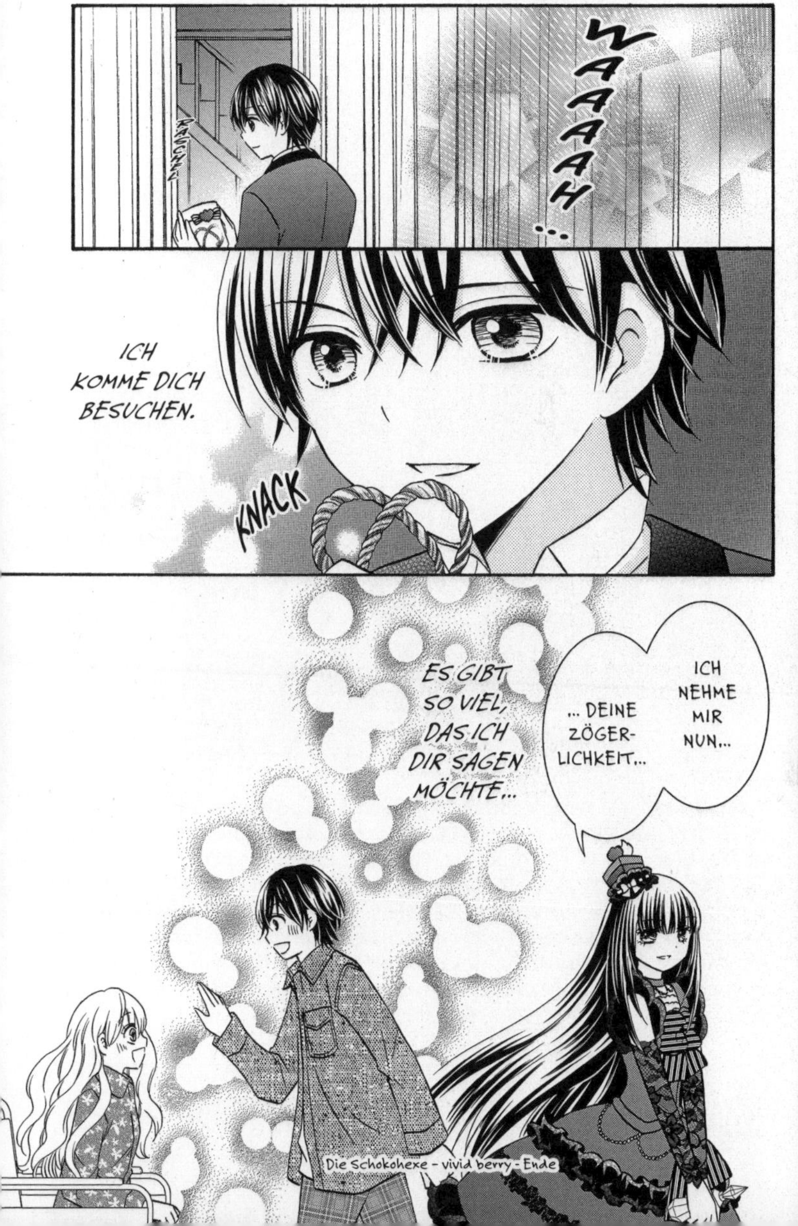
WAAAAAH...
RASCHEL
ICH KOMME DICH BESUCHEN.
KNACK
ICH NEHME MIR NUN...
... DEINE ZÖGERLICHKEIT...
ES GIBT SO VIEL, DAS ICH DIR SAGEN MÖCHTE...
Die Schokohexe - vivid berry - Ende

# Bloom Into You

**NIO NAKATANI**

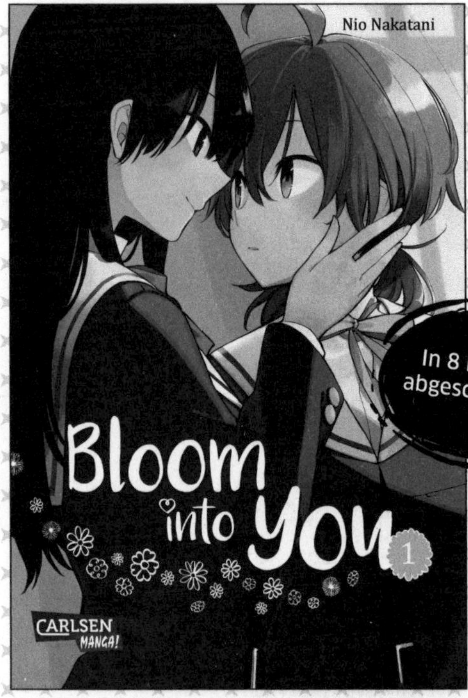


In 8 Bänden abgeschlossen!

Yu Koito liest total gerne Mädchenmanga und weiß deshalb genau, wie sich die erste Liebe anfühlen soll. Als sie ihr erstes Liebesgeständnis von einem Mitschüler bekommt, ist sie enttäuscht, denn der Junge bedeutet ihr nichts. Aber was macht sie jetzt? Jede will doch einen Freund, oder nicht? Schließlich bittet sie die coole Schülersprecherin Toko Nanami um Rat. Aber Mädchenmanga haben nichts mit der Realtität zu tun und ganz unerwartet bekommt sie noch ein zweites Liebesgeständnis, welches sie erschreckt, aber ein leises Flattern in ihrer Magengrube auslöst... Und das stammt ausgerechnet von einem Mädchen, nämlich der coolen Toko Nanami!

CARLSEN MANGA!

www.carlsenmanga.de | Folge uns auf

carlsen_manga

carlsenmanga

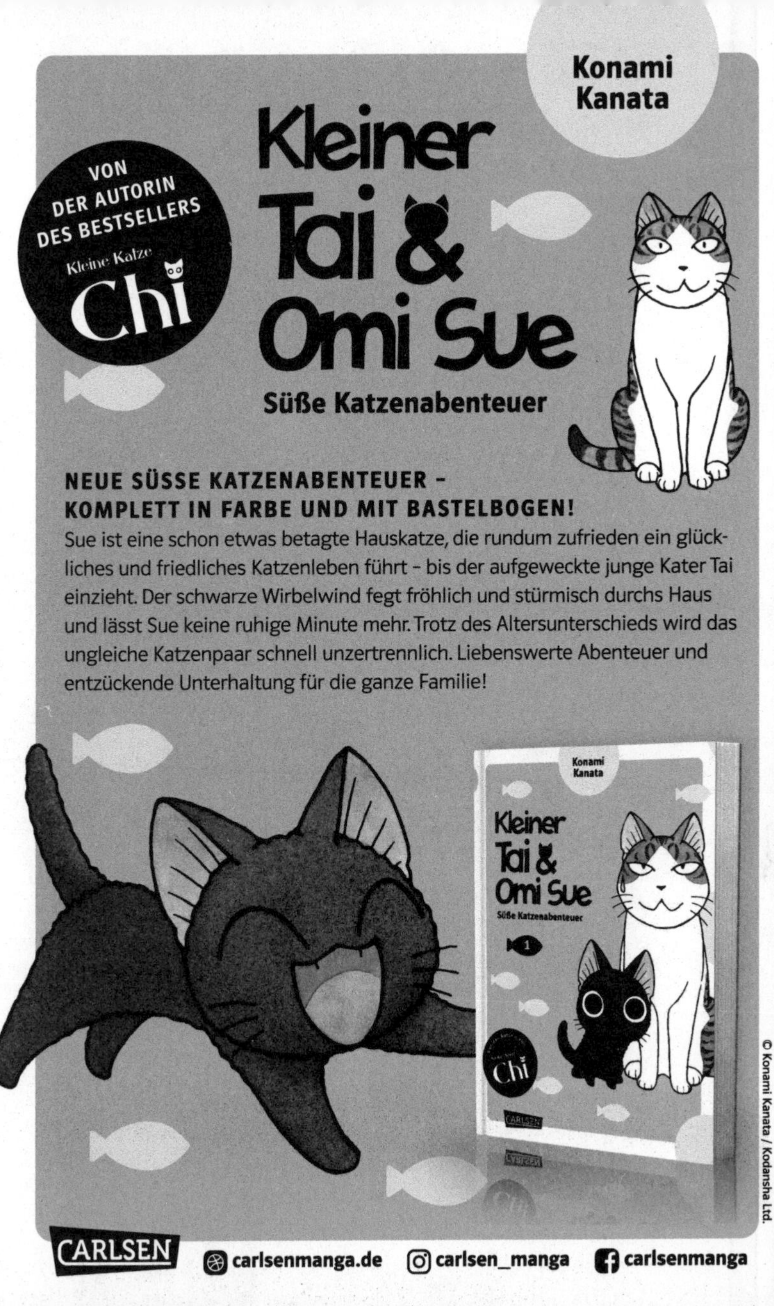

Konami Kanata
Kleiner Tai & Omi Sue
Süße Katzenabenteuer
VON DER AUTORIN DES BESTSELLERS
Kleine Katze Chi
NEUE SÜSSE KATZENABENTEUER –
KOMPLETT IN FARBE UND MIT BASTELBOGEN!
Sue ist eine schon etwas betagte Hauskatze, die rundum zufrieden ein glückliches und friedliches Katzenleben führt – bis der aufgeweckte junge Kater Tai einzieht. Der schwarze Wirbelwind fegt fröhlich und stürmisch durchs Haus und lässt Sue keine ruhige Minute mehr. Trotz des Altersunterschieds wird das ungleiche Katzenpaar schnell unzertrennlich. Liebenswerte Abenteuer und entzückende Unterhaltung für die ganze Familie!
Konami Kanata
Kleiner Tai & Omi Sue
Süße Katzenabenteuer
1
Chi
CARLSEN
© Konami Kanata / Kodansha Ltd.
CARLSEN
carlsenmanga.de
carlsen_manga
carlsenmanga

# RENTAL GIRLFRIEND

**Reiji Miyajima**

Ich leih mir mal 'ne Freundin…

Kazuya ist ein ganz normaler Student, der gerade böse von seiner Freundin abserviert wurde. Völlig niedergeschlagen und vereinsamt rafft er sich dazu auf, die App »Diamond« zu benutzen, um sich mit Chizuru Mizuhara zu verabreden – einer Miet-Freundin. Schon beim ersten Treffen merkt er, dass sie das Mädchen seiner Träume ist, doch es scheint noch mehr dahinter zu stecken. Als dann auch noch die Omas der beiden ins Spiel kommen, drehen Kazuya und Chizuru völlig ab. Kann dieses Arrangement in einer echten Beziehung enden…?

Feinste Slice-of-Life-Comedy mit Charme!

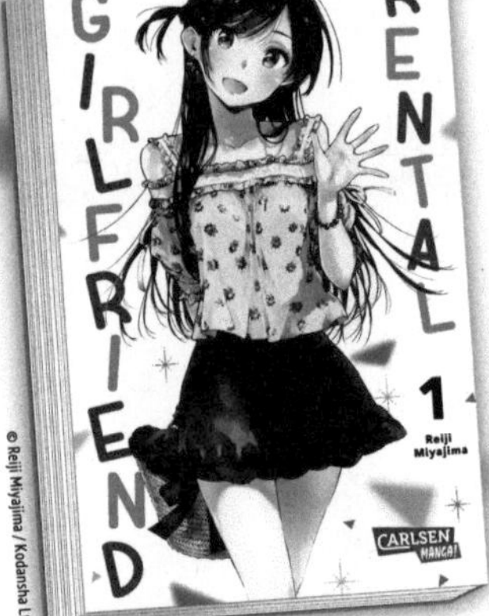


© Reiji Miyajima / Kodansha Ltd.

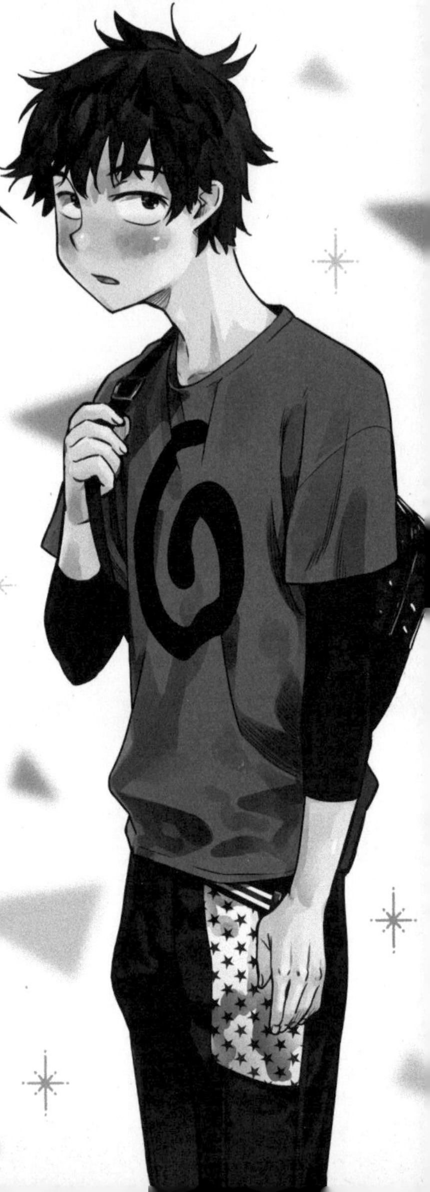

CARLSEN MANGA!

www.carlsenmanga.de

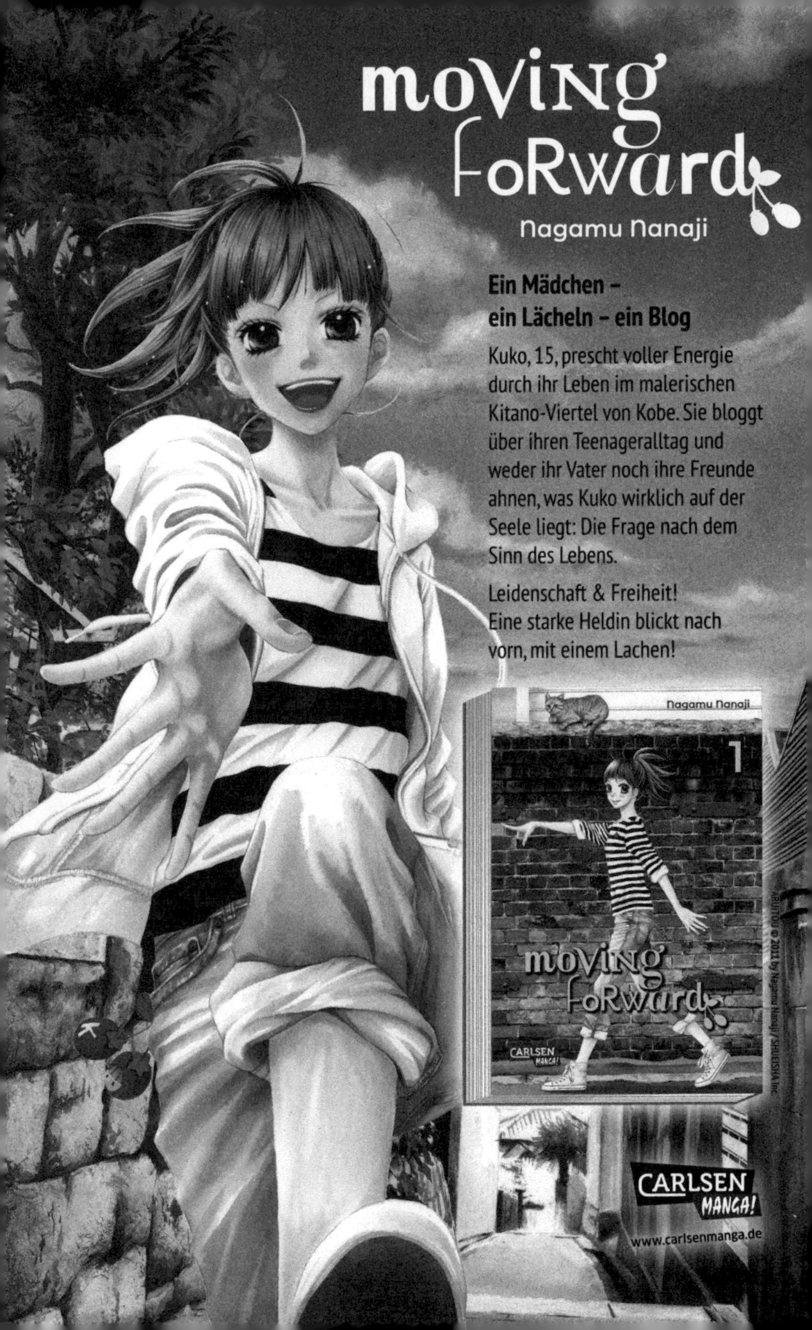
moving forward
Nagamu Nanaji
Ein Mädchen –
ein Lächeln – ein Blog
Kuko, 15, prescht voller Energie durch ihr Leben im malerischen Kitano-Viertel von Kobe. Sie bloggt über ihren Teenageralltag und weder ihr Vater noch ihre Freunde ahnen, was Kuko wirklich auf der Seele liegt: Die Frage nach dem Sinn des Lebens.
Leidenschaft & Freiheit!
Eine starke Heldin blickt nach vorn, mit einem Lachen!
Nagamu Nanaji
1
moving forward
CARLSEN MANGA!
ARUITOU © 2011 by Nagamu Nanaji/SHUEISHA Inc.
CARLSEN MANGA!
www.carlsenmanga.de

# YAKUZA gegen HAUSMANN

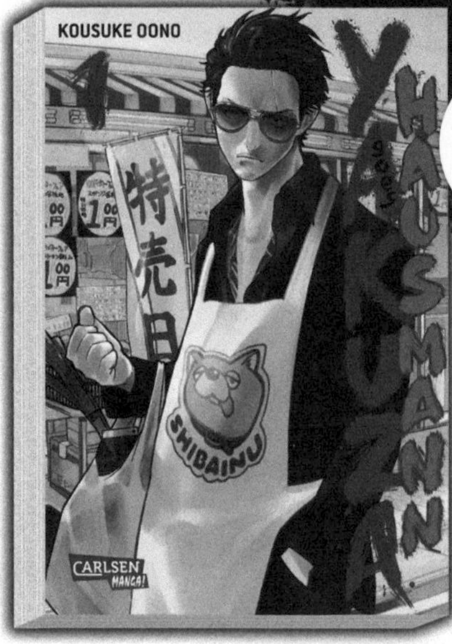


GOKUSHUFUDO © Kousuke Oono/2018 SHINCHOSHA

DER ÜBERRASCHUNGSERFOLG AUS JAPAN!

## TAUSCHE **JACKETT** GEGEN **SCHÜRZE**

Einst war er gefürchtet als Yakuza-Legende namens »Immortal Tatsu«. Allein die Nennung seines Yakuza-Namens ließ seine Feinde bis aufs Mark erschüttern. Und zurecht, denn Immortal Tatsu mäht schon mal im Alleingang ganze Banden nieder, ohne auch nur mit der Wimper zu zucken. Doch das gehört ab sofort der Vergangenheit an: Tatsu beschließt, sein Leben zu ändern. Ab sofort sind Wertmarken, Töpfe und Staubwedel seine Waffen. Richtig gelesen, Tatsu beschließt, Hausmann zu werden. So sehr er sich auch bemüht, sein Ruf ist ihm immer einen Schritt voraus… nur seine Frau lässt sich davon überhaupt nicht beeindrucken.

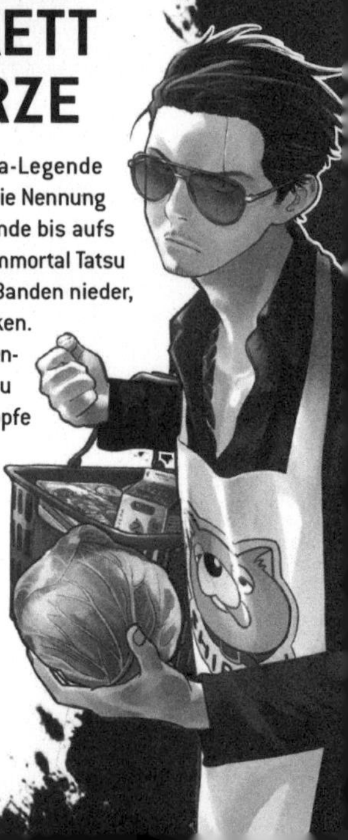

von KOUSUKE OONO

CARLSEN MANGA!

www.carlsenmanga.de

# Ein VOTUM für die GLEICHBERECHTIGUNG und die SCHÖNEN KÜNSTE!

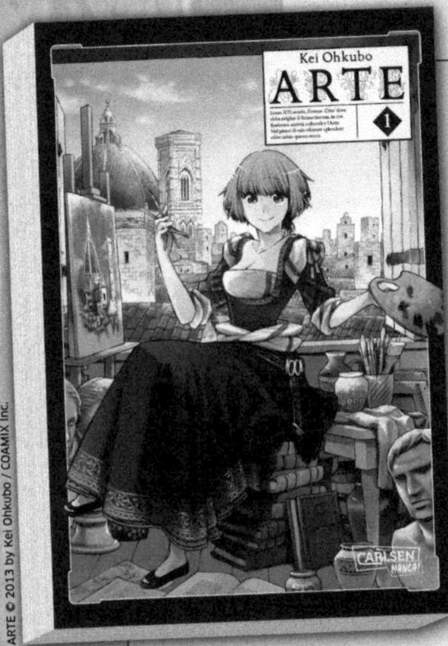


ARTE © 2013 by Kei Ohkubo / COAMIX Inc.

Kei Ohkubo

## ARTE

Florenz, Anfang des 16. Jahrhunderts. Der Ort, an dem Kunst und Kultur aufblühten und die Renaissance entstand. In dieser lebendigen und strahlenden Zeit möchte Arte, Tochter aus adligem Haus, Lehrling einer Kunsthandwerkstatt werden.

Doch es erwarten sie viele Schwierigkeiten, denn zu dieser Zeit hatte man kein Verständnis dafür, dass eine Frau ein selbstständiges Leben führt.

Ein besonderer Manga mit wunderschönen, detailreichen Zeichnungen von Kei Ohkubo!

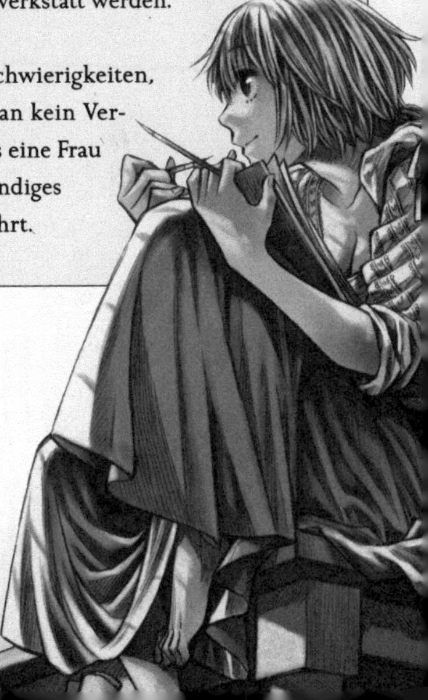

CARLSEN MANGA!

www.carlsenmanga.de

Carlsen Verlag GmbH | Völckersstraße 14-20 | 22765 Hamburg

# MORIARTY THE PATRIOT

Story von
Ryosuke Takeuchi

Zeichnungen von
Hikaru Miyoshi

**DIE GESCHICHTE DES GENIALEN RIVALEN VON SHERLOCK HOLMES**

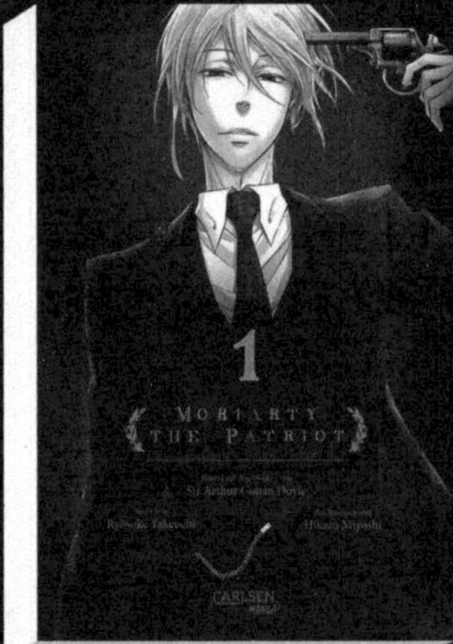


Paperback, sw/vierfarbig, 210 Seiten, 14,5 x 21 cm
€(D) 9,99 | €(A) 10,30

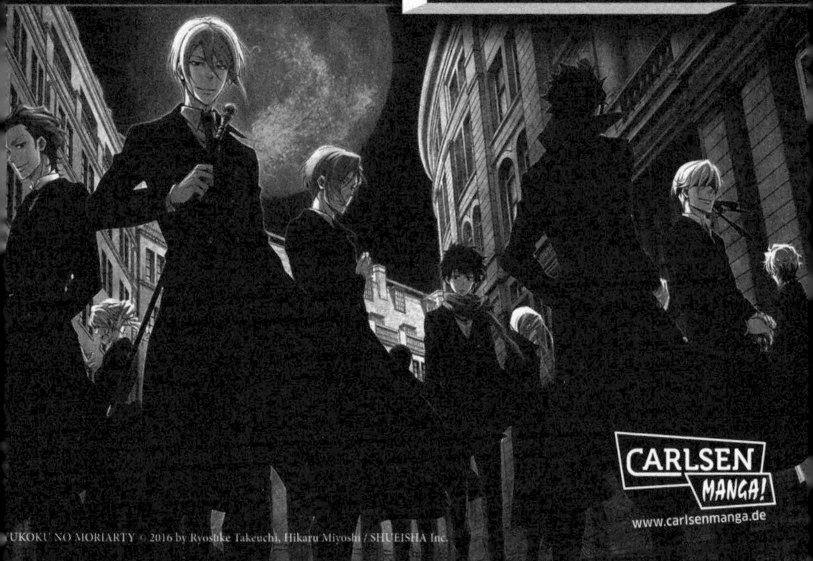


YUKOKU NO MORIARTY © 2016 by Ryosuke Takeuchi, Hikaru Miyoshi / SHUEISHA Inc.

Naoki Urasawa

# MONSTER

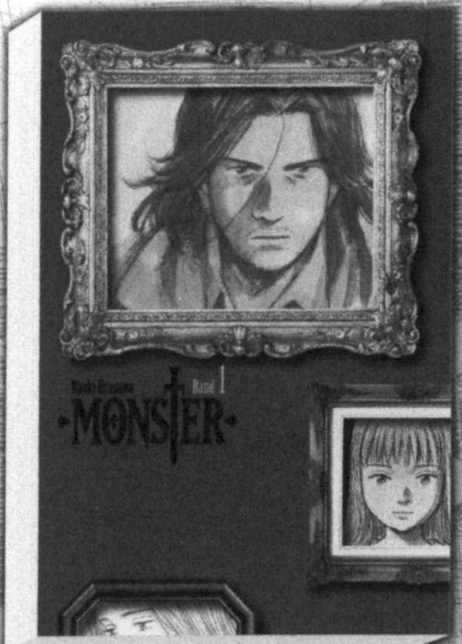


MONSTER PERFECT EDITION
Band 1
428 Seiten, 14,5 X 21 cm
€(D) 20,– | €(A) 20,60
IN 9 BÄNDEN ABGESCHLOSSEN

## Mörderjagd in Deutschland

Der mehrfach prämierte Manga-Thriller von Max-und-Moritz-Preisträger Naoki Urasawa!

Düsseldorf 1986... Der brillante Neurochirurg Kenzo Tenma praktiziert an der Eisler-Klinik und hat eine strahlende Zukunft vor sich. Über die Entscheidung, ob er lieber das Leben eines Jungen oder das des Bürgermeisters retten soll, verliert er fast alles, was ihm lieb ist: seine Verlobte, seine Karriere und seinen sozialen Status und obwohl er die Entscheidung für richtig hält, fangen für ihn die Probleme damit erst an! Denn als er es mit den Unbillen der Krankenhaus-Politik und Serienmorden zu tun bekommt , wird er in eine große Verschwörung verstrickt...

Doppelbände im Großformat in verbesserter Bildqualität und mit neuen Farbseiten

CARLSEN MANGA!

www.carlsenmanga.de

MONSTER KANZENBAN © 2008 Naoki URASAWA / Studio Nuts

# HALT!

## Dies ist die letzte Seite des Buches!

DIE SCHOKOHEXE ist ein japanischer Comic. In Japan liest man von »hinten« nach »vorn« und von rechts oben nach links unten, also einfach spiegelverkehrt. Wie's funktioniert, seht ihr an der Grafik, die wir für euch abgebildet haben. Schlagt das Buch also auf der anderen Seite auf! Viel Spaß mit DIE SCHOKOHEXE!

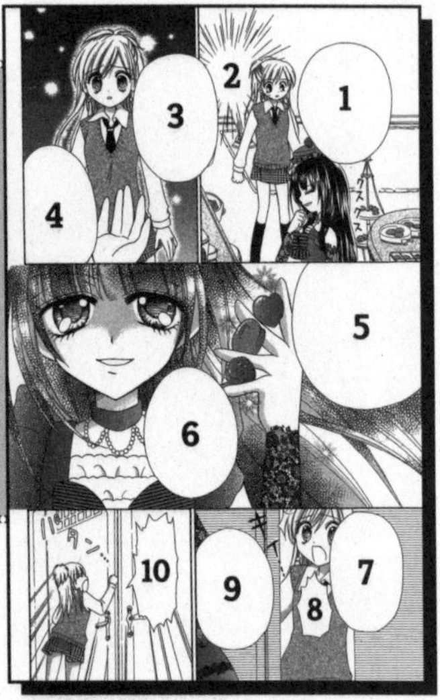


CARLSEN MANGA
Deutsche Ausgabe/German Edition
© 2023 Carlsen Verlag GmbH,
Völckersstraße 14-20, 22765 Hamburg
Aus dem Japanischen von Kai Duhn unter Mitarbeit von Rie Nishio
CHOCOLAT NO MAHO -VIVID BERRY-
by Rino MIZUHO
© 2022 Rino MIZUHO
All rights reserved.
Original Japanese edition published by SHOGAKUKAN.
German translation rights arranged with SHOGAKUKAN through The Kashima Agency.
Original cover design: Yuno KANBE + Bay Bridge Studio
Redaktion: Britta Hellwig
Produktionsmanagement: Derya Yildirim
Covergestaltung: Sonnenfisch Production, Laura Bartels

Alle deutschen Rechte vorbehalten.
ISBN: 978-3-551-79892-3

**Wir produzieren nachhaltig**

- Klimaneutrales Produkt
- Papiere aus nachhaltigen und kontrollierten Quellen
- Hergestellt in Europa

**CARLSEN MANGA! NEWS**
**Aktuelle Infos abonnieren unter**
**www.carlsenmanga.de**
**www.carlsen.de**